Günther Einecke

W0472847

Unterrichtsideen
Textanalyse und Grammatik

Vorschläge für den integrierten Grammatikunterricht
5.–10. Schuljahr

Ernst Klett Verlag für Wissen und Bildung
Stuttgart · Dresden

Als Ergänzung zu den vorliegenden Unterrichtsideen ist erschienen:
Günther Einecke: Materialien. Unterrichtsideen Textanalyse und Grammatik.
Vorschläge für den integrierten Grammatikunterricht/5.–10. Schuljahr

Klettbuch 922674

Gedruckt auf Recyclingpapier,
hergestellt aus 100% Altpapier

Die Deutsche Bibliothek – CIP-Einheitsaufnahme

Einecke, Günther:
Unterrichtsideen Textanalyse und Grammatik:
Vorschläge für den integrierten Grammatikunterricht 5.–10. Schuljahr /
Günther Einecke. – Stuttgart; Dresden:
Klett, Verlag für Wissen und Bildung
[Hauptbd.] – 2. Aufl. – 1994
ISBN 3-12-922673-7

2. Auflage 1994
Alle Rechte vorbehalten
Fotomechanische Wiedergabe nur mit Genehmigung des Verlages
© Ernst Klett Verlag für Wissen und Bildung GmbH, Stuttgart 1993
Satz: Steffen Hahn, Kornwestheim
Druck und Bindung: Wilhelm Röck, Weinsberg, Printed in Germany.
Einbandgestaltung: BSS Werbeagentur Sachse und Partner, Bietigheim
ISBN 3-12-922673-7

Inhalt

Detaillierte Übersicht der Sequenzen s. nächste Seite

Sequenztitel	Sachthema	Textsorten	Grammatisches Thema	Jg.
1. „Mit Kolumbus unterwegs“	Entdeckerfreude – Entdeckerleid	Bericht, Tagebuch, Logbuch, Comic, szenischer Text	Wort – Satz – Text; Satz – Satzglieder	5/6
2. „Auf die Insel“	Robinsonaden (Ausschnitte aus Daniel Defoe: Leben und Abenteuer des Robinson Crusoe)	Erzähltexte, Bilder	Lokal-, Zeit- und Modalangaben; Adverbiale: Adverb, adverbiale Bestimmung, Adverbialsatz (Gliedsatz)	5/6
3. „Auf den Wolf gekommen“	Abenteuer mit Wölfen – Meldungen von Wölfen	Fiktionale Texte (Fabeln, Erzählungen), Sachtexte (Unterhaltung – Information)	Komplexität; Hauptsatz – Gliedsatz; Satzgefüge, Satzreihe; Satzverknüpfung	5/6
4. „Indianer“	Beschreibungen, Wertungen, Klischees	Erzählung, Buch- und Filmkritik	Adjektive – attributiv, prädikativ, adverbial	7/8
5. „Im Jahr des Kindes“	Rechte und Pflichten	Regelungen, Ordnungen und Konventionen	Sprachhandlung „Auffordern“, Modalverben, Nominalstil	7/8
6. „Bedient euch“	Konsumwerbung, Sozialwerbung	Werbeanzeigen	Werbesprache; Strategien; Appelle; rhetorische und grafische Mittel	7/8
7. „Wenn ich ein Junge wär...“	Rollenwechsel – Traumrollen	Lieder, Schlager, Rock; Utopien	Konditionalgefüge, Konjunktiv II; Expressionen	9/10
8. „Was soll ich nur werden?“	Berufsberatung, Rat geben und holen, Ratgebertexte	Szenische Texte: Hörspiel, Schauspiel, Rollenspiel, Gesprächsmitschnitte	Sprachhandlungen, Phraseologie, Gesprächsanalyse	9/10
9. „Lesarten“	Einblicke in die Textproduktion, Textrevision	Lyrische Texte: Manuskripttexte von Schriftstellern	Formen der semantischen, syntaktischen, stilistischen Textüberarbeitung	9/10
10. „Städtebilder“	perspektivische Ansichten von Städten und Wohnumgebungen: Berlin	Erzähltexte: Romanausschnitte, Schilderungen	perspektivischer Stil, rhetorische Mittel, Aufwertung/Abwertung/ Ironie; Modesprache	9/10

Einleitung: Prinzipien der Integration

Wenn ich beim Lesen auf Schwierigkeiten stoße, so zerbreche ich mir nicht den Kopf darüber; ich gebe es auf, wenn ich mich ein- oder zweimal darum gemüht habe. Wenn ich mich festbisse, würde ich mich darin verlieren und meine Zeit auch. Denn ich habe einen schnell reagierenden Geist; was ich bei der ersten Bemühung nicht sehe, das sehe ich, wenn ich mich darauf versteife, erst recht nicht. Was ich tue, muß ich fröhlich tun; wenn ich mich zu lange und zu angespannt mit einer Sache beschäftige, wird mein Urteil unsicher; es fehlt ihm dann die Unmittelbarkeit und die Frische. Mein Blick wird unscharf; ich muß ihn wegwenden und dann öfters wieder hinsehen: wie man es machen soll, wenn man den richtigen Eindruck vom Farbglanz eines Scharlachstoffes haben will; da soll man in verschiedener Richtung darüber hinsehen, jedesmal kurz, aber immer wieder. *(Montaigne, 1580)*

Philologie nämlich ist jene ehrwürdige Kunst, welche von ihrem Verehrer vor allem eins heischt: beiseite gehn, sich Zeit lassen, still werden, langsam werden – als eine Goldschmiedekunst und -kennerschaft des Wortes, die lauter feine, vorsichtige Arbeit abzutun hat und nichts erreicht, wenn sie es nicht lento erreicht. Gerade damit aber ist sie heute nötiger als je, gerade dadurch zieht sie und bezaubert sie uns am stärksten, mitten in einem Zeitalter der „Arbeit", will sagen: der Hast, der unanständigen und schwitzenden Eilfertigkeit, das mit allem gleich „fertig werden" will, auch mit jedem alten und neuen Buche –: Sie selbst wird nicht so leicht irgendwomit fertig, sie lehrt gut lesen, das heißt langsam, tief, rück- und vorsichtig, mit Hintergedanken, mit offengelassenen Türen, mit zarten Fingern und Augen lesen. . . *(Friedrich Nietzsche, 1886)*

Natürlich sollen die Schülerinnen und Schüler keine „Philologen" werden, dennoch soll der Deutschunterricht sie zu verstehendem Lesen und zur Reflexion über Sprache führen. Die Integration dieser zwei Zielkomplexe ist Gegenstand des vorliegenden Buches. Dabei betrifft der Unterricht ein Lesepublikum, das nur noch zum Teil am Lesen interessiert ist. Nach Erhebungen von Meinungsforschungsinstituten sieht der **Bezug zum Lesen** so aus:

- 34% der Deutschen (Basis 2012 Befragte) sehen „Lesen als Freizeitbeschäftigung" an; dabei existiert ein deutlicher Geschlechtsunterschied: 24% männlich / 45% weiblich; und es zeigt sich eine Zunahme nach Altersgruppen: 15–17jährige – 24%/26–30jährige – 39% (SINUS: 1985).

- 20% der Deutschen von 12–29 Jahren (Basis 4000) nutzen „täglich mindestens einmal" ein Buch, 33% eine Zeitung, 14% eine Zeitschrift (Bertelsmann: 1986).

- 23,7% der Deutschen von 12–25 Jahren (Basis 1059) lesen als Freizeitaktivität „sehr häufig – oft" Bücher, 25% Zeitschriften, 11,4% Comics (Swoboda: 1985).

- 55% der Deutschen ab 14 Jahre (Basis 2000) sehen „Bücherhallen" (Bibliotheken, Buchhandlungen u. ä.) als attraktive Freizeitstätten an, deutlich vor z. B. Videotheken mit 31% (BAT: 1988).
- 73% der Deutschen (Basis 2000) haben einen mehr oder minder engen Kontakt zum Buch: 22% können sich ein Leben ohne Bücher „überhaupt nicht vorstellen"; 14% haben eine enge emotionale Beziehung zum Buch; 14% eine sowohl emotionale als auch „instrumentale"; 20% eine „unverbindliche" und 27% eine „unlustige" Beziehung (Allensbach: 1987).
- 19% der Schüler zwischen 8 und 15 Jahren (Basis 1960) bevorzugen als Freizeitbeschäftigung das Bücherlesen, hingegen 64% das Fernsehen; viele meinen, daß sie mehr lesen sollten, das Fernsehen gilt ihnen aber als „weniger umständlich"; Vielleser sehen den Vorteil der Bücher darin, daß sie „länger im Gedächtnis haften" (Eltern: 1992).
- Nach einer Studie „Lesefähigkeit und Lesegewohnheiten" der Schüler zwischen 9 und 14 Jahren sind deutsche Jugendliche im internationalen Vergleich mit 32 Ländern mittelmäßige Leser. Freiwillige Lektüre nimmt nur noch einen untergeordneten Rang ein, „ernsthafte Lektüre" nimmt kaum noch einer freiwillig in die Hand. „Stark sind die deutschen Schüler vor allem bei funktionalen Texten wie Fernsehprogrammen." Besser als die deutschen Schüler, die sich vor allem des Fernsehers und des Walkman bedienen, schneiden zum Beispiel Skandinavier, Franzosen und Schweizer ab (Bundesminister für Bildung und Wissenschaft: 1992).
- Untersuchungen zum Leseverhalten der Deutschen haben über 20 Jahre hinweg eine Konstante gezeigt: Die Bundesbürger nehmen sich pro Woche gut drei Stunden Zeit, ein Buch zu lesen (LESER: 1993).

In der Schule treten beim Umgang mit Texten oftmals noch deutlichere *Sperren* auf, da die Arbeitsziele und die Motive, privat zum Buch zu greifen, häufig nicht zusammenpassen. Dennoch nimmt die Schule mit Recht eine explizite Hinführung zur Buchkultur wahr, um ein differenziertes, reflektiertes Wahrnehmungsvermögen zu schulen, das sich bei einer Nutzung nur der audiovisuellen Medien nicht in gleichem Maße einstellt. Ja, „eine dauerhafte und einseitige Vorliebe für das Fernsehen kann [. . .] die Unfähigkeit zur Folge haben, mit längeren Aufmerksamkeitsspannen umzugehen [. . .] Wie jemand Medieninhalte wahrnimmt, hängt mit davon ab, wie er gelernt hat, Sachverhalte und Ereignisse zu interpretieren" (Eschenauer, 61, 69). Da die Elektronik das Buch als Medium zur Aufbewahrung und Präsentation von Wissen immer mehr ablöst, muß im Zentrum des Lese- und Literaturunterrichts die Entwicklung des verstehenden Lesens und abhängig davon die geistige Durchdringung der vermittelnden Sprache und der vermittelten Welt sowie die Auseinandersetzung mit ihr stehen.
Bei einer Integration von Textrezeption/Textanalyse und Grammatik kommen natürlich noch die Sperren gegenüber dem Grammatikunterricht hinzu. Eine neuere „empirische Untersuchung über Art, Umfang und Verteilung grammatischen Wissens" kommt zu dem Ergebnis: „Die Befragten wissen wenig von der Grammatik der Muttersprache, mögen sie nicht sonderlich und erinnern sich nicht gern an ihren Grammatikunterricht, halten aber

daran fest, daß Grammatikunterricht sein muß [. . .]" (Ivo/Neuland, 437). Diese Einstellung kann gelten „als eine Folge eines Grammatikbetriebs, in dem klassifikatorische Tätigkeiten dominieren und der, manchmal mit der Etikettierung ‚traditionelle Sprachlehre', von den Befragten methodisch wie inhaltlich so scharf kritisiert wird. Schließlich hat sie dieser auch kaum instand gesetzt, sich mit Hilfe grammatischer Begriffe und sprachanalytischer Verfahrensweisen reflexiv mit eigenem und fremdem Sprachgebrauch auseinanderzusetzen" (ebd., 459).

Die Widerstände der Schüler entstehen vor allem, wenn sie keinen Nutzen beim reinen Erlernen grammatischen Wissens, also keine Transfermöglichkeit sehen (vgl. Bremerich-Vos). Grammatikunterricht muß daher etwas für die geistige Durchdringung der literarischen Angebote und für die Auseinandersetzung mit ihnen leisten.

Charly Braun und seine Freunde

Der in der Reihe „Unterrichtsideen Deutsch" schon veröffentlichte Band *„Unterrichtsideen Integrierter Grammatikunterricht – Textproduktion und Grammatik"* bietet Anregungen, den Nutzen der Grammatik beim Schreiben zu finden (s. Einecke). Dabei wurde zugleich das weiträumige Planen des Grammatikunterrichts nach fünf methodischen Prinzipien der Integration vorgestellt. Wir können uns deshalb hier auf eine kurze Zusammenfassung beschränken.

Deutschlehrerinnen und -lehrer beschreiten den Weg zur *integrierten Grammatik*

didaktisch, wenn sie
- sich für die *funktionale Grammatik* entscheiden und einzelne grammatische Phänomene auf ihre Funktion in ihren sprachlichen Kontexten und ihren außersprachlichen Verwendungszusammenhängen hin betrachten, also vom Grammatikunterricht zu Formen der Reflexion über Sprache übergehen;
- für die Reflexion über Sprache eine *langfristige*, mindestens auf ein Halbjahr bezogene *Planung* durchführen;

methodisch, wenn sie grammatische Phänomene
1. **induktiv einführen** und in sinnvollen, funktionalen Zusammenhängen angehen (Kontextuierung) - Beispiel s. Sequenz 7;
2. **an andere Stoffe anbinden** und dabei grammatische Beobachtungen, Untersuchungen und Übungen mit den Unterrichtsgegenständen, Themen und Prozeduren in den anderen Lernbereichen des Deutschunterrichts gezielt verknüpfen (Planung);
3. **situativ aufgreifen** und dabei die grammatischen Phänomene zur Reflexion über Sprache in aktuellen unterrichtlichen Zusammenhängen heranziehen (Sensibilität);
4. **wiederverwenden** und dabei selbst grammatische Begriffe im Unterricht gebrauchen und somit einüben (Unterrichtssprache);
5. **im Exkurs ergänzen** und dabei an Fehlerstellen oder bei auftretenden Lücken den Kenntnisstand aufarbeiten, indem sie Zusammenhänge zwischen bekannten und neuen oder vergessenen grammatischen Phänomenen herstellen (fachliche Reaktion).

Der nun vorgelegte Band zur *„Textanalyse und Grammatik"* soll den Nutzen der Grammatik bei der *Integration* in den Lernbereich „Umgang mit Texten" zeigen und Möglichkeiten dazu vermitteln,
- indem die *Funktionen* grammatischer Phänomene in Texten und bei der Interpretation aufgeführt werden,
- indem funktionale *Planungsansätze* für integrierte Unterrichtssequenzen dargestellt werden und
- indem eine Reihe bewährter *Einzelmethoden* vorgestellt wird.

An zehn *Unterrichtssequenzen* wird dann das Ziel konkretisiert: Die didaktisch-methodische Kommentierung der Einheiten erfolgt in diesem Band. In einem separaten Materialienband finden sich die zugehörigen Texte und Medien als *Kopiervorlagen*, aus denen die Lehrer für ihre Klassen selbst Sequenzen zusammenstellen können.
Die Themenführung der Sequenzen ist auf eine Verknüpfung des Literaturunterrichts mit grammatischer Reflexion angelegt. Dabei muß klar sein, daß im Jahresplan auch noch andere literarische Sequenzen vorkommen, die z. B. deutlicher problem- oder gattungsorientierte Frageansätze verfolgen. Das Konzept der integrierten Unterrichtssequenzen schließt andererseits solche Fragestellungen nicht aus, sondern bezieht sie mit ein, da Sprache ja in den *Verwendungskontexten* situativer und textueller Art beobachtet und reflektiert werden soll.

Funktionale Grammatik – Funktionen der sprachlichen Mittel

Ausgangspunkt ist die problematische Erfahrung mit dem formalistischen, am System orientierten Grammatikunterricht, in dem die Schüler die grammatischen Begriffe lernen, die entsprechenden Formen in Sätzen und Texten benennen und ihre Begriffskenntnisse im Grammatik-Test nachweisen müssen. Eine Reflexion über Sprache, d. h. eine Konfrontation sogenannter grammatischer Normen mit der tatsächlichen Sprachpraxis, ein Nachdenken über die Tragweite und Funktion bestimmter Formen, eine Auseinandersetzung mit der Variationsmöglichkeit in der Nutzung sprachlicher Elemente etc. findet zumeist nicht statt.
Zentral in diesem systematischen Grammatikunterricht sind die *Fragestellungen*:
Wie heißt das sprachliche Element mit dem Fachbegriff?
Wie wird die grammatische Form gebildet?
Welche Stellung hat das grammatische Element im System der Sprache?

Die *zentralen Fragestellungen der funktionalen Grammatik* dagegen lauten:
- *Welche Funktion hat das grammatische Element in diesem aktuellen Text und im medialen Verwendungskontext?*
- *Welche Funktionen kann dieses Element grundsätzlich übernehmen?*
- *Welche Funktionen haben bestimmte grammatische Elemente für mein Verstehen sowie für die Wirkung des Textes auf mich?*

Dabei werden die grammatischen Formen und Fachbegriffe natürlich einbezogen, induktiv vermittelt und auch eingeübt. Das Ziel der Reflexion über Sprache ist aber: Die Schüler sollen die *verschiedenen* Ausdrucksmöglichkeiten und Verwendungen *eines* bestimmten grammatischen Elements sowie den möglichen Einsatz *verschiedener* sprachlicher Formen für *einen* intendierten Ausdruck kennenlernen.

Die Funktionen eines grammatischen Phänomens – z. B. des Imperativs, des Kausalsatzes, der Konjunktion, des Adverbials, der Satzklammer, der Inversion etc. – können von verschiedenen Ansätzen her ermittelt und in verschiedenen funktionalen Zusammenhängen beobachtet werden; sie können so für den Unterricht geplant und für die Reflexion über Sprache vorbereitet werden. Dazu ist es sinnvoll, Fragestellungen zu formulieren, die auf die speziellen Funktionen gerichtet sind.

Sprachliche Funktionen nach den Zeichen-Dimensionen

Welche grundlegende Leistung zeigt ein grammatisches Element? Nach der Zeichentheorie von Charles W. Morris übernehmen Zeichen drei grundsätzliche Funktionen:

1. *Semantische Funktion:* Wie ist ein sprachliches Element beteiligt an der Vermittlung von Bedeutung? Wie wird mit der sprachlichen Form Realität wiedergegeben, reduziert, ausgeweitet, verändert, perspektiviert, gewertet etc.? Welche lexikalische oder aktuelle Bedeutung hat das sprachliche Element selbst? Welche Bedeutungsänderung erfolgt durch eine Formänderung?
   Beispiel: *Das alte, blaue Haus in der Augasse ist unser Ziel.*
   Die Attribute „alt“, „blau“ und „in der Augasse“ werten, beschreiben und differenzieren; sie schaffen eine präzise Vorstellung von „Haus“.

2. *Syntaktische Funktion:* Welche Rolle spielt das sprachliche Element im Satz? Welchen Anteil hat es an der Konstruktion von Äußerungen, an der Herstellung von Aussagezusammenhängen? Welche Rolle spielt es bei der Akzentuierung von Teilinformationen im Satz? Wie verbindet es Sätze zum Text?
   Beispiel: *Das alte, blaue Haus in der Augasse ist unser Ziel.*
   Es geht um *ein* Haus; der Numerus „Haus“ steuert den Numerus im Kopulaverb. Anders könnte es ja heißen: Die drei Häuser sind unser Ziel. Dabei bliebe der Gleichsetzungsno-

minativ „Ziel“ im Numerus erhalten. Die Attribute im Vorfeld sind eindeutig an das „Haus“ gebunden; das Präpositionalattribut im Nachfeld ist lockerer angebunden. Denn eine Verschiebung „Das alte, blaue Haus ist unser Ziel in der Augasse“ oder „Das alte, blaue Haus ist in der Augasse unser Ziel“ mit einer Veränderung zum Lokaladverbial ergibt vergleichbare Aussagen, während eine Anbindung der Adjektivattribute an „Ziel“ nicht möglich ist. Syntaktisch ist auch die Stellung flektierter Adjektivattribute im Vorfeld des Nomens festgelegt, so daß *Das Haus alte blaue* fehlerhaft wäre. Die syntaktische Funktion besteht also hier in der eindeutigen Zuordnung der Attribute zum Nomen. Die Sprache zeigt, daß die sprachlichen Elemente einer Regel unterworfen sind und nicht willkürlich aufeinanderfolgen. Jede Abweichung wäre fehlerhaft oder ein Hinweis auf eine besondere Intention.

In der „Makrosyntax“ wird deutlich: Der bestimmte Artikel „das“ sowie das Possessivpronomen „unser“ signalisieren, daß der Satz aus einem Zusammenhang gerissen ist, daß der Gegenstand und die Personen schon eingeführt sein müssen.

3. *Pragmatische Funktion:* Welche Bedeutung hat das sprachliche Element im Verwendungszusammenhang? Welche hat es für die Verständigung zwischen den Kommunikationspartnern? Welche situativen Bezüge stellt es her? Wie wirkt es auf die Interaktion und Kommunikation? Welche sprachliche Handlung wird mit ihm vollzogen? Mit welchem Erfolg?

   Beispiel: *Das alte, blaue Haus in der Augasse ist unser Ziel.*

   Die Benennung des Hauses im Satzeingang zeigt, daß die Angabe des konkreten Ziels im Mittelpunkt steht, während die Tatsache, daß überhaupt ein Ziel angestrebt oder etwas gesucht wird, schon angesprochen sein muß. Die genauen Angaben dienen dabei einer klaren Ausrichtung der Beteiligten, es handelt sich um präzise sprachliche Informationen als Voraussetzung für das Gelingen einer nichtsprachlichen Handlung, z. B. einer Suche, einer Wanderung oder eines Besuchs. Dabei kann je nach Kontext der Aussagesatz ohne weiteres auch die Funktion einer Aufforderungshandlung haben: „Laßt uns jetzt zu dem Haus gehen!“ Das „unser“ gibt an, daß in einer aktuellen Sprechsituation Sprecher und Adressat gleiche Handlungsinteressen haben. In einem literarischen Text könnte auch eine Perspektivübernahme der Leser gemeint sein, die einem erzählenden Ich folgen.

Die Beispiele machen deutlich, daß in der Regel eine isolierte Betrachtung eines einzelnen sprachlichen Phänomens nicht weit führt, daß vielmehr Interpretationshinweise aus dem weiteren Kontext erforderlich sind. Der Umgang nur mit Einzelzeichen, mit einzelnen sprachlichen Elementen kann also nicht das Ziel sein.

Sprachliche Funktionen nach dem Sprachfunktionen-Modell

Nach Karl Bühler, ergänzt durch Jan Mukařovský, sind die sprachlichen Elemente daran beteiligt, einer Äußerung bestimmte Bezüge zuzuweisen und diese sogar einem größeren Text insgesamt zuzuschreiben. Dabei wirken verschiedene Funktionen in Texten oft parallel miteinander; es zeigt sich jedoch in der Regel die Vorherrschaft einer Funktion in einem Text.

Wie ist ein grammatisches Phänomen daran beteiligt, daß ein sprachlicher Ausdruck, ein Text eine der folgenden Sprachfunktionen übernimmt?

1. *Referentielle Funktion:* Welche sprachlichen Elemente nehmen Bezug auf Sachverhalte, Gegenstände, Elemente der Wirklichkeit? Welche stellen also dar (daher auch: darstellende Funktion)? Ist die Form geeignet, die Aussage über einen Sachverhalt richtig auszudrücken, zu informieren, zu präzisieren, zu differenzieren?
   Beispiel: *Finster drohend stand der Tannenwald zu beiden Seiten des eingefrorenen Wasserlaufs.*
   Als Sachverhalte werden zwei Naturausschnitte durch zwei konkrete Nomen dargestellt. Gegenstand des Interesses ist das Subjekt „der Tannenwald". Er wird durch die adverbiale Bestimmung in einen größeren lokalen Zusammenhang eingeordnet; dabei wird durch die Präpositionalfügung die Teilung des Waldes deutlich sowie durch das Genitivattribut die Ursache für die Teilung des Waldes. Im Attribut erscheint noch ein widersprüchlicher Eindruck: „eingefroren" vermittelt einen Zustand, „-lauf" vermittelt eine Bewegung; diese kann nur in der Erinnerung, also jenseits der aktuellen Wahrnehmung vorhanden sein. „Wasserlauf" ist darüber hinaus auch eine neutrale geographische Bezeichnung, so daß hier ein Begriff eine Klasse von geophysikalischen Erscheinungen erfaßt; der konkrete Wasserlauf wird nicht benannt. Es wird also auf ein Wahrnehmungsschema angespielt. Mit „finster drohend" werden emotionale Aspekte des Sachverhalts hereingeholt; die Sachverhalte sind als Gegenstände des Erlebens vermittelt. Der Helligkeitswert „finster" wird in seiner emotionalen Wirkung „drohend" erfaßt. Die Inversion mit der Spitzenstellung des erweiterten Adverbs, das in seiner Partizipialform einen gegenwärtigen Zustand anzeigt, macht deutlich, daß für ein erlebendes Subjekt der Eindruck von dem Gegenstand, dem „Tannenwald", im Vordergrund steht, nicht der Gegenstand selbst.
   Die Sprache stellt ganze „Realitätserfahrungskomplexe" (Pauly, 30) zur Verfügung, etwa für die Wirklichkeits- und Erfahrungsausschnitte Gegenwart, Vergangenheit, Zukunft; Tatform, Leideform; Sexus; Vergleich; Vorgang, Zustand; Identität; Bestimmtheit-Unbestimmtheit; Gegensatz-Gleichheit; Ort, Richtung, Abstand, Entfernung; Einheit-Vielheit etc. Und diese Komplexe werden grammatisch durch eine Fülle von Varianten repräsentiert: z. B. „Ort" durch Nomen (Wald, Straßenkreuzung), durch Präpositionalgefüge als adverbiale Bestimmung (sie steht auf dem Platz) oder Präpositionalobjekt (er beugt sich über das Geländer) oder präpositionales Attribut (das Fenster am Hinterausgang), durch eine Fülle von lokalen Präpositionen (auf, über, hinter, vor, neben, unter. . .), durch Adverbien (dort), durch Pronominaladverbiale (dahinter), durch

Lokalsätze (Wir sehen uns wieder, wo wir uns Dienstag getroffen haben), durch Relativsätze (der Tisch, auf dem ein Buch liegt. . .), durch Fragesatz und lokales Interrogativpronomen (Wo ist meine Tasche?), durch indirekten Fragesatz (Sie weiß nicht, wo ihre Tasche liegt) sowie durch komplexe Formulierungen, die diese grammatischen Elemente kombinieren.

2. *Appellative Funktion:* Wie wirkt ein sprachliches Element am Aufforderungscharakter einer Äußerung mit? Ist der Appell direkt oder indirekt? Wie wird ein Adressatenbezug hergestellt?
Beispiel: *So gib doch endlich Ruh, und hör mit deinem Gejammer auf!*
Die Imperative „gib" und „hör auf" lassen einen direkten Appell erkennen, der an jemanden gerichtet ist, für den sich nicht die distanziertere Sie-Anrede eignet; dies wird durch das Possessivpronomen „deinem" bestätigt. Der Appell wird noch verstärkt durch die Adverbien „doch endlich". Auch das pejorative Nomen „Gejammer" verstärkt die Forderung, indem es gleichzeitig Ablehnung anzeigt. Der Appell zeigt eine Ausgangslage an. Das Adverb „so" stellt einen Bezug zu ihr her, und das Nomen actionis „Gejammer" zeigt mit seinem Präfix „ge-" die Vorstellung einer wiederholten lästigen Handlung an (vgl. Gebrüll, Geschluchze), zu deren Überwindung der Appell führen soll. Das Adverb „endlich" zeigt die zeitliche Terminierung an. Die verbale Forderung „Ruhe geben" und „aufhören" soll also eine Verhaltensänderung bewirken. Das Gelingen ist abhängig von der Autorität des Sprechers, aber auch von den Handlungsmöglichkeiten des Adressaten. Über dies beides müßte der Kontext Auskunft geben.

3. *Expressive Funktion:* Wie wird die Ausdrucksseite einer Äußerung deutlich? Wie sind Affekte, Emotionen, Wertungen vermittelt? Welche Ich-Befindlichkeit kommt zum Ausdruck?
Beispiel: *Toll, du kannst ja gehen!*
In der modesprachlichen Wertung „toll", in elliptischer Form aus „das ist toll" oder aus der Ich-Aussage „ich empfinde das als toll" gebildet, kommt Gefühlserregung zum Ausdruck, ebenso in dem Adverb „ja". Freude mag sich zeigen, weil z. B. das Kleinkind gerade die ersten Schritte getan hat. Ebensogut könnte das „toll" aber auch ironisch gemeint sein, dann läge hier das expressive Element in verschlüsselter Form vor und müßte aus dem Kontext als solches erkennbar sein. „Du kannst ja gehen" wäre in diesem Fall vielleicht nicht Ausdruck der Verwunderung, sondern z. B. nach der Beobachtung eines Sturzes ein hämischer Ausdruck gegenüber dem Gestürzten. Durch die Satzspaltung hinter „toll" kann aber auch nur dies erste Wort ironisch gemeint sein und die zweite Satzhälfte als eine Verabschiedung in zurückhaltender (empfehlender) Form. Z. B. wertet nach einem Streit jemand die Stimmung ironisch als „toll" und weist daraufhin den anderen ab. Der Kontext muß also klären, welche Emotion der Sprecher zum Ausdruck bringt.

4. *Ästhetische Funktion:* Während die darstellende Funktion die Ausrichtung auf die Wirklichkeit, die appellative die auf den Adressaten und die expressive die auf den Sprecher bewirkt, stellt die ästhetische Funktion einen Rückbezug auf die Sprache selbst und auf

den Text her. Die Aufmerksamkeit eines Hörers oder Lesers wird auf die Form der sprachlichen Vermittlung gezogen, sein Interesse an der Komposition geweckt (vgl. Fingerhut, 1981, S. 24). Judith Macheiner hat speziell auf der Erfahrung der „schönen Sätze“ eine ganze deutsche Grammatik aufgebaut. (s. Macheiner) Auch H. Schildt will die grammatischen Eigenschaften der „schönen Form“ untersuchen (Schildt, 1).
Wie ist ein sprachliches Element an der Gestaltung einer ästhetischen Form und der Vermittlung einer ästhetischen Wirkung beteiligt?
Beispiel: *Ans Haff nun fliegt die Möwe;/und Dämmrung bricht herein;/über die feuchten Watten/spiegelt der Abendschein.*
Der Leser wird bei diesem traditionellen Vierzeiler in einen auffälligen Rhythmuswechsel der dreihebigen Verszeilen gezogen: Vers 1/2 jambisch, Vers 3/4 Trochäen mit daktylischer Aufrauhung am Anfang; die Lichteffekte des feuchten Watts und des spiegelnden Scheins mögen die rhythmische Bewegung begründen. Es besteht also eine rhythmische Bindung der beiden ersten und der beiden letzten Verse; und der Wechsel zeigt, daß keine Strenge in der Gestaltung beabsichtigt ist. Die Reimbildung ist relativ frei; nur Vers 2 und 4 sind gereimt und verknüpfen so die beiden Verspaare. Die Inversion in der Syntax stellt die Landschaft als Ziel der Bewegungen ins Zentrum. Die Zeit wird durch die als Subjekte aktiven atmosphärischen Veränderungen bestimmt: Dämmrung bricht herein, Abendschein spiegelt. Der Ort wird durch Lokaladverbiale festgelegt, wobei es um Richtungsangaben geht: ans Haff, über die Watten, die also auch wiederum Bewegung anzeigen. Der Zeitpunkt, die Ortsangaben und der Aktualitätsbezug durch das Adverb „nun“ stellen eine lyrische Situation her, die ein Lyrisches Ich im folgenden Text erwarten läßt. Im Mittelpunkt der vier Verse steht die optische Wahrnehmung. Dabei werden fast überzeitliche Sachverhalte – wie es sie immer wieder an der Küste gibt – vorgestellt, was dem ganzen Text eine untergründige Ruhe gibt: es geht nicht ums Nordstrander Watt oder das Kurische Haff. Dies wird unterstützt durch die Präsentation der Möwe mit dem bestimmten Artikel, obwohl es sich um eine unbestimmte Möwe handelt, da sie nicht näher eingeführt oder gekennzeichnet ist. Es ist der Typus. Eine Abrundung der Strophe wird durch die a-Klänge in Vers 1 und 4 erreicht.
Speziell die Klangprobe wird die ästhetische Funktion vermitteln. Der Leser merkt, daß es nicht um einen biographisch darstellenden Text geht, nicht um einen informierenden Prospekttext und nicht um einen appellativen Werbetext, er spürt vielmehr, daß Klang, Bild und Komposition der Wirkung wegen gestaltet sind, und er kann sich auf diese Gestaltung einlassen.

Die ästhetische Funktion steuert einen bestimmten Ausdruckswert und eine Wirkung der sprachlichen Formen. So ist auch von „Wirkungsfunktionen“ die Rede (Antos, 47; Spang, 121). Und es wird darauf verwiesen, daß für den „Ausdruckswert“ das Zusammenspiel der sprachlichen Mittel wie auch die Dominanz bestimmter Mittel verantwortlich ist (Jahn, 4). Eine Überlappung der ästhetischen, stilistischen, rhetorischen und poetischen Funktionen ist zu sehen. Während die referentielle, appellative und expressive Funktion jedem sprachlichen Element grundsätzlich zu eigen ist – in einer Äußerung natürlich auch bewußt herausgestellt werden kann –, ist die ästhetische Funktion generell intentional, sie unterliegt einer „Wirkungsintention“ (Kreft, 208 ff.).

Auch hier wird deutlich, daß die sprachlichen Funktionen z.T. unmittelbar aus den grammatischen Elementen eines Satzes hervorgehen, z. B. der appellative Charakter einer Frage oder der ästhetische Charakter durch eine feste Zweierkopplung bei der Aufzählung von Nomen (Himmel und Erde, Weh und Ach), z.T. aber auch erst aus dem weiteren Kontext genauer bestimmt werden können.

Kommunikative Funktionen der Sprache

Ausgangspunkt der Sprachbetrachtung sind nicht die sprachlichen Mittel, sondern die „intendierten kommunikativen Wirkungen" (Schmidt, 12). Die sprachlichen Mittel, ihre Formen, ihre Bedeutung und ihr Zusammenwirken werden in ihrer Funktion für die Bewältigung von Kommunikationssituationen gesehen. Sprache wird dabei als eine Form sozialen Handelns verstanden. Die grammatischen Phänomene wären auf ihre „Handlungsbedeutung" (Knobloch, 6) hin zu beobachten.

Eine Zeitlang wurde mißverstanden, der Deutschunterricht müsse als eine neue Systematik neben das System der Sprache das System eines komplexen Kommunikationsmodells und das System einer Typologie der Sprechakte stellen. Darum kann es nicht gehen. Vielmehr bieten beide Aspekte nur neue Möglichkeiten, Sprache in Funktion zu sehen. Wenn im Zentrum des Unterrichts die traditionellen Inhalte der Grammatik (s. Basisgrammatik lateinischer Fachbegriffe) bleiben, so wäre nun zu beobachten, wie sie in verschiedenen Ausprägungen in den individuellen und gesellschaftlichen Kommunikationsprozessen vorkommen. Dabei werden allerdings die Faktoren eines Kommunikationsmodells und die Bezeichnungen z. B. von Sprechakten in die Beschreibungssprache mit eingehen, jedoch fast wie alltagssprachliche Begriffe, die zur Metakommunikation bei der Rekonstruktion von Kommunikationssituationen eingesetzt werden (vgl. Nündel, 54): z. B. Kommunikation, Sprecher, Hörer, Erwartung, Absicht, Situation, Bedingung, Gelingen, Mißlingen; Sprechakt, Zustimmung, Kommentar, Ratschlag, Kontakt, Warnung. . .; Inhaltsaspekt und Beziehungsaspekt. Ist die grundlegende Bedeutung eines Satzes bereits durch die strukturelle Analyse der beteiligten grammatischen Elemente zu ermitteln, so ist der „Verwendungssinn" einer sprachlichen Äußerung nur kontextuell-situativ zu erfassen (Pauly, 22). Von den im Kommunikationsprozeß sichtbaren zwei Teilen der Textproduktion und der Textrezeption wird hier der letztere in den Blick genommen. In Texten findet der Rezipient die Kommunikationsabsicht des Textproduzenten kodiert, für das Verstehen muß er den situativen Kontext berücksichtigen. Daher wird die kommunikative Funktion von Texten (gesprochenen wie geschriebenen) auch „Textfunktion" (Schmidt, 42) genannt. Es finden sich verschiedene Vorschläge zur Einteilung von Texten, von Textklassen (z. B. informierende, aktivierende und klärende Texte) über Texttypen und Textarten bis zu Textsorten (ebd.). Auch der Begriff der „Textintention" wird zur Klassifizierung herangezogen, z. B. informieren - argumentieren - appellieren - unterhalten. Der Begriff der „kommunikativen Funktion" hat den Vorteil, daß Texte nicht losgelöst von den Personen verstanden werden, die an dem Kommunikationsprozeß beteiligt sind.

Generell hat Sprache natürlich auch noch eine „heuristische Funktion“, wenn „erst mit Hilfe der Sprache und Sprechtätigkeit die Sachverhalte vollends erkannt und begrifflich voll erfaßt werden“ (Baurmann/Hacker, 18). Dies würde bei kommunikativem Ansatz die intrapersonale Kommunikation neben der interpersonellen als bedeutsam herausstellen.

Die sprachlichen Mittel haben Funktion

1. zur *Lösung kommunikativer Aufgaben*:
   Kontakte herstellen, ein Problem lösen, Kooperation organisieren, Gespräche/Texte strukturieren, Arbeiten ausführen, Beziehungen klären, Rechte durchsetzen, Entspannung ermöglichen, Informationen einholen und verbreiten, die Aufnahme und Verarbeitung von Informationen steuern, ästhetische Wirkungen (Genuß, Entspannung, Unterhaltung) erzielen etc.

2. zur *Unterstützung nichtsprachlicher Handlungen*:
   Einleitung, Bedingung, Voraussetzung, Vorbereitung, Eröffnung von Handlungen; Begleitung, Kommentierung, Sicherung von Handlungen; Fortführung, Prüfung, Folgerung, Abschluß von Handlungen etc.

3. zur *Äußerung bestimmter Sprechakte*:
   - durch Einsatz grammatischer Mittel spezifische Sprechakte bewirken – dabei ist oftmals zu unterscheiden zwischen einer grammatischen Grundbedeutung und einer spezifischen Nutzung als Sprechakt, z. B. Aussagesätze, Fragesätze, Befehlssätze, elliptische Sätze, Infinitive, Nominalgruppen als Sprechakt „Auffordern“: „Das Fenster ist immer noch offen. – Könntest du das Fenster schließen? – Schließ sofort das Fenster! – Fenster zu! – Bitte das Fenster schließen. – Das Fenster!“
   - partnerbezogene Sprechakte der Mitteilung wie: Zustimmung, Zurückweisung, Kommentierung;
   - partnerbezogene Sprechakte des Ausgleichs: wie Dank, Entschuldigung, Billigung, Gratulation;
   - partnerbezogene Akte der Festlegung wie: Versprechen (auf den Sprecher bezogen) – Ratschlag, Vorwurf, Warnung, Frage (auf den Hörer bezogen) – Angebot, Verabredung, Drohung, Vorstellung (auf Sprecher und Partner bezogen) – Wunsch, Vorschlag, Ankündigung (auf beliebige Personen bezogen);
   - sprecherbezogene Sprechakte der Expression wie: Schimpfen, Resignation, Ausdruck der Freude, Trauer etc. (vgl. Engel, 36 ff.);

4. zur *Vermeidung/Behebung/Erregung von Kommunikationsstörungen*: Mißverständnisse, Uneindeutigkeiten, Mehrdeutigkeiten, ungewollte Reaktionen, Unterbrechungen, Wortgewalt, Aggressivität, Vorurteilsbildung, Mißerfolg etc.

5. zum *Gelingen der Kommunikation*: Ist ein grammatisches Phänomen dienlich, um folgende Kommunikationsziele zu gewährleisten?

Ist der sprachliche Ausdruck

- *intentionsgemäß:* Vermittelt die gewählte Form, was der Sprecher sagen will? Beispiel: *„Reden Sie ruhig weiter."* – Wenn jemand einem Sprecher nicht mehr zuhören kann und mag, dies aber ironisch so verpackt, ist nicht sicher, daß er Ruhe bekommt. – „Ich bin empört (verärgert, traurig, aufgebracht, zutiefst verletzt, beschämt), daß . . ." beginnt ein Leserbrief; und der Schreiber muß entscheiden, was er ausdrücken will.
- *adressatenbezogen:* Kann die sprachliche Form vom Hörer richtig verstanden, interpretiert, eingeordnet werden? Ist sie wirkungsvoll? Was stört ggf. die Rezeption? Beispiel: *„Fürwitz macht viel Toren."* – Wenn ein zehnjähriges, sich immer vordrängelndes Kind dies Sprichwort gesagt bekommt, wird es kaum reagieren, weil es die Begriffe nicht versteht und weil ihm der appellative Charakter des eher wie ein Kommentar wirkenden Aussagesatzes nicht deutlich wird.
- *sachadäquat:* Erfaßt die Sprache richtig, was an Information über einen Sachverhalt vermittelt werden soll? Beispiel: *„Am 7. 12. 1970 verabredeten die Deutschen und die Polen einen Warschauer Vertrag."* – Hier wird gegen eine feste semantische Kopplung in einem konventionellen semantischen Feld verstoßen, da Staaten „Verträge schließen" und das Datum auf den Vertragsabschluß bezogen ist; „verabreden" stünde allenfalls für die Eröffnung von Verhandlungen und läge nicht im Entscheidungsbereich der parlamentarischen Beschlußgremien, sondern in der Rolle von einzelnen Verhandlungspartnern. Fehlerhaft ist auch der unbestimmte Artikel „einen", da beide Staaten „den" Warschauer Vertrag zu jenem Termin schlossen, es also um ein bestimmtes Vertragswerk geht; „einen" unterstellt eine Reihe von gleichartigen Verträgen gleichen Namens oder eine Gattungsbezeichnung, als gäbe es den Typus der Warschauer Verträge, wie der Pariser Verträge etc.
- *situationsangemessen:* Wird die sprachliche Form der Rollenverteilung, der Legitimation, der Konvention entsprechend benutzt? Berücksichtigt sie die Bedingungen des benutzten Mediums? Ist sie im Kontext sinnvoll eingesetzt? Beispiel: *„Mit 45 Jahren erhielt Fräulein W. den Literaturpreis."* – Dies würde heute gegen die inzwischen zur Norm fortentwickelte neue Konvention verstoßen, daß erwachsene Personen weiblichen Geschlechts öffentlich nicht mehr als Fräulein bezeichnet werden.

Stilistische Funktionen der Sprache

Die traditionelle Stilistik ging von der gattungs- und zweckgebundenen „Stilprägung" (Sowinski, 20 f.) aus und war normativ, so daß feste Rede- und Schreibmuster zum Vorbild dienten. Verwandt damit war die traditionelle Rhetorik, die den Einsatz bestimmter sprachlicher Mittel schematisch verlangte und unabhängig vom Verwendungszusammenhang wertete. So konnte eine „literarische Rhetorik" entstehen, die die traditionellen rhetorischen Stilmittel zusammenstellte und ihre Verwendung bei der Textproduktion vorsah, aber auch als Kategorien für die Interpretation literarischer Texte bereitstellte (Geißner, 55).

Die funktionale Stilistik geht dagegen davon aus, „daß in bestimmten Bereichen der Sprachverwendung bestimmte charakteristische Stilmerkmale dominieren", daß aber eine größere Bandbreite an sprachlichen Varianten unterschiedliche Ausdrucksfunktionen erfüllen hilft. So gibt es z. B. einen Stil des öffentlichen Verkehrs, der Wissenschaft, der Publizistik und Presse, des Alltagsverkehrs sowie der schönen Literatur. Dabei wäre die schöne Literatur „weniger vom Vorhandensein spezifischer Stileigenheiten" als vielmehr von der Funktion in der spezifischen Sprachverwendung bestimmt und stärker von Personal-, Epochen- und Gattungsstilen geprägt als andere Textbereiche (Sowinski, ebd.). Lehrbar erscheint diese Stilvariante kaum, wohl aber erfahrbar: „Wir kennen den Ausgang des Spiels mit den Variationen, aber nicht die Regeln, nach denen es gewonnen wird" (Macheiner, 8).
Für die „Stilarbeit" hätte der funktionale Stil „eine mittlere Zielsetzung, die auf Qualifikation für verschiedene pragmatisch relevante Textsorten orientiert ist und doch auch den Ausdruck persönlicher Empfindungen, Auffassungen, Meinungen mit einschließt" (Bleckwenn, 18).
Grundsätzlich läßt sich fragen: Ist die verwendete sprachliche Form funktional für die gewählte Textsorte und Verwendungssituation, in der sie eingesetzt ist? Ermöglicht sie zugleich einen Individualstil? – Im einzelnen:

1. *Verständlichkeit:* Ist der sprachliche Ausdruck geeignet, einen Text verständlich zu machen? (vgl. Bayer, 2 ff.) Das sprachliche Element ist funktional für die Darstellungsprinzipien:
   - *Einfachheit, aber hinreichende Redundanz:* Handelt es sich um einfache oder komplexe Formen (kurze Sätze, wenig Gliedsätze, wenig Attribute, keine komplexen Wortbildungen), um geläufige oder ungewöhnliche Wörter und Konstruktionen etc.?
   - *Gliederung/Ordnung:* Welche Formen helfen bei der Satzverknüpfung, bei der Thema-Rhema-Folge, bei der Abschnittbildung, bei der Führung des Lesers; welche stellen etwas heraus?
   - *Genauigkeit/Prägnanz:* z. B.: Werden Relationen durch pronominale Bezüge oder Gliedsätze deutlich vermittelt? Dient der Nominalstil der angemessenen Kürze? Werden Adverbiale als Angaben genutzt etc.?
   - *Zusätzliche Anregung/Stimulanz:* Welche Formen bewirken Anschaulichkeit, anregende Abweichung von der Regel, Emotionalität, erregen Aufmerksamkeit etc.?

2. *Reliefgebung:* Ist das sprachliche Element an der Reliefgebung des Textes beteiligt? (vgl. Ebner, 176 ff./Sowinski, 31 ff.) Die sprachlichen Formen sind funktional für die Prinzipien der Textgestaltung:
   - *Kohärenz:* Sie stellen den Zusammenhang zwischen den einzelnen Informationen, Wörtern, Sätzen und Abschnitten her.
   - *Folgerichtigkeit:* Sie gewährleisten die korrekte sachlogische, gedanklich logische oder chronologische Abfolge.
   - *Gewichtung:* Sie bewirken die Herausstellung von Wichtigem, die Unterscheidung von Haupt- und Nebenbedeutungen. Vor allem die Abweichung von der Grundstellung in der Syntax wird genutzt.

- *Konsequenz:* Sie lösen Reaktionen beim Leser/Hörer aus, steuern und beeinflussen sein Verstehen und Handeln.

3. *Schönheit:* Bewirken die sprachlichen Mittel die „Einheit der künstlerischen Gestaltung“ eines Textes (vgl. Sowinski, 16, 69 f./Macheiner, passim)? Die Formen sind beteiligt an der
   - *Anschaulichkeit:* Konkrete Sprache und Bildsprache regen das Vorstellungsvermögen und die Einbildungskraft des Lesers/Hörers an.
   - *Einheitlichkeit:* Semantische Felder, syntaktische Bauformen, rhetorische Mittel etc. liegen auf gleichrangigen Stilebenen. Stilbrüche sind vermieden (z. B. unkontrollierter Wechsel von Sprachebenen oder vom Verbalstil zum Nominalstil) oder aber bewußt eingesetzt (z. B. zur Parodie, Ironie, Persiflage). Ton, Klang und Melodie der Sprache zeigen durchgängige Gestaltung.
   - *Variation:* Die Möglichkeiten der Sprache zur Abwechslung werden genutzt, z. B. die Varianten des Passivs (grammatisches Passiv „Die Wand wird gestrichen.“/man-Passiv „Man streicht die Wand.“/lassen-Passiv „Die Farbe läßt sich gut streichen.“/reflexives Passiv „Die Tür öffnet sich.“ etc.). Das „Prisma der Möglichkeiten“ (Macheiner, 268 ff.) überwindet stereotype Wiederholungen, es sei denn, diese werden stilistisch gezielt eingesetzt, z. B. als Mittel zur Spannungssteigerung (Sie rannte. Sie rannte mit letzter Kraft. Sie rannte um ihr Leben. . .).
   - *Originalität und Kreativität:* Sprachliche Formen werden in neuen Funktionen verwendet. Ungewohntes und Unerwartetes wird formuliert. Assoziationsreichtum entsteht. Dazu zählen z. B. neue Kompositabildungen (Knabenmorgenblütenträume), neue Syntax (assoziative Ketten), neue Makrosyntax (stream of consciousness), Wortspiele (Albert will nach Albertville), Sprachexperimente (Ich bin der große Derdiedas, das rigorose Regiment. . .) etc.

Kontextuelle Funktionen der Sprache

Ein Ziel all derer, die die funktionale Grammatik wollen, ist es, die Grammatik und die Reflexion über Sprache nicht mehr von unten, d. h. von den einfachsten Elementen ausgehen zu lassen und so von Lexemen/Phonemen/Graphemen über Wörter, Wortgruppen/Satzglieder und Sätze endlich zu Texten zu gelangen.
Sie gehen vielmehr von oben aus, d. h. von den Texten in tatsächlichen Verwendungskontexten und fragen dann nach der Funktion der sprachlichen Elemente im Kontext, nach ihrem Anteil an der Verständlichkeit, der Wirkung und der Gesamtaussage von Texten (vgl. z. B. Heringer, Engel u. a.). Diese Reflexionsrichtung bereitet auch die Interpretation von Texten vor, da vom Gesamteindruck eines Textes ausgegangen wird und die Detailanalyse nachgeschaltet ist (s. u.).

Welche Funktion haben grammatische Elemente im aktuellen Kontext eines Textes, einer Äußerung? Was ist ihre Funktion in der „Makrosyntax“? (vgl. Scherner, Hölsken)

Die grammatischen Formen bewirken

1. *eine Textstruktur:* eine narrative Struktur durch Formen der „story grammar" (vgl. Boueke/Schülein), z. B.: Orientierung, Eröffnung, Komplikation, Auflösung mit Hilfe einer entsprechenden Zeitgestaltung, Wahl von Satzmustern, Angaben etc.; eine argumentative Struktur unter Verwendung von z. B. Kausal-, Konditional-, Finalsätzen, Konjunktionen, logischen Partikeln; eine temporale Struktur, gegliedert durch Temporalsätze, temporale Adverbiale etc.; eine Rahmung: z. B. durch Tempuswechsel und Wechsel der Erzählperspektive über einen Wechsel der Personalpronomen; eine Reihenbildung; eine kreisförmige Anlage; szenisch-dialogische Formen durch Sprecherwechsel, Anredesignale; eine Textschichtung etwa durch Wechsel der Zeitebene oder der Sprach- und Stilebene; eine Einbettung: z. B. durch Redewiedergabe in der Form von eingeführter wörtlicher Rede, von indirekter Rede, von Zitaten etc.; eine Schnittechnik; Collageformen; etc.
2. *eine auffällige Herausstellung:* eines Wortes, eines Gedankens, einer Aussage gegenüber den anderen Teilen des Kontextes, z. B. durch auffällige Mittel des Satzbaus: Inversion statt Normalstellung, hyperkomplexen Satzbau statt einfacher Sätze; durch Ausklammerung auf der Basis der Verb-/Prädikatsklammer; durch ungewöhnliche Satzbaupläne; durch auffälligen Einbau des Gliedsatzes (Vordersatz, Zwischensatz, Nachsatz); durch verkürzte Nebensätze, Ellipse, Anakoluth etc.
3. *Über- und Unterordnungen:* Unterscheidung von Allgemeinem und Besonderem in Argumentationen; Oberbegriffsbildungen in Sachtexten; Begriff und Bedeutungselemente in definitorischen oder erklärenden Formulierungen.
4. *Kontrastbeziehungen:* Kontrastbegriffe, Kontrasthandlungen, temporale Kontraste, Opposition von Figuren, Argumenten etc.; z. B. die Opposition eines semantisch positiven und eines negativen Feldes von Adjektiven wie klar, hell, leuchtend, lustig, lebendig vs. düster, dunkel, müde, traurig.
5. *Ähnlichkeitsbeziehungen:* semantische Felder, Isotopien; Parallelismus in der Syntax; Leitmotivbildung, etc.; z. B. die Äquivalenz von Nomen eines Textes in einem Sachbereich: Erholung, Erquickung, Labung, Entspannung.
6. *Elaboration:* Komponentenausweitung durch Benennung von Voraussetzungen, Ursachen, Gründen, Motiven, Zielen, Plänen, Folgen, Wirkungen; Konkretisierung durch Attribuierung, adverbiale Angaben; Formen der Kommentierung etc.
7. *Reduktion:* Formen der Verknappung, Verdichtung, z. B. durch Akkumulation von Verben; Ellipsen, Andeutungen, Vereinfachung der Syntax, Nominalstil, Abstraktion; Aussparungen, die einen „Sog" nach Informationen beim Leser bewirken (vgl. Klotz), z. B. durch vage Begriffe, pronominalen Stil, Unterschlagung von Angaben (Adverbialen), Verwendung von Passiv, etc.
8. *semantische Festlegungen oder Öffnungen:* Bedeutungsfixierung durch den „Ko-Text", d. h. durch die aktuelle rein sprachliche Umgebung eines Satzes oder Wortes (vgl. Busse): z. B: unterschiedliche Bedeutung von „Fenster" bei einem Gespräch über Putzmittel oder über Computerprogramme, oder von „Gewalt" bei Gesprächen unter „Nor-

malbürgern" oder Juristen (körperliche Gewalt, Nötigung, Gewalt gegen Sachen, Sitzstreik, Blockade. . .); semantische Einengung: z. B. durch Definitionen, Verwendung von Klischees etc.; semantische Öffnung: z. B. durch metaphorischen Sprachgebrauch, der vielfältigere Konnotationen und Assoziationen erlaubt (Bild, Metapher, Symbol, Redewendungen, Sprichwörter etc.).

Bei der Reflexion über Sprache wird man natürlich nicht systematisch diese Kataloge durchgehen, um zu prüfen, welche Funktionen ein sprachliches Element in einem Text hat. Vielmehr dienen diese Kataloge dazu, einen Blick dafür zu bekommen, worauf man bei funktionaler Sprachbetrachtung achten kann. Im Umgang mit einem konkreten Text und einem konkreten sprachlichen Element, das in Frage steht, wird man das Zusammenspiel von Teil und Ganzem beobachten und experimentierend damit umgehen; man wird sich fragen, warum man etwas versteht, gut, schlecht oder nicht versteht; man wird sich fragen, warum einem etwas gefällt oder nicht gefällt; man wird sich fragen, warum gerade eine bestimmte sprachliche Form in einem bestimmten Verwendungskontext eingesetzt wird. Und dabei ist das Wissen um mögliche Funktionen eine Hilfe im Hintergrund, die aktuell vorliegende Funktion eines sprachlichen Elements zu bestimmen.

Integration der funktionalen Grammatik bei der Rezeption und Interpretation von Texten

Entwicklungslogik literarischen Verstehens und Reflexion über Sprache

In der Sekundarstufe I werden wesentliche Grundlagen für das Leseverstehen gelegt. Dabei sind allerdings die Verarbeitungsmöglichkeiten der Schüler je nach Entwicklungsstufe zu beachten. Dies ist nicht nur für die Auswahl der Texte von Belang, sondern erst recht für die Thematisierungen beim Umgang mit ihnen. So ist es auch für die Integration der Grammatik in den Literaturunterricht wichtig, daß die Lehrer das Entwicklungsniveau ihrer Klassen einschätzen können und in der Planung bereits die Frage angehen: *Wie weit soll und kann die Reflexion über Sprache beim Umgang mit Texten führen?*
In den letzten Jahren sind Untersuchungen zur Entwicklung der Schüler im Umgang mit Texten wirksam geworden: zur „Entwicklungslogik" der kognitiven Kompetenz, des moralischen Bewußtseins, des Fremdverstehens und der Interpretationsfähigkeit (Kreft, 86 ff., 297 ff.; Spinner, [1987] 19, [1989] 21; Frank, 356; Grzesik, 14 ff.; Hölsken 83 f.). Auch wenn feste Altersstufen für eine bestimmte Befähigung zum verstehenden Lesen nicht eindeutig abgrenzbar sind, muß doch eine Niveaugruppierung in der Sekundarstufe I je nach der Tiefe, dem Abstraktionsgrad und den Objekten des Leseinteresses und -verstehens beachtet werden. Dabei gilt der Grundsatz, daß die Schüler an ihrem Entwicklungsniveau abzuholen und zum höheren hin zu fördern sind.

Für die *kognitive Entwicklung* ist der Übergang von den konkreten Operationen zu den formalen Operationen mit 11/12 Jahren bedeutsam. Die Schüler richten sich vorher auf die Handlungen, die konkreten Objekte, auf raumzeitlich objektivierte, meßbare und kausal interpretierbare/interpretierte Dinge und Ereignisse; sie erweitern ihre Fähigkeiten nun hin zu logischen Operationen, hypothetisch deduktiven Erklärungen und theoretischen Erwägungen (vgl. Kreft – mit Piaget).
Eine *Konsequenz für den Grammatikunterricht* ist, daß das objektivierende Verhältnis zur Sprache, das Sprechen über sprachliche Erscheinungen und die Metakommunikation in der Unterstufe der Sekundarstufe I erst aufzubauen sind, daß die Vorgänge der Abstraktion und der Reflexion über Sprache zum Lernziel werden müssen, also nicht vorausgesetzt werden können. Wesentlich für die methodische Planung des schwierigen Abstraktionsvorgangs ist, daß die „induktive Einführung" neuer grammatischer Phänomene, Formen, Funktionen und Begriffe sorgfältig aufzubauen ist. Ausgangspunkt für die Reflexion über ein sprachliches Mittel sollte zunächst immer die inhaltliche, konkrete Ebene der Verwendung im aktuellen Kontext sein. Von daher ist auf die Ebene der grammatischen Reflexion umzusteigen. Generalisierungen und Definitionen zur Form und Funktion sind aus der Betrachtung mehrerer konkreter Beispiele abzuleiten. In einer Anwendung ist wieder auf die konkrete Ebene z. B. eigenen Formulierens zurückzulenken (vgl. Einecke, 32 ff.).

„Auch in der Phase der formalen Denkoperationen stellt sich das Interesse der Schüler für grammatische Probleme nicht von selbst ein. Es läßt sich aber durch geeignete Verfahren wecken" (Köller, 32 ff.). Und dazu zählt Köller neben den Prinzipien der Verfremdung, der operativen Produktivität und des Funktionalen auch „das genetische Prinzip". Danach ist es „fruchtbarer [. . .], die Ordnungsstruktur eines Sachverhalts sukzessiv zu entwickeln, als eine von anderen ausgearbeitete Ordnungsstruktur einfach zu übernehmen". Die Schüler müssen an den Anfangspunkt der grammatischen Reflexion geführt werden: „Bevor sie die Antworten kennenlernen, die die Wissenschaft im Laufe der Zeit erarbeitet hat, müssen sie zuerst die Fragen kennenlernen, auf die man Antworten gesucht hat."

Die eminente „Bedeutung des (Vor-)Wissens für den Lernerfolg" ist nicht zu unterschätzen: „Vereinfacht läßt sich also sagen, daß bereichsspezifisches Wissen um so weniger durch die Verfügbarkeit allgemeiner intellektueller Kompetenzen kompensiert werden kann, je anspruchsvoller und schwieriger die zu bewältigende Aufgabe ist" (Weinert, 103). Da grammatische Reflexion mit ihren schwierigen Abstraktionsschritten sicher zu den anspruchsvollen Aufgaben zu zählen ist, sollte man also möglichst an Bekanntes anknüpfen. Außerdem scheint für erfolgreiches weiteres Lernen wichtig zu sein, „wie das Wissen ‚im Kopf' des Lernenden organisiert ist". Es scheint, daß ein „Wissen, das um Prinzipien herum geordnet ist, wesentlich effektiver angewandt werden kann als ein ebenso reichhaltiges Wissen, das sich um einfache Regeln, Begriffe oder Fakten herum gruppiert" (ebd., 104). Prinzipien könnten z. B. sein, daß bei der Analyse eine semantische (Wortarten und Bedeutung) und eine syntaktische Ebene (Satzglieder und Aussage) zu unterscheiden sind; daß Sätze durch die operationalen Verfahren (Umstell-, Weglaß-, Ergänzungs-, Klangprobe, Segmentierung, Paraphrase etc.) als Teileinheiten erkannt und in ihrer Funktion bestimmt werden können; daß es Verfahren der Klammerbildung und Einbettung gibt; daß zwischen Sätzen und Sprechakten zu unterscheiden ist; etc.

Die *Entwicklung der moralischen Kompetenz* zeigt einen allerersten und dann ganz allmählichen Übergang von der konventionellen zur postkonventionellen Stufe des moralischen Urteils (nach Kohlberg) ab 12/13 Jahren. Genauer, in der frühen Sekundarstufe I ist ein Übergang von Stufe 3 zu Stufe 4 zu beobachten, d. h. von der Orientierung des moralischen Urteils an der gelungenen Übernahme konventionell guter und richtiger Rollen sowie am Mehrheitsverhalten oder an stereotyper Konformität hin zu einer Orientierung an der Aufrechterhaltung von Autorität und sozialer Ordnung sowie an der Rücksicht auf die Erwartungen anderer. In der späten Sekundarstufe I zeigt sich eine erste Fortentwicklung zu Stufe 5, d. h. zu einer Orientierung an der Auseinandersetzung mit Normen, Rechten und Pflichten, zunächst noch eine legalistische Auffassung von Regeln und vertragsartigen Vereinbarungen sowie eine Absicht, die Verletzung fremder Rechte zu vermeiden (Kreft, Frank – mit Kohlberg). Dies hat *Konsequenzen für die Reflexion über Sprache* im Literaturunterricht insofern, als die jüngeren Schüler geneigt sein dürften, z. B. sich sprachlichen Konventionen anzupassen und nichtkonformes sprachliches Verhalten und ungewohnte sprachliche Mittel in Texten eher abzulehnen oder befremdlich zu finden, während ältere Schüler eher auch zu streitbaren Auseinandersetzungen über Regeln der Sprache kommen können, andererseits aber auch einen z.T. rechthaberischen Standpunkt über Pflichten und Rechte in der sprachlichen Kommunikation behaupten können, schließlich sich aber auch auf die kommunikativen Erwartungen anderer und auf die Klärung von Regelverletzungen einlassen können.

Die *Entwicklung des Fremdverstehens* zeigt mit etwa 12 Jahren einen Übergang von der Fähigkeit, „Beziehungen zwischen einem dargestellten Handeln, Absichten und den in der Person und Situation liegenden Bedingungen für dieses Handeln her(zu)stellen", hin zu der Fähigkeit, nicht dargestellte Sinnzusammenhänge in authentischen und fiktionalen Personendarstellungen zu erschließen. Vom Alter der Pubertät an wächst die Fähigkeit zur Perspektivenübernahme und Empathie gegenüber Textfiguren und Autor. Nicht mehr nur das äußere Handlungsgeschehen hat Gewicht für die Schüler, sie nähern sich schrittweise den Empfindungen, Gedanken, Reaktionen und Absichten der Figuren an. Dabei gelangen sie allmählich von einer einfachen Perspektivenunterscheidung (Schüler merken, daß Figuren anders denken und fühlen als das Leser-Ich) über eine reziproke Perspektivenwahrnehmung (Schüler beobachten an Figuren nacheinander, daß diese sich gegenseitig perspektivisch sehen) zu einer koordinierenden Perspektivenwahrnehmung (Schülern ist gleichzeitig für mehrere Figuren präsent, daß sie sich mit unterschiedlichen Wahrnehmungs- und Denkmustern betrachten und beeinflussen).

In Entwicklung ist ebenfalls die Teilfähigkeit, Blockaden für das Fremdverstehen, also für „eine fortschreitende Erschließung der Sinnzusammenhänge des fremden Lebens", zu überwinden: Blockaden einerseits durch eigene Vorurteile und damit die Unfähigkeit, sich auf fremdes Leben, auf Unbekanntes einzulassen; Blockaden andererseits durch das erste

Verständnis eines Textes, das dann „als Stoppregel" fungiert. Diese Blockaden müssen durch „kognitive und affektive Revision" überwunden werden. Schließlich entwickelt sich die Fähigkeit zur ausdrücklichen Wertung, zur Anerkennung oder Ablehnung des Fremden, wobei die Schüler dahin gelangen sollen, Fremdes als solches auch auszuhalten (Grzesik, Spinner [1989]). Als *Konsequenz für die Reflexion über Sprache* erscheint hier wichtig, daß sich die Schüler erst allmählich in die Figurenrede und die Kommunikationsabläufe zwischen verschiedenen Figuren hineindenken und Intentionen sowie Erwartungen verschiedener Sprecher koordinieren können. Ebenfalls nur allmählich können sie den hinter sprachlichen Äußerungen verborgenen Sinn erkennen. Es wächst aber geradezu das Interesse, über die äußere Handlung hinaus auch die in Sprechakten sich ausdrückenden Empfindungen und Absichten zu erschließen und dafür entscheidende sprachliche Signale einzubeziehen und im Kontext richtig einzuordnen.

Die *Entwicklung der Interpretationsfähigkeit* zeigt Prozesse, die für verschiedene Komponenten des Verstehens bedeutsam sind.

a) *Übertragung und symbolisches Verstehen:* Von der Fähigkeit, zu einem Textangebot analoge Situationen der eigenen Erfahrungswelt als Erklärungsmöglichkeit heranzuziehen, hin zu der Fähigkeit, parabolisch und symbolisch zu verstehen, d. h. dem wörtlich Gesagten einen abstrakten, allgemeinen Sinn zu entnehmen und schließlich die übertragene Bedeutung als Aussage eines Autors zu begreifen und zu hinterfragen.
b) *Textbewußtsein und Verstehen impliziter Aussagen:* Von der Fähigkeit, Textaussagen als Realität zu nehmen, über die Fähigkeit, implizite Aussagen zu entdecken und metaphorische, ironische und satirische Ausdrucksweisen zu verstehen, hin zu der Fähigkeit, für Stileigentümlichkeiten und die Bedeutung formaler Merkmale aufmerksam zu werden.
c) *Figureninterpretation:* Von der Fähigkeit, einzelne Figuren in ihrem Handeln und in ihrem Miteinander zu verstehen, über die Fähigkeit, die wechselseitige Abhängigkeit von Handlungsmotiven und -zielen verschiedener Figuren zu durchschauen, hin zu der Fähigkeit, sich für psychische Konflikte zu interessieren und die Entstehung von Bewußtseinsmustern nachzuvollziehen.
d) *Moralische Argumentation:* Von der Fähigkeit, mit den Kategorien ‚gerecht/ungerecht' moralisierend und z. T. rigoros zu urteilen, Mitleid zu empfinden, für die Rücksichtnahme auf andere sensibel zu sein, über die Fähigkeit, moralische Maßstäbe in Frage zu stellen und verschiedene moralische Maximen im Konflikt zu sehen, hin zu der Fähigkeit, in die Bedingungen moralischen Urteilens Einblick zu nehmen (Übersicht nach: Spinner [1987]).

   Spinner gibt keine festen Altersangaben für die einzelnen Entwicklungsstufen, sondern weist dem Lehrer die Aufgabe zu, den Entwicklungsstand seiner Schüler anhand der Übersicht zu erkennen und seine Fragestellungen, Thematisierungen und Arbeitsaufträge für die Textarbeit entsprechend einzustellen und dabei die Schüler möglichst bis an die Grenzen ihrer erkennbaren Interpretationsweise zu führen. Dies hat *Konsequenzen für die Reflexion über Sprache*, da die Schüler im Umgang mit Texten und insofern im Umgang mit Sprache auf den „Weg vom wörtlichen zum symbolischen und parabolischen Verstehen" sowie zu der „Fähigkeit, zwischen den Zeilen zu lesen und formale Elemente als bedeutungstragend herausstellen zu können", zu führen sind.

Literarischer Verstehensprozeß und argumentierende Interpretation

Traditionell wird das literarische Verstehen als ein Prozeß nach dem Muster des hermeneutischen Zirkels entwickelt: In einem dialogischen Verfahren zwischen Text und Leser kreist der Leser zwischen dem Ganzen des Textes und seinen Teilen hin und her, bis sich ihm nach einem ersten Eindruck und unvollständigen Verstehen so allmählich die Ganzheit und Einheit des Textes als eine sinnvoll gegliederte Totalität und sein Sinn selbst erschließen. Wegen der Aufwärtsbewegung vom vorläufigen zum erweiterten und vertieften Verstehen wird die „Zirkelstruktur" (Kügler, 124) auch als hermeneutische „Spirale" (Ingendahl, 8; Schildt, 1) bezeichnet. Die Kunst der Interpretation besteht darin, in größtmöglicher Textnähe die das Verstehen steuernden zentralen Textsignale herauszuarbeiten und mit ihnen als Argument den Sinn des Textes intersubjektiv, d. h. im Kreis anderer Rezipienten, plausibel zu machen. Bei der Interpretation werden in der Regel Behauptungen mit „Geltungsanspruch" (Frommer, 43) gemacht. Und in der Konsequenz geht es um die „Geltungsbegründung von Interpretationen [. . . mit] geregelten Argumentationen als Antwort auf die Wahrheitsfrage" (Terhart, 788). „‚Wie meinst du das?', ‚Was soll das?', ‚Soll ich das ernst nehmen?' usw. sind typische Fragen in diesem Bereich." Sie dienen einer „Vergewisserung des kommunikativen Sinns einer Äußerung" (Erlinger, 343 f.), speziell einer interpretierenden Äußerung, und sie zwingen dazu, daß diese Äußerung durch eine „argumentative Validierung" (Ricœur, bei Terhart) gestützt wird. Die sprachlichen Elemente, die für die Sinnkonstitution des Textes zentral sind, werden also als Argumente beim *argumentierenden Interpretieren* eingesetzt, mit ihrer Hilfe sollen Deutungshypothesen nachvollziehbar gemacht und vom Text her als berechtigt ausgewiesen werden. Dabei ist klar, daß diese sprachlichen Elemente (semantische, syntaktische, stilistisch-rhetorische etc.) nicht isoliert stehen, sie sind im Zusammenspiel zu sehen, sie sind als Kontextargumente zu nutzen, und zwar sowohl für eine bestimmte Textaussage als auch gegen einen problematischen Textanspruch. So ist in der strukturalen Analyse über das Erkennen der einzelnen auffälligen Mittel hinaus vor allem auch die Beobachtung „der Beziehung der Elemente untereinander, d. h. ihre Funktion in einer bestimmten Komposition zu rekonstruieren" (Kügler, 179). Hier ist der Ort für die Integration der Grammatik. Die „Signaldominanten" (ebd., 24) sind zwangsläufig sprachliche Mittel, die mit besonderer Wirkungsfunktion im Text stehen. Die Schüler der Sekundarstufe I müssen also die sprachlichen Mittel und ihre Funktionen unterscheiden und bezeichnen lernen, um sie bei lesendem Erschließen erkennen, in ihrer Form und Funktion bestimmen und verstehen sowie beim Interpretieren auch benennen zu können.

Die Schüler müssen zudem lernen, „daß ein bestimmtes Grammatikum für sich, wie z. B. die Inversion des Satzes, die Parataxe, das Vorherrschen einer Wortart, nur eine Ausdruckstendenz hat; erst durch das Zusammenwirken verschiedener grammatischer und rhetorischer Formzüge im Ganzen eines Textes entsteht die spezifische Ausdruckswirkung eines einzelnen Grammatikums" (Jahn, 5). Grammatikunterricht ist insofern „als Unterricht im Verstehen" (Nündel, 55) einzustufen. Die Sinndeutung wird allerdings „nicht nur durch die grammatische, sondern auch durch die psychologische Auslegung" bewirkt, so daß in diesen Vorgängen nicht mehr ein „Nachconstruieren der gegebenen Rede" (Schleiermacher) gesehen wird, sondern ein „komplizierter Prozeß der Konstruktion" (Grzesik, 12).

- Grammatik im Literaturunterricht als „Verstehenshilfe" (Boettcher/Sitta, 202),
- Grammatik zur Entwicklung einer „Beschreibungssprache" (Kroeger, 93) für die Interpretation
- und die „Poesie der Grammatik" selbst (Jahn, 3) sind die Aspekte für die Integration der Grammatik.

Das Modell des Leseprozesses erfuhr vielfache Erweiterungen. Die historische Hermeneutik betont den „dialogisch-geschichtlichen Charakter der Texte und der Subjekte (der Produzenten und Rezipienten)" und sieht dabei vor allem eine historische Differenz zwischen den Verstehenshorizonten von Produzent und Rezipient, während der rezeptionsorientierte Ansatz dagegen betont, „daß die poetischen Texte sich Interaktionen verdanken und vom rezipierenden Subjekt ‚realisiert' werden müssen" (Kreft, 294), daß also alle Formen von Textreduktion zu vermeiden sind, ja sogar die Textproduktion durch den Rezipienten einbezogen werden sollte: „Bedeutungen literarischer Texte werden überhaupt erst im Lesevorgang generiert; sie sind das Produkt einer Interaktion von Text und Leser und keine im Text versteckten Größen, die aufzuspüren allein der Interpretation vorbehalten bleibt." Ein Text ist nicht „auf eine bestimmte Bedeutung reduzierbar" (W. Iser bei Scherner [1974], 101). In der Konsequenz wird zwischen der Interpretation und anderen Weisen der Rezeption von Texten unterschieden.
Dies hat Bedeutung für die Reflexion über Sprache, da nun die Textkonstituenten weniger als „Sinnträger" und mehr als Elemente der „Appellstruktur" rezipiert werden, als Elemente, die Reaktionen im Leser auslösen, und zwar neben dem Verstehen auch das Genießen, Assoziieren, Weiterschaffen, Anwenden etc.
In einer modernen Kritik der traditionellen Hermeneutik kommt das Bewußtsein hinzu, daß angesichts moderner Welt- und Literaturerfahrung jede Art von „Totalitätsmodell" und „Zentralsinn" verlorengegangen oder zumindest gefährdet erscheint – und auf Einheit und Ganzheit baut ja die Hermeneutik. Die Elemente eines Textes erscheinen nicht mehr nur auf einen Zentralsinn hingeordnet, Texte enthalten mehrere Sinnebenen, zeigen Widersprüche, Paradoxien, ein Spiel von Differenzen, Sprache erscheint abgründig, unentscheidbar, unzuverlässig. Neben die konstruktiven treten die „destruktiven, also dekonstruktiven Bewegungen eines Textes im In- und vor allem Gegeneinander von thematischen, ästhetischen und rhetorischen Elementen". Und durch eine „disjunktive Lektüre", die die Ergebnisse der hermeneutischen Lektüre eines Textes stark relativiert, kommt der Rezipient zu immer wieder neuen Lesarten eines Textes mit dem Ziel, „das Spiel möglichst lange und möglichst raffiniert" zu spielen, das Spiel der „Lesartenproduktion" und Interpretation, bei der „kontextuelle Argumente zwar notwendig, aber nicht so unschuldig sind, wie gemeinhin angenommen wird, sie vereindeutigen nicht den Sinn des Textes im strengen Sinne des Wortes" (Müller, 593 ff.). Für den Unterricht kann das nur heißen, daß die Schüler zunächst natürlich die *hermeneutische Leseweise* erlernen müssen, in der *Kontextargumente* Sinn haben, daß sie darüber hinaus aber lernen, sich *für neue Sinndeutungen offenzuhalten.* Dabei ist die Reflexion über Sprache von Nutzen, da in der Erprobung, welche Funktion ein sprachliches Element im Text übernimmt, die Schüler erst aus dem Wissen um die Vielfalt

verschiedener Funktionen ein und desselben sprachlichen Elements die Erkenntnis gewinnen, daß im aktuellen Kontext auch eine andere Lesart denkbar ist: z. B. Bedeutungsvarianten und Verwendungsweisen des Präsens oder der Pronomen; Unterscheidung von Sätzen und Sprechakten mit dem Ergebnis, daß dieselben Sätze in verschiedenen Kontexten unterschiedliche Funktionen als Sprechakte übernehmen können; etc.

Sprachreflexion in der kognitiv-analytischen Textrezeption

Im herkömmlichen analytischen Umgang mit Texten vermag die Reflexion über Sprache eine wesentliche Rolle zu spielen. Grammatik läßt sich immer dann „anbinden" (vgl. Einecke, 37 ff.), wenn kommunikative Probleme entstehen; und sie bestehen im Literaturunterricht „nun gerade darin, daß das Verstehen sich nicht einstellt oder daß ein falsches Verstehen sich einstellt. Dann braucht man Methoden, um zum richtigen Verständnis zu kommen. Man muß interpretieren. Und beim Interpretieren sind explizite grammatische Kenntnisse brauchbar . . . Der Sinn einer grammatischen Analyse ist aber durch das bloße Vorkommen [grammatischer Erscheinungen im Text] nicht gesichert. Vielmehr muß die jeweilige grammatische Erscheinung und damit die Analyse für das Verständnis des Textes eine konstitutive Rolle spielen; sei es, daß die grammatische Analyse ein besseres Verständnis des Textes ermöglicht, sei es, daß sie ein drohendes Mißverständnis aufdeckt oder zur Formulierung kommunikativer Grundsätze dient. Allein in solchen interpretatorischen Fragestellungen liegt der Sinn kommunikativer Anwendung grammatischer Analyse" (Heringer [1978], 11).

Die Schüler wollen natürlich handfeste Ergebnisse sowohl im Grammatikunterricht als auch im Literaturunterricht. Die systematische Vermittlung der Grammatik scheint diese zu erbringen. Aber auch im funktionalen Grammatikunterricht läßt sich das erreichen, wenn die Sprachreflexion der Problemlösung dient. Der gesamte Aufbau von Lerneinheiten im Literaturunterricht kann diese Problemlösung anstreben. Dazu ist der kognitiv-analytische Ansatz geeignet: wissen zu wollen, wie ein Text zu verstehen ist, worauf die Wirkung eines Textes zurückzuführen ist, welche Funktion einzelne Mittel haben, wie man mit Hilfe der Textaussagen und der sprachlichen Mittel die Bedeutung nachweisen kann etc. Und „gerade ein kommunikativer Unterricht muß die Tatsache anerkennen, daß für die passive Kompetenz weiterreichende grammatische Fähigkeiten nötig sind als für die aktive. Genügt aktiv eine Grundgrammatik, so muß man passiv auch die schwierigsten Konstruktionen aller Textsorten verstehen. In der Rezeption hat man weder die Möglichkeit, wie als Sprecher den Schwierigkeitsgrad selbst zu bestimmen, noch wird man sich auf Dauer mit präparierten didaktischen Texten begnügen wollen. Als Rezipient steht man dauernd vor dem Problem, auch den Sinn schwieriger Texte zu eruieren" (Heringer [1989], Vorw., 1–20). Heringer plädiert so für eine *„rezeptive Grammatik"*:
„Eine rezeptive Grammatik ist eine Grammatik aus der Perspektive des Rezipienten. Die kommunikative Aufgabe des Rezipienten ist aber, aus der lautlichen oder graphischen Form einer Äußerung zu einer Deutung zu kommen. Die rezeptive Grammatik muß darum explizit den Weg von der sprachlichen Form zum Sinn nachzeichnen. [. . .] Die einzelnen Stufen werden darin bestehen,
- die Formen wahrzunehmen,
- die Struktur zu erfassen,
- die Bedeutung aufzubauen,
- den Sinn zu erfassen."

Dabei ist davon auszugehen, daß die Leser/Hörer „nicht den systematischen Weg der grammatischen Analyse gehen müssen, sondern zumindest teilweise abkürzende Rezeptionsheuristiken anwenden, unsystematisch, von Rezipient zu Rezipient anders vorgehen können". Der Leser/Hörer folgt den Textinformationen nur teilweise linear, er läßt „sich eher von den Schemata seines grammatischen Wissens leiten". Er erkennt im Text Teilganzheiten (Phrasen) und entsprechende Sinneinheiten: „Es sind insbesondere Phrasen, die gekennzeichnet sind durch Kerne, um die sich andere Wörter lagern. Substantive oder Pronomen als Kerne bilden Nominalphrasen, Verben als Kerne bilden Verbalphrasen, Adjektive als Kerne bilden Adjektivphrasen und Präpositionen als Kerne bilden Präpositionalphrasen." Und über Strukturwörter erkennt er, wie sich die Phrasen im Text zu Neben-, Über-, Unterordnung, zu größeren Mustern und schließlich zu einem Ganzen zusammenfügen:
„- Artikel kündigen Nominalphrasen an;
- Präpositionen kündigen Präpositionalphrasen an;
- Hilfsverben kündigen Verbalphrasen an;
- Relativpronomen kündigen Relativsätze an;
- Subjunktionen kündigen Nebensätze an;
- Konjunktionen kündigen Teilsätze an" (Heringer [1989], Vorw., 1–20).

Für die grammatische Analyse ist also der Vorgang der Segmentierung ein wichtiger Schritt: durch Klangprobe beim Lesen, durch Beachtung der Satzzeichen und des Zeilenumbruchs, durch Gliederung eines Satzes in sinnvolle grammatische Komplexe, wobei man evtl. zunächst unvollständige und schwierige Stellen beiseite läßt.

Man wird die sprachliche Vermittlungsseite eines Textes im kognitiv-analytischen Literaturunterricht untersuchen

- bei *„Störfällen"* (Frommer [1989], 71) der Kommunikation, z. B. durch Mehrdeutigkeit, Sprünge in der Zeit oder im Auftritt von Personen, Schauplatzwechsel, Perspektivwechsel, Schnittechnik, unkonventionellen Sprachgebrauch etc.,
- bei *Verstehensproblemen*, z. B. durch tatsächliche Kommunikationsstörungen, durch Irritationen der Lesegewohnheiten sowie durch Konterkarierung der „schematisierten Ansichten",
- bei *Interpretionsbedarf* aufgrund von „Leerstellen" (Iser),
- generell, zumal bei poetischen Texten, wegen der *„Überlagerung der Sprache durch sekundäre Strukturen"* (wie Strophe, Versbau, Reim, Parallelismus, Wiederholung, etc.) und *„bewußte Abweichungen von der Normalstruktur"* (wie Auflösung der Syntax, ungewohnte Wortbildungen, Ausbrechen aus einem Metrum, Bildbrüche etc.). Eine „Grammatik der Poesie" (Bierwisch, 141 ff.) versucht also besonders herauszubekommen, warum „literarische Sprache ›dichter‹ sei als die Alltagsrede" (ebd.).

Für diese Integration der Grammatik in den Literaturunterricht sind die zentralen Schaltstellen im Unterrichtsablauf zu erkennen oder zu bestimmen. Nehmen wir eine typische Phasenfolge, wie sie in unteren Klassen erst in Teilen, gegen Ende der Sekundarstufe I dann als vollständiger Ablauf möglich und eingeübt wird:

Textanalyse und argumentierende Interpretation

1. Textrezeption – subjektiv

Leseeindrücke – Leseschwierigkeiten – Wirkung; Wiedergabe der inhaltlichen Schwerpunkte und Auffälligkeiten des Textes

● möglichst spontane Reaktion nach dem Lesen/Hören

→ Aussagen, Assoziationen, darstellende Sätze der Schüler

2. Hypothese zur Textaussage – subjektiv

vorläufiger Verstehensansatz in 1–2 Sätzen

● in der Regel Ausgangspunkt bei einer Schlüsselstelle, zentralen Handlungen, Motiven, Themen, Aussagen, beim Titel, einer besonderen Auffälligkeit – mit Blick auf den ganzen Text;

oftmals läßt sich daraus die Aufgabenstellung ableiten, etwas genauer am Text zu untersuchen; in höheren Klassen läßt sich das mit der Methodenreflexion verbinden, wie man dabei vorgehen kann

→ behauptende Formulierungen, Vorschläge

3. Textanalyse – objektiv

- Beobachtung und Beschreibung der auffälligen Textmerkmale und Darstellungsmittel: Wortwahl, Satzbau, Textgliederung, stilistische und rhetorische Mittel, Verschlüsselungen, Bildsprache, Sprechakte, Kommunikationsverhalten, Funktionen der grammatischen Mittel, Perspektive, Metrum, . . .
- Feststellung der vom erwarteten, normalen Sprachgebrauch deutlich abweichenden sprachlichen Mittel
- Beobachtung und Erklärung der Beziehungen zwischen einzelnen Textelementen: Kontrast, Analogie, Spiegelung; Opposition und Äquivalenz, Steigerung; logische, temporale, pronominale Verknüpfung etc.

● Die Beobachtungen müssen für alle anderen Leser/Hörer nachvollziehbar und am Text überprüfbar sein.

→ beschreibende und erklärende Formulierungen

4. Interpretation – subjektiv → intersubjektiv

- Zusammenschau der Motive, Intentionen etc. der Textfiguren
- Übersetzung der Bild- und Symbolebene
- Aussagen über die Bedeutung des Textes im ganzen und in seinen Teilen
- Deutung des Sinnes
- Entschlüsselung des verborgenen Sinnes
- Verständnis vom eigenen Leseinteresse her
- Erschließen der Autor-/Textintention

● Die Aussage über die Bedeutung wird durch wichtige Textstellen und die Ergebnisse aus Schritt 3 gestützt: Man argumentiert „mit dem Text“ und macht so sein Verständnis anderen Lesern/Hörern plausibel.
Evtl. Rückbezug zur Hypothese: Bestätigung, Verwerfung, Veränderung, Einschränkung, Erweiterung, Konkretisierung, Präzisierung in einer abschließenden These zur Textaussage

→ deutende, erklärende, wertende Formulierungen
→ Textzitate und Belegstellen zur Beweisführung

Zur Integration der Grammatik: An welchen Stellen ergeben sich nun Bezüge zur Reflexion über Sprache?
In der *1. Phase* können sich einige Schüler schon auf auffällige Darstellungsmittel stützen oder die Formebene generell als beeindruckend heranziehen, andere drücken vielleicht sprachlich bedingte Verstehensprobleme aus. In jedem Fall liegt hier der Ansatzpunkt, sich mit den thematisierten sprachlichen Mitteln eingehender zu beschäftigen.
Wenn andere Schüler dagegen in der Inhaltsebene Auffälliges artikulieren (Personen, Handlungen etc.), so wird man eher indirekt nachfragen, wie, d. h. mit welchen sprachlichen Mitteln denn das ihnen Auffällige im Text so herausgestellt ist, daß es auf sie besonders ausdrucksvoll oder eindrucksvoll wirkt.
In der *2. Phase* kann dann eine der Aufgabenstellungen oder einer der Methodenvorschläge sein, eine genauere Sprachanalyse vorzunehmen.
In der *3. Phase* wird nun die eigentliche grammatische Analyse der sprachlichen Mittel und ihrer Funktionen ihren Platz haben. Diese Analyse wird einen größeren Zeitraum beanspruchen, so daß methodisch zu planen ist, ob sie in einer der folgenden Varianten durchgeführt wird:

- in einer vorbereitenden Hausaufgabe, wenn die Phasen 1 und 2 schon in der letzten Stunde vorausgingen,
- in einer Stillarbeitsphase, in der der Text nach bestimmten Aufgabenstellungen untersucht wird (Einzel- oder Partnerarbeit),
- in einer Gruppenarbeit; arbeitsgleich bei Texten und Aufgaben geringeren Umfangs; arbeitsteilig bei komplexeren Texten und dann nur begrenzter Aufgabenstellung oder bei einer Aufteilung in mehrere Aufgabenstellungen für verschiedene Gruppen. Dann ist für die Gruppenberichte jeweils das Problem zu lösen, daß die anderen Schüler zuhören: dazu bietet es sich an, die aus den Phasen 1 und 2 gewonnenen Fragestellungen als Problemstellung wieder aufzugreifen, zu deren Lösung die einzelnen Gruppenberichte beitragen sollen.

Für die genauere textimmanente Analyse bieten sich folgende *Verfahren* an, die in der Sekundarstufe I in Auswahl allmählich aufzubauen sind:

1. *Inhaltsanalyse:* Informationseinheiten, Folge der Informationen; Aussagen, Themen, Probleme, Wirklichkeitsausschnitte, Sachverhalte; Themenführung über Teilthemen; Personenkonstellation und Sachinventar; Schauplätze; Handlung, Ereignis; Handlungsschritte; Handlungsziele und -motive; Passagen der Schilderung, Beschreibung, des Berichts . . . (nicht: Inhaltsangabe!);
2. *Strukturanalyse:* Gesamtkomposition, Aufbauprinzipien, Textgliederung etc.: z. B. linear, symmetrisch, steigernd, assoziativ, reihend, perspektivisch; Blickführung; Zeitebenen; Perspektiven, Erzählhaltungen; Rahmen, Kontrast, offene – geschlossene Form, Collage, Ring, Stationen, Akte; Fragment; Prinzipien von Opposition (Gegensätze) und Äquivalenz (Übereinstimmungen). . .;
3. *Semantische und syntaktische Analyse:* Wortbedeutung, Wortwahl, Wortschatz: Wortfelder, Wortfamilien; semantische Felder; Schlüsselwörter; Stereotypen, Klischees, Neubildungen; Denotation – Konnotation; Assoziationen; lexikalische – aktuelle – kontextuelle Bedeutung; Bedeutungshorizont, historische Bedeutung, Bedeutungsverschie-

bungen, Etymologie; Oberbegriffe - Unterbegriffe; Homonyme, Synonyme; Wörter - Gegenwörter; Syntax: auffällige Satzglieder, Stellung der Satzglieder, Nutzung der Satzbaupläne (HS-GS);

4. *Stilanalyse - rhetorische Analyse:* lexikalische Register: für etwas typischer Wortschatz (z. B. Dialekt, Jargon, Fachsprache); auffälliger Gebrauch von Tempus und Modus; rhetorische Mittel: Klimax, Parallelismus, Variation, Wiederholung, Hyperbel. . .; Bildsprache; Redestrategien, Taktiken. . .;
5. *Argumentationsanalyse:* Aufbau des Gedankengangs; Art und Abfolge der Argumente; Situations- und Adressatenorientierung, Verhältnis von Thesen, Begründungen, Belegen, Beispiel, Zitat, Behauptung etc., Beweisverfahren: Schlußfolgerung, Analogiebildung, Erfahrungsbezug etc.; Argumentationsstrategien; Schlüssigkeit der Argumentation, Vertrauens- und Glaubwürdigkeit, Formen der Manipulation; Intention der Information, Überredung, Überzeugung; appellative Elemente. . .;
6. *Kommunikationsanalyse:* Kommunikationsfaktoren nach dem Kommunikationsmodell; Zusammenhang von Situation, Handlung und Sprechakten; Redesequenzen; textinterne vs. textexterne Kommunikationsverläufe; Sprecherintention - Hörererwartung; mediale Bedingungen; Kommunikationsstörungen, Konfliktanalyse; Rolle und Sprechen; Sprechpläne; Einflüsse des Verwendungskontextes auf den Text . . .

In der *4. Phase* wird bei der Interpretation in einer Auswahl auf die Analyseergebnisse aus der 3. Phase als Beweismittel zurückgegriffen, und speziell bei Interpretationsvarianten oder -konflikten wird im interpretierenden Gespräch das Wissen um die sprachlichen Mittel und ihre Funktionen eingesetzt und so „Unbestimmtheit“ abgebaut. Die „Integration von intuitivem und methodischem Verstehen“ (Kreft, 296) findet statt.
Dieser Ablauf ist sowohl durchführbar unter Anwendung grammatischer Kenntnisse als auch zur Einführung in neue grammatische Phänomene: Denn gerade, wenn noch unbekannte grammatische Mittel einen Text prägen, ist dies der ideale Ausgangspunkt für die induktive Erarbeitung.

Sprachreflexion im rezeptions- und produktionsorientierten Literaturunterricht

Seit Jahren wird, gerade auch für die Sekundarstufe I, dafür plädiert, weniger die fachlichen, versachlichenden Prozesse des analytischen Literaturunterrichts in den Mittelpunkt zu stellen und dafür stärker den Leser in seiner Leserrolle wahrzunehmen: das Subjekt des Leseprozesses.
Dabei sollen möglichst viele der verschiedenen Leseweisen der Schüler ausgetauscht und thematisiert werden. Gegen die Vereindeutigung des Textverstehens durch Interpretation werden die Aktualisierungen der Leser, „die Bewegungen im Bewußtsein des Lesers“ (Weber, 16) gestellt. Dabei lassen sich die *Leseweisen* selbst beobachten: z. B. instrumentelles, informatives, regulatives, repräsentatives, unterhaltendes, identifizierendes, ästhetisches, literarisches, heuristisches, evasorisches etc. Lesen. Und es lassen sich unterschiedli-

che *Lesertypen* erkennen: Typ 0: selbstzweckhaftes Lesen mit beliebiger Rezeption; Typ I: selbstverstrickendes Lesen mit Identifikation; Typ II: kritisch-distanziertes Lesen mit skeptischer Rezeption; Typ III: indifferentes Lesen mit desinteressierter Rezeption (einschließlich Nicht-Lesen) (nach Schröder, 17). Mit diesen Beobachtungen können die Schüler selbst ihre Leserrollen überprüfen, den Wechsel zwischen verschiedenen Rollen feststellen und erproben und die „Freiheit des Lesens" nachvollziehen. Nicht weiter soll verfolgt werden, daß Lektüre oftmals nur noch als Anlaß zu Erfahrungsaustausch und auch zu therapeutischen Zwecken dienen mag, wie z. B. im didaktischen Ansatz des „Bibliodrama Deutsch" (vgl. Schramm u. a. 1992).

Vielmehr soll im weiteren der Ansatz beibehalten werden, daß auch unter der Rezeptionsorientierung *der Text selbst* für den Leser wichtig bleiben kann. Der Leser kommt dann zu größerer Bedeutung, wenn er alle seine „Konkretisationen" (Frommer [1988]), seine Vorstellungen, das Sich-Ausmalen, Sich-Erklären, Nachvollziehen etc. zu einer Leseerfahrung einbringen kann, wenn er neuen Sinn aus einem Text schöpfen kann. Dabei ist dem Leser erlaubt, einen beliebigen, aber für ihn wichtigen Anhaltspunkt aus dem Text aufzugreifen, bestimmte Textzüge oder Ausschnitte sich zu verdeutlichen, „perspektivische Verkürzungen" zu machen. Aber die Konkretisation steht nicht wie die Interpretation unter einem „‚intersubjektiven' Geltungsanspruch", sondern erlaubt „subjektive Unverbindlichkeit" (ebd., 12). Insgesamt schafft die Konkretisation eine Erweiterung der Leseerfahrung. Und im Austausch dieser verschiedenen Konkretisationen in der Klasse erfolgt auch eine gegenseitige Bereicherung der an verschiedenen Teilthemen, Perspektiven und Anstößen eines Textes interessierten Schüler.

Generell reicht in der Regel die „Appellstruktur“ (Iser) eines Textes, Konkretisationen im Leser auszulösen, seine persönlichen Ansichten mit dem Text zu verbinden, also sich selbst im Text zu lesen. Das „verzögerte Lesen“ (Frommer [1981]) kann darüber hinaus durch didaktisch eingebrachte Lücken im Text, die die Leser aus ihrer Vorstellung zu ergänzen haben, durch Auslassung von Kernstellen, durch Vorgestaltung eines erwarteten Themas, durch Umstellen von Textteilen, durch Vorstellung eines Textes in Etappen (vgl. Lindenhahn, 28 ff.) dem Leser helfen, sein automatisiertes Lesen und damit seine individuelle Leseweise im Kontrast mit dem Originaltext wahrzunehmen. In einem Akt des selbst-entdeckenden Lesens könnte der Leser so sowohl den Text als auch seine Vorstellungen vom Text und somit sich besser erkennen.
Ein rezeptionsorientierter Literaturunterricht könnte folgenden Ablauf zeigen:

Leserorientierte Textrezeption

1. Textrezeption - subjektiv

Leseeindrücke - Leseschwierigkeiten - Wirkung; Entdeckungen; ggf. Einsatz der Formen des „verzögerten Lesens“
● möglichst spontane Reaktion nach dem Lesen/Hören;
es ist zu entscheiden, ob dieser Schritt öffentlich geschehen soll, denn dabei käme es zu gegenseitiger Beeinflussung

→ Ich-Aussagen, Assoziationen, darstellende Sätze

2. Konkretisation - subjektiv

Festhalten der eigenen Vorstellungen, Ausarbeitung bestimmter Erlebniskerne oder Textstellen, Kommentierung, Meinungsäußerungen von unverbindlichem Charakter: Einbringen oder Anbinden der lesereigenen Erfahrungsmuster, Bilder im Kopf, „schematisierten Ansichten“ (Iser), Einstellungen etc.
● z. B in schriftlicher Form, damit darüber gesprochen werden kann, Bereitschaft zur Veröffentlichung vorausgesetzt

→ darstellende, kommentierende Formulierungen

3. Veröffentlichung der Konkretisation - subjektiv

- Darstellung der verschiedenen Lesarten
- Zurückhaltung der Zuhörer und gegenseitige Akzeptanz
- Toleranz gegenüber verschiedenen, auch widersprüchlichen Beiträgen

● Die Darstellungen müssen schon so ausgearbeitet sein, daß ihre subjektive Sicht für andere nachvollziehbar ist.

→ darstellende Formulierungen, Schülervortrag

4. Austausch über die Schülerbeiträge → intersubjektiv - Beobachtung und Erklärung der unterschiedlichen Leserollen, der verschiedenen Leseweisen, der Zuordnung zu Lesertypen, des „Gebrauchswertes" der Ausgangstexte - Beobachtung der Ausweitung durch verschiedene Leser, der Anregung durch die Entdeckungen und Beiträge der anderen - Beobachtung der Kristallisationspunkte für Konkretisationen im vorliegenden Text; Austausch über die Gründe für die Wahl dieser Punkte: a) aufgrund der Darstellungsform des Textes, b) aufgrund der Leserbiographie - ggf. Feststellung der Deckungsbereiche im Textverständnis und in den Schülerbeiträgen - ggf. Vergleich mit einer Textinterpretation • nicht zu ausgiebige diskursive Behandlung, da sonst der Reiz der eigenen Entdekkungen untergeht.
→ Gesprächsbeiträge; Gesprächsbilanz; ggf. Textbezüge

Zur Integration der Grammatik: An welchen Stellen ergeben sich hier Bezüge zur Reflexion über Sprache?
Vor allem die sprachlichen Auffälligkeiten, die als Kristallisationspunkte für die eigene Tätigkeit der Leser dienen, können zum Gegenstand gemacht werden. Ebenso die Textstellen, über die bei divergierenden Verstehenshorizonten der Schüler man sich noch am ehesten verständigen kann, oder diejenigen, die die größten Verständnisschwierigkeiten bereiten. Ziel ist dabei weniger die problemlösende Funktion der sprachlichen Mittel wie bei der Interpretation als vielmehr die appellative Funktion der sprachlichen Mittel für den Leser, für sein Interesse, für den Sog auf ihn. In Frage kommen hier besonders sprachliche Herausstellungen, Brüche, Normabweichungen, Offenheiten, Mehrdeutigkeiten, Verfremdungen etc., die eine *„Aufmerksamkeitslenkung"* (Köller, 36) bewirken.
Auch hier kommt es zur Argumentation mit dem Text und seinen sprachlichen Mitteln, doch nicht um eine bestimmte Deutung einer Textstelle oder des Ganzen zu beweisen – wie bei der kognitiv-analytischen Interpretation, sondern um die auf den Leser ausgeübte *Wirkung zu erklären und nachvollziehbar* zu machen.
Bei der Arbeit mit Lückentexten in der Form des „verzögerten Lesens" kann die Verwendung unterschiedlicher sprachlicher Varianten zur Füllung einer Lücke allerdings auch interpretierende Argumentationen auslösen, da es hier neben den „eigenwilligen" Lösungen der Schüler auch um das Bestreben gehen kann, die „originalgetreue" Lösung zu erreichen; insofern würden hier Argumente vorgebracht, welche sprachlichen Formen vom Kontext, Stil und der Kohärenz her am besten passen.

Die *produktive Textrezeption* kann als eine weitere Variante der Leserorientierung verstanden werden. Weniger die reflexive als vielmehr die sinnliche Beschäftigung mit einem Text soll angestoßen werden. Es gilt, „das einseitige ‚Über-den-Text-Sprechen' in Balance zu anderen Formen des Reagierens auf einen Text zu setzen". So soll die „Lust, sich produktiv-kreativ zu betätigen, auch im Unterricht entwickelt und mit Nahrung versehen werden" (Haas, 9). Die Produktion setzt die sinnliche Erfahrung eines Textes voraus und ergänzt diese durch eigene sinnlich-subjektive Handlungen, die aber letztlich *dem besseren Textverständnis dienen* sollen:

- an Texten streichen, Texte umschreiben, umbauen, umerzählen, umgestalten;
- auf Figurenreden erwidern, in die Rolle von Mitspielern schlüpfen und aus ihrer Sicht Textteile neu schreiben, im „literarischen Rollenspiel" (Eggert/Rutschky) Texte an Textfiguren verfassen oder als Textfigur agieren und sprechen;
- Texte persiflieren, kürzen, verfremden, in andere Textsorten übersetzen, grafisch aufbereiten;
- Texte erspielen, vertonen, zerschneiden, zum Puzzle machen;
- Texte mit Marginalien, Fußnoten oder Denk- und Sprechblasen versehen;
- Textfiguren einen anderen Charakter geben, sie austauschen, Situationen im Text verändern, Tagebuchnotizen dazuerfinden;
- Zwischentexte, Textfortsetzungen, Paralleltexte und Gegentexte schreiben;
- Stil und Sprachform ändern;
- Texte trivialisieren, kritisieren, rezensieren, illustrieren etc. (vgl. Ingendahl, Haas, Spinner [1986]);
- an „Leerstellen" (Iser) eingreifen: Ausgespartes mitteilen, offene Bezüge zwischen Textsegmenten kombinieren und explizieren, Brüche zwischen Textteilen und Reibungen zwischen Textaussagen überwinden, offene Stellen fortführen, Angedeutetes konkretisieren, Perspektiven übernehmen oder abwandeln etc.

Im Gegensatz zum „freien, kreativen Schreiben" bleibt bei der produktiven Textrezeption der *Originaltext Ausgangs- und Bezugspunkt für die eigene Gestaltung*, ist ein Vergleich des eigenen Produkts mit der Vorlage immer auch ein Zielpunkt. So handelt es sich um eine Verknüpfung der Arbeit am Text und der Selbstthematisierung der Leser. Der Leser kann sich in seiner phantasierenden Koproduktion artikulieren, er muß sich jedoch den durch den Text vermittelten Fremderfahrungen öffnen und kann so seine eigene Weltsicht, seine gewohnten Zugänge und seine sprachlichen Möglichkeiten erweitern.
Ein Unterrichtsweg könnte folgendermaßen aussehen:

Produktive Textrezeption

1. Textrezeption – subjektiv Leseeindrücke – Leseschwierigkeiten – Wirkung; Entdeckungen; Ansatzpunkte für die eigene Produktion aufgreifen: Leerstellen, Verwirrungen, Rollenangebote, Sprünge, Brüche, Andeutungen, unverbundene Handlungen, unklare Motive . . . ● möglichst spontane Reaktion nach dem Lesen/Hören
→ Ich-Aussagen, Assoziationen, Ideensammlung

2. Produktion – individuell oder kooperativ

- Planung der eigenen Produktion, Sichtung der möglichen Produktionsformen, Auswahl, Entwürfe
- Ausführung der Ideen und Entwürfe

● in der Regel in einer Form, die allen zugänglich gemacht werden kann, damit darüber gesprochen werden kann, Bereitschaft zur Veröffentlichung vorausgesetzt

→ textsortenspezifische Produktion, Darstellung

3. Darbietung der Produkte – inszeniert

- Vorstellung, Vortrag, Spiel, mediale Vermittlung etc.
- Rezeption der Produkte der Mitschüler

● Die Darstellungen müssen so ausgearbeitet sein, daß die Rezeption durch die Klasse (mit Genuß) möglich ist. Es bietet sich an, eine Reihe von Produkten geschlossen vorzustellen, damit aus der Präsentation ein Ereignis wird.

→ Formen der schriftlichen, mündlichen, medialen Präsentation

4. Auswertung der Aktion → intersubjektiv

- Gespräch über den Reiz der verschiedenen Produkte
- Herstellen von Bezügen zum Originaltext
- Nutzung der Erfahrung für eine neue Sicht des Textes
- Vergleich zwischen Schülerprodukt und Originaltext:
  Ansatz für die eigene Produktion; Unterschiede in der Gestaltung und Wirkung; Festmachen der Unterschiede am Einsatz unterschiedlicher Mittel der Textsorte, Schreibweisen, sprachlichen oder medialen Mittel
- ggf. Neuinterpretation des Ausgangstextes nach der Vermittlung der Schülerbeiträge

● Es wird zu wertenden und erklärenden Beiträgen den Produkten gegenüber kommen; der Reiz der eigenen Produkte ist in ein Verhältnis zur Wirkung des Originaltextes zu bringen.

→ Gesprächsbeiträge; neues Lesen des Textes; Textbezüge

Zur Integration der Grammatik: Reflexion über Sprache ist vor allem beim Blick auf die Veränderungen und Gestaltungsformen in den Schülerprodukten möglich und planbar. Die Frage, warum etwas so oder so formuliert ist, die Sichtung der Umformungen und die *Vergleiche der Schülerprodukte mit dem Originaltext* führen immer zu Überlegungen auch nach dem begründeten Einsatz bestimmter sprachlicher Mittel in beiden Fassungen.
Die Argumentation richtet sich auch hier wieder auf die mit sprachlichen Mitteln erzeugte Wirkung, diesmal aber vor allem die Wirkung als Ausdruck der Schülerintention, weniger

als Eindruck bei der Textrezeption wie oben im rezeptionsorientierten Ansatz. Dabei müssen die Schüler, die als Produzenten auftreten, die Wahl bestimmter Mittel in ihren Texten von der funktionalen Verwendung her vertreten; sie müssen sie von ihrem Textverständnis, ihrer Ko-Autorschaft her vertreten. Ebenso müßten die Schüler, die in kooperativer Produktion ihrem Partner gegenüber sprachliche Varianten und Verbesserungen vorschlagen, dafür u. a. auch sprachliche Argumente anführen. Bei der Rezeption der Produkte durch die Mitschüler wird eine Wertung teilweise ebenfalls durch grammatische Argumente zu stützen sein: Ist die sprachliche Gestaltung in den Mitschülertexten vom Ausgangstext her nachvollziehbar? Deckt sie die im Original gegebenen Formen, die verschlüsselten Botschaften und die verdeckten Beziehungsmöglichkeiten auf? Zeigt sie zugleich die vom vortragenden Schüler geleistete Textinterpretation in sinnlich-anschaulicher Weise statt in einer analytisch-erklärenden Form?

Planungsverfahren für integrierte Unterrichtssequenzen

Das Denken in Sequenzen und der Planungsablauf

Weg von Einzelstunden, das ist die Devise der weiträumigen Unterrichtsplanung. Größere Lernzusammenhänge erscheinen notwendig, nachdem es im Literaturunterricht nicht um das einzelne „sprachliche Kunstwerk“ in einzelnen Literaturstunden geht, sondern um den längerfristigen Aufbau des literarischen Lernens und des Leseverstehens der Schüler über die Vermittlung von Teilkompetenzen; und nachdem es im Bereich Reflexion über Sprache nicht mehr um das „isolierte grammatische Element des Sprachsystems“ in der einzelnen Grammatikstunde geht, sondern um die Behandlung grammatischer Phänomene in ihren Verwendungszusammenhängen sowie um den Aufbau der sprachlichen Reflexionsfähigkeit der Schüler. (Vgl. Fingerhut [1974], 14 ff.; Einecke, 10 ff.)
Der Unterricht soll im Rahmen einer Sequenz über eine Reihe von Stunden hinweg den Schülern eine Lernperspektive geben, und die Behandlung einzelner Texte, Themen, Situationen, grammatischer Phänomene etc. soll in einer Lernprogression zu abschließenden Ergebnissen einer Lernsequenz führen, so daß die Schüler erleben können: Wir haben auch im Deutschunterricht etwas geschafft! Wir haben die Sequenzziele erreicht!
Problematisch wird es, wenn bei einer Sequenzplanung durch die Lehrer „affirmative Lehrsysteme“ entstehen, in denen sich die Schüler nur noch Zielvorgaben anpassen können. Notwendig erscheint dagegen, die Lernsequenzen als „offene Diskussionssysteme“ (Fingerhut) zu verstehen, an deren Entwicklung sich die Schüler beteiligen, in die sie ihre Erfahrungen einbringen, in denen neben der Inhaltsebene auch die Beziehungsebene wichtig wird, in denen sie außer Kenntnissen und Fertigkeiten auch affektive und soziale Ziele erreichen können.
Innerhalb der Sequenzen müßten die verschiedenen Arbeitsbereiche des Faches Deutsch – Umgang mit Texten, Reflexion über Sprache, Mündliche Kommunikation, Aufsatzerziehung, Rechtschreibung – auch bei einer *Integration der Teilbereiche* wechselnd die Stimmführung übernehmen. An „Gelenkstellen“ würde den Schülern dieser Wechsel explizit deutlich gemacht, indem Zwischenergebnisse festgehalten und neue Zielausrichtungen vorgenommen werden.
Für den Literaturunterricht, in den hier ja die Reflexion über Sprache/Grammatik integriert werden soll, hat Kreft ein Sequenzmodell vorgelegt, das weithin akzeptiert ist (Kreft, 379):

Übersicht zu den vier Standardphasen einer literarischen Unterrichtssequenz

1. *Phase der bornierten Subjektivität* – ‚textimmanent‘
   Phase der Darbietung des Textes, der (ersten) Begegnung mit ihm, der Verstrikkung in ihn;
   Phase der Motivation, der Assoziation, der Inkubation;
   Phase der Entwicklung eines (ersten) Interpretationsentwurfs.

2. *Phase der ,Objektivierung'* – wahrheitsbezogen, textbezogen, texttranszendierend;
   Phase der korrigierenden Abarbeitung am Text;
   Phase der gegenseitigen Korrektur durch andere Interpreten und Interpretationen;
   Phase der Diskussion; – Hinblick auf das vom Text intendierte Problem, die ›Wahrheit‹.
3. *Phase der Aneignung*
   Phase der Rückwendung des Subjekts (des Rezipienten, Interpreten) auf sich selbst;
   Phase der Selbstkorrektur und neuen Selbstinterpretation;
   Phase der bewußten, aber ›kontemplativen‹ Anwendung auf die eigene Situation und Existenz.
4. *Phase der Applikation*
   Phase der allgemeintheoretischen Applikation (Gesellschaftsanalyse, Geschichtsverständnis, literaturwissenschaftliche Bedeutung);
   Phase der praktischen Applikation (auf reale Interaktionskonflikte usw. [Rollenspiel]);
   Phase der Ausarbeitung neuer Fragestellungen (für neue Sequenzen) als Konsequenz.

Nach Ingendahl dominiert „in jeder Phase [. . .] je eine bestimmte *Leseweise*:

I. eine wahrnehmende Lektüre, in der Leser versuchen, den mitgeteilten Inhalt des Textes und seine besondere Erscheinungsform zur Kenntnis zu nehmen;
II. eine erarbeitende Lektüre, in der sie die bisher dunkel gebliebenen Aussagen und die besonderen Formmerkmale zu deuten versuchen;
III. eine aneignende Lektüre, in der Leser aus persönlichem Interesse das zu formulieren versuchen, was die Arbeit am Text in ihnen selbst bewirkt haben könnte;
IV. eine anwendende Lektüre, in der sie alte und neue ,Fälle' mit Hilfe der Textaussage diskutieren." (Ingendahl, 8)

Dem würden nach unserem Konzept der integrierten Grammatik nun ebenso bestimmte *grammatische Reflexionsweisen* in den vier Phasen entsprechen:

1. Bei der *Textwahrnehmung* würden die Leser bestimmte *auffällige oder typische sprachliche Darstellungsmittel entdecken.*
2. Bei der *Texterarbeitung* würden die Leser sich einerseits auf die im aktuellen Text besonders auffälligen sprachlichen Mittel, andererseits auf die generell in der betreffenden Textsorte stark repräsentierten, natürlich vorkommenden, typischen grammatischen Elemente konzentrieren und ihre *Formen und Funktionen* (s. S. 12–24) *analysieren.*
3. Beim *aneignenden Lesen* würden die Leser *reflektieren*, welche *Rolle* die sprachlichen Mittel *für ihr Verständnis* spielen, ob sie ihnen gefallen, inwiefern sie ihre Sicht der Sprache und ihr Wissen von ihr erweitern etc.
4. Bei der *anwendenden Lektüre* können die Leser die neuen sprachlichen Einsichten *rückwärts und vorwärts verknüpfen*: Sie können sie mit ihren *Vorkenntnissen* und früheren grammatischen Problemen verbinden, sie können für ihre weitere Arbeit *neue grammatische Fragestellungen und Aufgaben* aufwerfen, sie können neue sprachliche Varianten

beim eigenen Schreiben erproben, und sie können die sprachlichen Erkenntnisse beim Lesen weiterer Texte überprüfen oder einsetzen.

Planung der Integration: An andere Stoffe anbinden – Induktiv einführen

Die konkrete Planung von integrierten Unterrichtssequenzen erfolgt in der Regel unter Anwendung der Planungsmethoden „an andere Stoffe anbinden – induktiv einführen" (vgl. Einecke, Kap. 2, A/B). Bei der Wiederaufnahme und Übung früherer grammatischer Kenntnisse käme die Methode „Begriffe wiederverwenden" (ebd., D) zum Zuge; beim Abschweifen von der aktuellen Textarbeit und dem gerade thematisierten grammatischen Phänomen hin zu weiterer grammatischer Arbeit, weil etwa Lücken festzustellen sind, die das Verständnis blockieren, würde die Methode „im Exkurs ergänzen" (ebd., E) einbezogen.

Im Unterschied zur Planung von einzelnen Grammatikstunden oder Literaturstunden und ihren einzelnen Stundenentwürfen ergeben sich für die *Planung mehrstündiger Sequenzen mit einer Integration von Textrezeption und Grammatik* folgende Schritte:

Sequenzplanung

1	*Sachanalyse:*
1.1	Textsorten und Texte der Sequenz; literaturspezifische Probleme (Erzähltechnik etc.)
1.2	grammatisches Thema der Sequenz: grammatische Elemente, Formen und Funktionen; Begriffe und Verfahren (in fachlicher Übersicht)
1.3	Sachthema, Situation, Verwendungszusammenhang, Kontext
2	*Didaktische Analyse:*
2.1	Standort der Sequenz in der Lernlaufbahn der Schüler
2.2	Motivation für die Sequenz
2.3	Schülerhorizont zu den Situationen und Texten
2.4	grammatisches und literarisches Vorwissen
2.5	Transfermöglichkeiten für später
3	*Didaktische Reduktion:*
3.1	Auswahl aus den Texten, Materialien; aus dem literarischen und grammatischen Lernstoff (Formen, Funktionen – Begriffe, Verfahren)
3.2	Komplexitätsabbau
3.3	Veranschaulichung
4	*Didaktische Entscheidung:*
4.1	Themen, Texte, Ziele der Sequenz
4.2	Integration – Verknüpfung der Teilbereiche: Textrezeption, Textproduktion und Reflexion über Sprache (Schaltstellen)
4.3	Text- und Materialfolge – Progression der Teilthemen und Zielkomplexe
4.4	*„Kerntext"* für die explizite grammatische Erarbeitung/für die Induktion
4.5	Methodenwechsel: Erfahrung – Reflexion – Anwendung

5	*Feinplanung der grammatischen Phase – Induktion:*
5.1	Sachanalyse zum „Kerntext“
5.2	Einbettung in die Sequenz und Arbeitsschritte
5.3	Methodisierung: Arbeits- und Sozialformen; Aufgaben
5.4	Anwendungen und Übungen in der weiteren Sequenz

Wesentlich an der Sequenzplanung ist die Kontextuierung des grammatischen Themas und des Kerntextes (s. 1.3, 2.2, 2.4, 3.3, 5.2, 5.4), damit Grammatik *funktional* behandelt werden kann. Unter „Kerntext“ ist dabei jener Text aus der Reihe von verschiedenen Texten der Sequenz zu verstehen, mit dem die induktive Erarbeitung des grammatischen Phänomens vorgenommen wird. An anderen Texten vor ihm konnte zwar auch schon dasselbe Phänomen entdeckt werden, und an weiteren Texten nach ihm würde es ebenfalls beobachtet und in der Anwendung geübt, am Kerntext aber wird es zentral. Beispiel zur Induktion: s. Sequenz 7, S. 147–150.

Wichtig ist zum anderen die Planung der Aufgaben und Aktivitäten der anderen Teilbereiche im Rahmen der Sequenz (4.2, 4.5, 5.2, 5.4), damit die *Integration der Teilbereiche* stattfindet und in der Sequenz nicht nur Reflexion über Sprache, sondern auch Textrezeption, Textproduktion und mündliche Kommunikation methodisiert werden.

Nach Möglichkeit erhält eine integrierte Sequenz einen alle Texte und Aktivitäten übergreifenden Titel. In der Sekundarstufe I handelt es sich dabei in der Regel um ein *problemorientiertes Thema.* Kontext und Sachthema dürfen nicht als „Verpackung“ des grammatischen Themas verstanden oder mißbraucht werden. Texte und Sachthemen haben zunächst ihren eigenen Aussagewert; die Inhalte von Texten sind als Teilaussagen zum Sachthema der gesamten Sequenz von Belang und sollen auch für sich jeweils thematisiert werden.

Bei der Kombination von Materialien werden sowohl Bilder und Graphiken als auch literarische Texte oder Sachtexte (Zeitung, Lexika, Sachbuchtexte. . .) einbezogen. Im individuellen Zuschnitt des Materials für eine Klasse kann es schon einmal zu Kürzungen oder überarbeiteten, *didaktisierten* Fassungen speziell der „Kerntexte“ kommen. Wesentlich dabei ist allerdings, daß die Aussage und Gesamtanlage des Textes sowie der Textsortentypus beibehalten werden und daß die Intention nicht verfälscht wird. Dieser Zuschnitt kann zur Pointierung der Texte oder zur Betonung des grammatischen Themas erfolgen.

Kollegen weisen darauf hin, daß sie bei voller Unterrichtsverpflichtung nicht auch noch all das Material für integrierte Sequenzen zusammenstellen können. Hier ließe sich in der Kooperation vieler Kollegen über Jahre ein *Materialpool* anlegen. Das bedeutet zugleich, daß sie *nicht sofort* den völligen Schwenk zur integrierten Grammatik machen können, sondern erst teilweise mit integrierten Unterrichtseinheiten arbeiten.

Andererseits muß bei der Integration der Teilbereiche nicht immer mit völlig neuen, selbst verfertigten Unterrichtssequenzen gearbeitet werden: z. B. kann ein grammatisches Phänomen auch im Rahmen der Lektüre einer Lesebuchsequenz (z. B. Tempusprobleme bei Erzähltexten) oder einer Ganzschrift oder im Anschluß an Schülerproduktionen oder nach einer Klassenarbeit etc. aufgegriffen werden. Außerdem müssen nicht immer alle drei Teilbereiche verknüpft werden; es genügt oft schon die Verbindung von Grammatik mit nur *einem* anderen Bereich. Schließlich muß sich jeder bei dem integrierten Unterricht auch

durch die offiziellen Leitmedien für den Deutschunterricht *entlasten*, d. h. durch die an der Schule eingeführten Lese- und Sprachbücher.
Bei der *Entscheidung für ein neues Sprachbuch/Arbeitsbuch* wäre zu untersuchen, ob und wie die Integration methodisiert ist:

- Behandlung des grammatischen Phänomens in sinnvollen Kontexten oder mit isolierten Paradigmen?
- Verknüpfung der Teilbereiche oder isolierte Grammatikkapitel?
- Reflexion der Funktionen? Oder nur Vermittlung der Phänomene, Begriffe und Formen (dies wäre zu erkennen an einem Überwiegen von Tabellen, Strukturgraphiken, Merkkästchen und Definitionen!)?
- einmalige Einführung oder auch Wiederverwendung?
- Feinmethodisierung mit Progression: Präsentation, Thematisierung, Aufgabenstellungen, Fragen, Übungen, Sicherungen, Wiederholungen, Anwendungen . . .

Es gibt verschiedene Ausgangspunkte für die Planung integrierter Unterrichtssequenzen durch Anbinden an andere Stoffe.

Der Planungsansatz: grammatische Phänomene

z. B. Jg. 8	Sequenztitel: „Streit um Doping der Sprinterinnen“
grammatisches Phänomen →	typische Texte / Situationen
Konjunktiv I/II *indirekte Rede*	Tageszeitung: Nachricht, Bericht, Kommentar, Leitartikel

Bei diesem Ansatz sind bestimmte grammatische Phänomene, die in einem Jahrgang zu erarbeiten sind, Ausgangspunkt für die Konstruktion integrierter Sequenzen.
Nach der Methode „an andere Stoffe anbinden“ werden nun für die grammatischen Phänomene inhaltlich relevante Stoffe ausgewählt, d. h. Texte und Verwendungssituationen, in denen die grammatischen Phänomene möglichst *typisch, natürlich und stark repräsentiert* vorkommen sollen. Die grammatische Reflexion ist dann im Rahmen der integrierten Unterrichtssequenz *eine* Thematisierung neben anderen.
Bei diesem Ausgangspunkt muß nur beachtet werden, daß die Unterrichtsgegenstände aus den anderen Teilbereichen nicht dienende Funktion für die Erarbeitung der grammatischen Phänomene haben, sondern daß im Gegenteil die Erarbeitung der grammatischen Phänomene funktional ist für die sprachlichen Prozeduren der Textrezeption und -produktion; ebenso sind die grammatischen Begriffe das Instrumentarium zur Verständigung dabei.
J. Riehme geht über die einzelnen grammatischen Phänomene hinaus zu *„funktional-semantischen Feldern“*, in denen „sprachliche Elemente aufgrund bestimmter Gemeinsamkeiten ihrer grammatischen Semantik [. . .] zusammengefaßt“ werden. Unter „‚Ausdrücken zeitlicher Beziehungen‘ (Klasse 5) lernen die Schüler beispielsweise, daß der Zeitpunkt, der Zeitraum und die Häufigkeit eines Geschehens mit Hilfe von Temporaladverbien, Sub-

stantiven mit Präposition, temporalen Nebensätzen und Verbformen ausgedrückt werden können. In ähnlicher Weise werden auch die Felder der Lokalität, Modalität, Kausalität und andere behandelt." (J. Riehme, 16) So ließen sich bei bestimmten Textsorten mehrere grammatische Phänomene, die ein solches Feld bilden, gemeinsam behandeln.

Der Planungsansatz: Kommunikationssituationen / Themen

z. B. Jg. 6	Sequenztitel: „Häuptling Seattle und Karl May"
Kommunikationssituation →	typische Texte /grammatische Phänomene
Stadtbücherei – Buchhandlung: Lesen *Videothek:* Videos	Indianerbücher, -filme; Buchempfehlungen / beschreibende, wertende Adjektive, Partizipien, Adverbien

Mit dem Blick auf die Lebenspraxis und den Erfahrungshorizont der Schüler – jetzt und für die Zukunft – kann man relevante Sachthemen finden. Unter ihnen kommen sprachliche Verwendungssituationen zusammen, die im Unterricht durch Texte und Materialien präsentiert werden. In diesen Situationen sind wiederum bestimmte grammatische Phänomene von Belang, die typisch für die Situationen sind. Ausgangspunkt sind also solche Kommunikationsbereiche und -situationen, und ihnen sind die grammatischen Themen zuzuordnen.

Es gibt verschiedene Kataloge für *kommunikationsrelevante Erfahrungsfelder* (auch: Situationsfelder, Problembereiche):

Kommunikationsbereiche	Hinweise auf *Themen*, ausgewählt nach dem Kriterium der Ergiebigkeit in bezug auf das allgemeine Lernziel des Lernbereichs Deutsch
(1) Familie/Gruppe	Familienverhältnisse Erziehung (in der Familie, außerhalb der Familie) Jungen und Mädchen Mann und Frau Emanzipation der Frau / des Mannes Generationen Berufliche Tätigkeit/Hobby Gruppen Kinder
(2) Schule/Bildung	Verhalten in der Schule (Schüler, Lehrer) Mitbestimmung in der Schule Schule und Öffentlichkeit

	Bildungsangebote (Buch, Film, Theater, Fernsehen) Schule und Sprache Schulleistung
(3) Freizeit	Unterhaltungs- und Bildungsangebote (Buch, Fernsehen, Film, Computer, Theater) Kommerzialisierte Freizeit Spiel und Sport Natur und Technik Ferien
(4) Beruf/Arbeitswelt	Berufswahl Ausbildung Industriearbeit Öffentlicher Dienst (Behörden/Verwaltung) Arbeitskampf Mitbestimmung im Betrieb Lohnabhängigkeit Gleichstellung von Mann und Frau im Beruf Ausländische Arbeitskräfte Technik und Fortschritt
(5) Politik/Öffentlichkeit	Massenmedien (Zeitung, Zeitschrift, Funk, Fernsehen) Werbung, Propaganda Parteien/Verbände/Interessengruppen Wirtschaftsordnung Totalitarismus und Demokratie Krieg und Frieden Dritte Welt, Flüchtlinge und Asyl Minderheiten Umweltschutz Rechtsverhältnisse Wohnverhältnisse Gesundheit (Drogen)

(nach: Zabel, 232)

Von den Bereichen und Themen her lassen sich *problemorientierte Unterrichtssequenzen* anlegen. Der Themenkatalog entsteht jeweils aus neuen Einschätzungen nach der aktuellen und gesellschaftlichen Relevanz und ist somit veränderbar.
Der nächste Planungsschritt wäre eine Zuordnung einzelner Themen zu bestimmten Jahrgängen, z. B.: Kinder in Jg. 5; Bildungsangebot Buch in Jg. 6; Zeitung in Jg. 7; kommerzialisierte Freizeit in Jg. 8; Berufswahl in Jg. 9; Rechtsverhältnisse in Jg. 10. Dies ist wieder nur eine Möglichkeit; generell wird man die eher privaten, engeren Situationen in den

unteren Klassen, die öffentlichen, komplexeren Situationen in den höheren Klassen behandeln.
Danach müßte die Zuordnung der angestrebten grammatischen Phänomene, der Textsorten und Aufsatzarten zu den Sequenzthemen erfolgen.
Bei der Entscheidung in der Folge „Kommunikationsbereiche → Sachthema → grammatisches Thema" handelt es sich um eine didaktische Entscheidung, die das inhaltliche Interesse und den Erfahrungshorizont der Schüler als Ausgangspunkt direkt in die Planung überträgt. Dieses *„Erfahrungsbereichskonzept"* der „Lebensrelevanz-Didaktik" wird von verschiedenen Sprachdidaktikern in verwandter Anlage vertreten (vgl. z. B. Klein, 282; Baurmann/Hacker, 18; Gewehr, 42). Es eignet sich zur lernbereichsübergreifenden Planung des Deutschunterrichts und läßt – ernst genommen – die äußere Teilung der Richtlinien in Lernbereiche am ehesten „vergessen".
Vielfach geht es über in Formen des projektorientierten Deutschunterrichts, wenn die Kommunikationssituationen in ihrer Komplexität durchdrungen werden sollen und nicht nur das übergreifende Rahmenthema für ein Arrangement von Unterrichtsmaterial und verschiedenen Teilbereichszielen (Dossier) bereitstellen.
Es gibt eine Reihe von Lesebüchern, Sprachbüchern und Arbeitsbüchern, die in ihrer Gliederung auch für die Schüler solche Situationen und entsprechende Sachthemen als Ausgangspunkte für Arbeitskapitel anzeigen.
Fachdidaktisch verwandt ist der *„thematische Ansatz"*, unter dem Unterrichtsreihen wie „Tiere, Reisen, Gemeinschaft, Liebe, Arbeit, Krieg usw." ausgeprägt werden. „Thematisch" ist ein solcher Unterricht in dem Sinne, daß Erscheinungen und Probleme aus der Erfahrungswelt im Rahmen der Zielsetzungen des Deutschunterrichts zum Gegenstand der Auseinandersetzung gemacht werden. Neben der „Problemorientierung" sind die „Lernzieldistribution" und der „Perspektivenreichtum" typisch für die Planung nach diesem Ansatz. (Klute, 526 f.)

Der Planungsansatz: Sprachfunktionen – Sprachhandlungen

z. B. Jg. 5	Sequenztitel: „Zimmer aufräumen!"
Sprachhandlungsmuster → typische Texte/grammatische Phänomene/Situation	
Handlungsanweisungen, Funktion *„Auffordern"* sprachliche Varianten	Alltagsdialoge, Regelungen / Wünsche, Befehle im Imperativ, Befehlssatz, Konditionalsatz, Infinitiv. . ./ zu Hause

Hier wird von der sprachtheoretischen Überlegung ausgegangen, welche Funktionen sprachlichen Handelns und welche sprachlichen Handlungsmuster es gibt. Man wählt für einen Jahrgang bestimmte relevante Sprachhandlungsmuster und überlegt, in welchen Textsorten sowie in welchen umfassenderen Verwendungssituationen die betreffenden

Sprachhandlungen häufig vorkommen. Diesen Sprachhandlungsmustern ordnet man typische grammatische Varianten zu, die dann in der Unterrichtssequenz erarbeitet werden können.

Die Bühlerschen Grundfunktionen „Darstellung, Ausdruck und Appell" sind mittlerweile weiterentwickelt und verfeinert worden (vgl. Wunderlich, Ulshöfer, Schmidt, Wagner). So sieht W. Schmidt verschiedene *„Kommunikationsverfahren als Strukturelemente im Sprachgestaltungsprozeß"* (Schmidt [1981], 37). Er untersucht ihre sprachliche Realisierung und ermittelt jeweils die funktional-kommunikativen Merkmale bis hin zu den grammatischen Varianten, mit denen verschiedene Funktionen realisiert werden können.

Wunderlich vermeidet die Aneinanderreihung von einzelnen Situationen, indem er unter pragmatischem Aspekt *grundlegende Sprachhandlungssequenzen* unterscheidet, die in dialogischem Bezug stehen, in verschiedenen Situationen immer wiederkehren und sich zu größeren Mustern ausprägen:

A) Auffordern - sich zu Aufforderungen stellen
B) Fragen stellen - Antwort geben
C) Etwas wissen - Aussagen prüfen
D) Gefühle ausdrücken - Gefühle erkennen. (Wunderlich u. a. 1986)

Mit den sprachlichen Handlungsmustern werden weite Teile der privaten und öffentlichen Kommunikation abgedeckt. So lassen sich den sprachlichen Handlungsmustern typische Situationen und Texte sowie verschiedene grammatische Varianten zur sprachlichen Verwirklichung einer Sprachhandlung zuordnen, z. B.:

Aufforderungen durch Imperative, Befehlssätze, Fragesätze, Aussagesätze, Infinitve, Modalverben etc.

Zu planen sind komplexe Situationen, die von den bestimmten sprachlichen Handlungsmustern geprägt sind. Sie sind durch entsprechende Material- und Textfolgen zu präsentieren. An der Materialzusammenstellung können bei diesem Ansatz auch die Schüler gut beteiligt werden, da zumeist alltagstypische Texte und Medien gegenüber literarischen Texten stärker vertreten sind, z. B.:

Aufforderungen - sich zu Aufforderungen stellen

Komplexe passende Situationen:

- stille Wünsche, Bedürfnisse: Verhandeln in der Familie
- Signale in Straßen-, Schiffs- und Flugverkehr
- Gesprächsabläufe und -steuerung
- Produktwerbung
- medizinische Beratung, Sozialberatung, Berufsberatung
- politische Werbung, Wahlwerbung, Propaganda
- Arbeitsprozesse, Hierarchie/Kooperation am Arbeitsplatz

All diese Situationen sind von gleichen Sprachhandlungsmustern bestimmt. In einem Spiralcurriculum ließen sich nun verwandte grammatische Phänomene in entsprechenden Sequenzen behandeln.

Die didaktischen Überlegungen richten sich z. B. vor allem auf:

„1. Die Funktion von Aufforderungen im Zusammenhang menschlicher Tätigkeiten:
(a) Falls jemand in seinem Handlungs- und Zugriffsbereich etwas Bestimmtes nicht erreichen kann, ist es möglich, durch Aufforderung an andere Personen den Zugriffsbereich zu vergrößern, vorausgesetzt, diese können die gewünschte Handlung durchführen (z. B. Bitte). [etc.]

2. Die Handlungsstruktur von Aufforderungen:
(a) Aufforderungen schaffen Bedingungen (evtl. auch Normen) für zukünftige Handlungen anderer Personen. Sie sind befolgt bzw. erfüllt, wenn diese Handlungen gemäß der Aufforderung ausgeführt sind. [etc.]

3. Zugeordnete Sprachhandlungen:
(a) Versprechungen, Verpflichtungen, Versicherungen betreffen eigene Handlungen, nicht die Handlungen anderer. Z. B. kann man eine Aufforderung mit einem Versprechen beantworten. [etc.]

4. Sprachliche Muster für Aufforderungen:
(a) Imperativ, Aufforderungssatz. Nur in den Höflichkeitsformen findet sich ein Ausdruck für den Angesprochenen (das Subjekt), die Adressierung kann sonst durch das Anredepronomen geleistet werden. [etc.]“

(Wunderlich u. a., 1986, 11 ff.)

In ähnlicher Weise ordnet Ulshöfer bestimmten Spachhandlungen in alterstypischen Situationen entsprechende grammatische Phänomene und ihre Funktionen zu und nimmt dies als Ausgangspunkt für die Unterrichtsplanung. Zum Beispiel:

Typische Situation	zuzuordnende grammatische Formen	Funktion der grammatischen Formen im sozialen Bezug
Handlungsanweisungen: Gebote, Verbote, Aufforderungen usw. Beispiel: Plattenspieler abstellen oder Abtrocknen	Satzform: Aufforderungssatz, Aussagesatz, Fragesatz Ziel: Einübung der Besonderheiten der Satzarten am Beispiel der Handlungsanweisungen	Wirkung: Untersuchung der sozialen Wirkung der verschiedenen Formen des Imperativs und der drei Satzarten Ziel: Reflexion des Verhältnisses von Form und Funktion: Bei welcher Form erreicht man bei wem mehr?

Typische Situation	zuzuordnende grammatische Formen	Funktion der grammatischen Formen im sozialen Bezug
Begründung der Handlungsanweisungen: Der Widerspruch erfordert eine Begründung	Grammatische Formen zur Begründung von Aufforderungen und Verneinungen: Satzreihen mit *denn, deshalb ...* Nebensätze mit *weil, damit,* *so daß,* *wenn – dann, da* *wenn nicht – dann, damit* *wenn* du abtrocknest, *dann ...* *wenn* du *nicht ..., dann*	Reflexion über die Art der Begründung, die am besten zum Erfolg führt, d. h. überzeugt

(Ulshöfer, 14 ff.)

Der Planungsansatz: Textsorten

z. B. Jg. 5/6	Sequenztitel: „Von großen und kleinen Tieren"		
Umgang mit Texten →	Grammatik	Textproduktion	Mündliche Kommunik.
z. B. *„Fabeln"* – Erzählerrede Figurenrede/Dialog Typisierung/Pointe Bildsprache/Kontrast	Hauptsatz Gliedsatz Satzgefüge wörtl. Rede Adjektive	Nacherzählung; Fortsetzung eines Textanfangs; Umweltgeschichte	Nacherzählung; szenisch darstellen; übersetzen in alltägl. Konflikte

Man ermittelt für seine Jahrgangsstufe aus dem Lehrplan die wichtigsten Unterrichtsgegenstände in den verschiedenen Teilbereichen und ordnet sie in einer Synopse einander zu. Dabei läßt man sich davon leiten, welche Textsorten bestimmte grammatische Phänomene ganz natürlich erfassen, weil diese in ihnen typisch vorkommen. Und man überlegt, wie man in einer thematischen bzw. problemorientierten Unterrichtssequenz die verschiedenen Unterrichtsgegenstände integrieren kann.
Das „Lernziel: Texte verstehen" (Hoffmann/Klein, 93 ff.) kann seinen Ausgangspunkt bei der Gruppierung nach Textsorten oder „Textmustern" haben. „Die Textmuster weisen eine Reihe von grammatischen und stilistischen Strukturmerkmalen auf, die einem Text mit

einem bestimmten Handlungspotential analog den bestehenden sozio-kommunikativen und sprachlichen Konventionen zukommen müssen." Natürlich erlauben sich poetische Texte einen größeren Handlungsspielraum.

Die Einteilung der Textsorten kann *an Sprachfunktionen orientiert* sein:

referentielle Funktion

darstellende oder sachverbindliche Texte:
Nachricht, Vorgangsbeschreibung, Bericht...

expressive Funktion

persönlich-mitteilende Texte:
Brief, Tagebuch, Scherz,
Telefonat, Konversation...

← TEXT →

appellative Funktion

sozialverbindliche
oder werbende Texte:
Verträge, Ordnungen...

ästhetische Funktion

gestaltete, (künstlerisch) geformte Texte:
Gedichte, Glossen, Werbung, Witz, Satire...

Die „Textsortensystematik" (Engel, 120 ff.) kann *kommunikationsorientiert* ansetzen mit der Unterscheidung nach „Gesprächstaktik und Öffentlichkeitsgrad" sowie mit der Unterscheidung nach den Zielen: *Informieren* (z. B. Warenkatalog, Referat, Lebenslauf), *Veranlassen* (z. B. politisches Programm, Werbebroschüre, Montageanweisung, Mietvertrag), *Überzeugen* (z. B. Streitgespräch, Plädoyer, Flugblatt, Leitartikel), *Belehren* (z. B. Unterrichtsgespräch, Lehrbuch), *Kontaktpflege* (z. B. Plauderei, Talkshow, bestimmte Telefonate) und *Emphase-Abbau* (z. B. Schimpfereien, lyrische Texte).

Die „Systematik der Textmuster" (Beck, 10 ff.) kann auch *semantisch orientiert* sein: nach der Äußerungsmodalität (subjektiv-emotiv, intersubjektiv-rhetorisch und objektiv-informativ) sowie den Inhaltsdimensionen „raumorientiert-statisch" (z. B. Schilderung, Beschreibung), „zeitorientiert-dynamisch" (z. B. Erzählung, Bericht) und „problemorientiert-abstraktiv" (z. B. Reflexion, Disputation, Abhandlung).

Diese Kataloge sind sehr von Alltagstexten, pragmatischen oder expositorischen Texten geprägt; eine Ergänzung um eine Typik nach „literarischen Gattungen" – Epik, Lyrik, Dramatik mit Untergliederungen –, nach Stilhöhen – wie Trivialliteratur, Unterhaltungsliteratur, ernste Literatur (U-/E-Literatur) – etc. wäre nötig.

Alle diese Gliederungen haben für die Unterrichtsplanung vor allem heuristischen Wert. Man kann mit ihrer Hilfe „Textsorten als Stilformen" (Sowinski, 275 ff.) in den Blick nehmen und das Vorherrschen bestimmter „Stilzüge" und damit grammatischer und sprachlicher Mittel besser bestimmen.

Beispiel für einen Entscheidungsablauf:

appellative Funktion	Gesetze, Verträge, Ordnungen, Einladung *Werbetexte*...	SPRACHFUNKTION ↑
Werbetexte	Prospekte, Flugblatt, Propaganda, Katalog, Empfehlung, *Anregung*...	TEXTSORTE ↑
Anregung	anbieten, empfehlen, *raten,* vorschlagen, aufmerksam machen...	SPRACHHANDLUNGS-MUSTER ↑
raten	Imperativ, *Modalverb „können“,* *Konjunktiv II,* verneinter Fragesatz mit Anredepronomen...	SPRECHAKT ↑
STILZUG „behutsam“: Modalverb „können“ im Konj. II		GRAMMATISCHE VARIANTEN ↑
Du könntest Milch trinken!		AKTUELLE GRAMMATISCHE FORM

Die Stilzüge lassen sich mit polaren „Ausdruckswerten“ kennzeichnen; dabei liegt zwischen den Polen eine graduelle Spanne. Texte und Äußerungen sind z. B.:
präzis - weitschweifig, ausführlich - knapp, detailliert - oberflächlich, anschaulich - abstrakt, geordnet - chaotisch, individuell - stereotyp, klar - dunkel, traditionell - modern; gefühlvoll - kalt, persönlich - sachlich, höflich - unhöflich, zurückhaltend - aggressiv, freundlich - abweisend, spannend - langweilig, verbindlich - unverbindlich, feierlich - alltäglich, naiv - künstlerisch, trivial - anspruchsvoll, zweckhaft - spielerisch, begrifflich - sinnlich, weich - hart, distanziert - ansprechend, behutsam - aufdringlich, appellativ - argumentativ.
Für Texte kann ein Ausdrucksprofil erarbeitet werden, und man kann die Funktion der grammatischen Mittel für den Gesamtausdruck (-eindruck) des Textes bestimmen.

Lernerfolgskontrolle und Beurteilung bei integrierter Grammatik

Der „Grammatiktest“ und die „integrierte Grammatikarbeit“

Eine Lernsequenz, bei der ein grammatisches Phänomen im Mittelpunkt stand, findet häufig ihren Abschluß in einem „traditionellen Grammatiktest“, der auch zur Notenfindung herangezogen wird. Dabei wird meist eine Form angewandt, in der rein *formalistisch* Systemelemente abgefragt, Tabellen ausgefüllt, Formen zusammengestellt werden etc. *Diese Testart verstößt gegen den Ansatz der integrierten Grammatik.* So sollte eine Grammatikarbeit nicht aussehen!

Negativbeispiel (Jg. 6 – 1stündig)

I. Wie heißen die Steigerungsstufen des *Adjektivs?*

1. ____________ 2. ____________ 3. ____________

II. Steigere folgende Adjektive:

bequem	____________	____________
echt	____________	____________
spritzig	____________	____________
himmlisch	____________	____________

III. Dekliniere:

	Singular	Plural
Nom.	die falsche Unterschrift	
Gen.		
Dat.		
Akk.		

IV. Bestimme *Numerus und Genus!*

	Numerus	Genus
die Kosten der Bauer das Wetter		

V. Woran erkennt man ein Nomen? 1. ____________________
2. ____________________
3. ____________________

VI. Woran erkennt man ein Verb? 1. ____________________
2. ____________________
3. ____________________

VII. Bestimme im folgenden Text

a) die *Wortarten: N*omen, *V*erb, *A*djektiv, *P*ersonalpronomen, indem du die richtigen Anfangsbuchstaben *über* die entsprechenden Wörter schreibst!

b) den *Kasus* der Nomen und Personalpronomen, indem du die richtige Zahl *über* die entsprechenden Wörter schreibst! (1 = Nominativ, 2 = Genitiv, 3 = Dativ, 4 = Akkusativ)

Kaum ist die Familie von der Feier zurück, beginnt der Vater schon mit dem Meckern. Die Rede, die Musikkapelle, der Dirigent, alles störte ihn. Nach einer Weile mischt sich sein Sohn ins Gespräch und sagt ihm: „Weißt du, Papa, für die vier Personen, für die der Dirigent sich angestrengt hat, hätte er genauso gut ein Tonband abspielen können! Sie haben sowieso nicht zugehört.“ Er hatte noch viele solcher klugen Bemerkungen, die er aber lieber für sich behielt. Die Mutter schüttelte den Kopf. Sie meinte, am Sonntagnachmittag könnte man eine bessere Laune haben. Es störe sie, von ihnen solches zu hören. Vater nahm die Zeitung vom Samstag. Er schwieg eine Zeitlang.

Der vermeintliche Vorzug dieser Tests – und darum ihre Beliebtheit – besteht darin, daß sie schnell Rückmeldung über gelernte Begriffe und Definitionen sowie über das Erkennen von Formen geben; daß sie schnell nachgesehen, mit Punkten versehen und benotet werden können; daß man das Gefühl hat, es gehe dabei ordentlich objektiv zu; daß man schnell eine Klassenarbeit hinter sich hat, während Korrektur und Bewertung von Aufsätzen erheblich komplizierter sind. Der Formalismus dieser Tests steht aber in krassem Gegensatz zum didaktischen Ansatz des integrierten Grammatikunterrichts. Allenfalls zur kurzen Überprüfung gelernter Begriffe und Formen und zur Bewertung im Rahmen der sonstigen Mitarbeit im Unterricht sowie zur Rückmeldung, was noch intensiver zu üben ist, ließe er sich noch rechtfertigen.

Ein solcher Test wäre nach dem vorliegenden Unterrichtskonzept *als Klassenarbeit nicht sinnvoll*, da er unfunktional isolierte Elemente abfragt und keine Anlässe zur Reflexion über Sprache oder zu eigener Sprachgestaltung aufweist. (In manchen Bundesländern ist er so als „Klassenarbeit“ auch nicht erlaubt, z. B. in Nordrhein-Westfalen.)

Bedingungen an eine integrierte Grammatikarbeit

Eine Grammatikarbeit nach dem Ansatz der integrierten und funktionalen Grammatik müßte folgende Bedingungen erfüllen:

1. Die Überprüfung grammatischer Kenntnisse geschieht weder allein schematisch in Tabellen u. ä. noch an isolierten Beispielsätzen, sondern an geeigneten Texten (Kontexten), in denen die angezielten grammatischen Phänomene „natürlich" vorkommen.
2. Bei der Vorgabe mehrerer Texte sollte möglichst ein gemeinsames, die Texte verbindendes Thema gegeben sein, so daß die Schüler in der Ebene der Sachinhalte nicht ständig springen müssen. Der Sachinhalt ist ebenfalls Gegenstand der Arbeit, da die sprachlichen Mittel Funktion für ihn haben.
3. Die Aufgaben müßten sich auf mehrere Teilbereiche erstrecken: also eine Kombination von Textrezeption/Textanalyse und Sprachreflexion oder eine Kombination von Textproduktion und Sprachreflexion oder eine Kombination der drei Aufgaben.
4. Mit der Überprüfung der Kenntnisse grammatischer Begriffe und Formen soll verbunden sein die Reflexion der Funktionen der grammatischen Phänomene im Rahmen der vorgelegten Texte oder Situationen sprachlichen Verhaltens. Dabei müßte die funktionale Betrachtung der Sprache einen Wert für das Verstehen und Interpretieren oder für das Schreiben von Texten haben.
5. Im Rahmen der Arbeit ist allerdings auch eine Einblendung von Aufgaben möglich zur Prüfung
   - der Regelkenntnis durch Abrufen einer Regel,
   - der Formdefinition durch Lücken-, Umformungs-, Selektions-, Sortieraufgaben,
   - der richtigen Benennung durch Zuordnung von Fachbegriffen zu Textstellen,
   - der Kenntnis von Funktionen durch Kommentierungen und Erklärungen zu Textstellen, etc.
6. Die erarbeiteten grammatischen Phänomene sollten nicht nur bei der Textrezeption beobachtet, sondern auch sinnvoll angewendet werden können, z. B. in Produktionsaufgaben.

1. Beispiel für eine integrierte Arbeit

Jg. 7 – 1stündig (s. 5. Sequenz)

AUFFORDERUNGEN

I. Im Schulbus

Bianca: Gut, daß wir endlich nach Hause können; mir reicht es für heute.

Karin: Ist wirklich wahr. . ., und morgen die Arbeit. Hast du schon was gelernt? Könntest du mir heute nachmittag nicht mal ein bißchen helfen?

Busfahrerin: Einsteigen! Hier wird nicht gedrängelt!

Karin: (leise) Ach, laß uns in Frieden!

Busfahrerin: Ihr sollt von der Tür verschwinden! Ihr versperrt mir die Sicht.

Bianca: Karin, hau von der Tür ab! Die Frau dreht sonst durch.

Karin: Kannst du mich nicht in Frieden lassen! Mach du doch den Aufgang frei! Ich hab keine Lust, mich so viel zu bewegen.

Busfahrerin: Schluß jetzt! Sofort die Tür freimachen!

Karin: Ja, ja, ist schon gut.

Arbeitsanweisungen:

1. Schreibe die *Sätze*, die *Aufforderungen* enthalten, einzeln in dein Heft und numeriere jeden Satz fortlaufend.
2. Erkläre für jeden Satz aus (1), welche *grammatischen Mittel* zum Auffordern benutzt sind.
3. Erkläre für jedes Beispiel in (1), um welche *Art des Aufforderns* es sich jeweils handelt (Funktion der Variante).

II. Am Sprechtag

Kai hat in den letzten beiden Mathematikarbeiten Fünfen geschrieben. Die Mutter geht mit ihm zum Elternsprechtag.

Arbeitsanweisung:

4. Schreibe ein Gespräch zwischen Mutter, Kai und der Mathematiklehrerin. In dem Gespräch richtet die Lehrerin mehrere Aufforderungen an Mutter und Sohn. Auf dem Heimweg spricht die Mutter Kai ins Gewissen.
(Sprechanteil: Lehrerin 5×, Mutter 2×, Kai 2×/ Heimweg: Mutter 4×)

Lernvoraussetzungen: Die Schüler haben an verschiedenen Texten aus dem Umfeld schulischer Situationen die verschiedenen grammatischen Varianten der Sprachhandlung AUFFORDERN kennengelernt und erprobt:
Imperativ / Befehlssatz: Gib dein Heft ab! – Infinitiv: Hefte abgeben! – Modalverb: Du sollst dein Heft abgeben. – Fragesatz: Machst du jetzt Schluß? – Fragesatz mit Modalverb: Kannst du endlich fertig werden? – Konjunktiv II im Fragesatz: Könntest du nun abgeben? – Aussagesatz: Du beeilst dich jetzt. – Nennung der Bezugsnomen: Die Hefte. – Höflichkeitspartikel: Bitte die Hefte. – Ellipse: Abgeben. – Ich-Aussage: Ich warte nicht länger. – Passiv-Variante: Hier wird nicht mehr geschrieben. – Explizite Ankündigung durch Redekommentierung: Ich verlange, daß ihr jetzt die Hefte schließt.

Die Schüler haben dabei die Varianten reflektiert auf:
- den Härtegrad oder Höflichkeitsgrad
- die Direktheit oder Indirektheit der Formulierung
- die je nach Variante denkbare Zielgruppe
- die Reversibilität oder Irreversibilität der gewählten Variante
- die Art/Funktion der Variante in einem aktuellen Text: z. B. sanfte Ansprache, harte Forderung, Ausdruck eigenen Ärgers, sachliche Forderung, Vorschlag, aggressive Handlung, Rat, Empfehlung, Bitte, Wunsch, Werbung etc.

2. Beispiel für eine integrierte Arbeit

Jg. 9 - 2stündig

Herbert Malecha: Die Probe (1956) - Redeformen / Kurzgeschichte

Aufgabe: 1. und 2. im Textblatt; 3. und 4. ins Heft!

1. Markiere durch senkrechte Striche *in* den Textzeilen die Stellen, an denen die Redeformen *wechseln*: |
2. Markiere durch die folgenden farbigen Linien *unter* den betreffenden Textstellen die verschiedenen Arten der Redeformen, und führe dabei die Linie so lang, wie die Textstelle mit ein und derselben Redeform reicht:

Erzählbericht:	*schwarz*	*Erzählerkommentar:*	*rot*
Wörtl. Rede:	*blau*	*Innerer Monolog:*	*grün*
Indirekte Rede:	*gelb*	*Erlebte Rede:*	*braun*

3. Erkläre *drei* schwierige Zuordnungen der Redeformbegriffe zu Textstellen anhand von *Textsignalen*, die in dem betreffenden Abschnitt vorkommen und für deine Entscheidung sprechen.
4. Interpretiere den Text, indem du
   a) das Problem erklärst, um das es in der Geschichte geht;
   b) die Bedeutung verschiedener Redeformen für den Aufbau von Spannung und für die Darstellung des Problems erläuterst.

(Text in: Walter Urbanek (Hrsg.): Der neue Robinson. Bamberg: C.C. Buchner o.J., S. 111ff. / oder: Lesebuch „Wort und Sinn“ Bd. 5/6. Paderborn: Schöningh 1971.)

Lernvoraussetzungen: Die Schüler haben an Kurzgeschichten Merkmale dieser Textsorte kennengelernt. Sie haben in der Ebene der sprachlichen Gestaltung vor allem erarbeitet: die Unterscheidung Figurenrede - Erzählerrede; Erzählbericht (als neutrale Erzählhaltung ohne Erzählereingriffe) - Erzählerkommentar (als Form des auktorialen Erzählens mit Erzählereingriffen wie Wertungen, Urteile, Expressionen etc.) - Wörtliche Rede (im Dialog der Figurenrede mit den Signalen Satzzeichen, Redeeinführung/verba dicendi, Anredepronomen, deiktische Mittel wie „hier, jetzt“, sprecherbezogene Personal- und Possessivpronomen) - indirekte Rede (Redeeinführung/verba dicendi, Redeinhalt, Redewiedergabe in Berichtperspektive, Wechsel der Pronomen und deiktischen Mittel z. B. „ich“ zu „er“, „hier“ zu „da“, „mein“ zu „ihre“ etc., Inhaltssatz: daß-, ob-Satz oder konjunktionsloser zweiter Hauptsatz; ggf. Konjunktiv) - erlebte Rede (als Innenperspektive mit den Signalen berichtende Form, 3. Person Indikativ Präteritum, aber deiktische Mittel wie in wörtlicher Rede „hier, jetzt“) - innerer Monolog (mit den Signalen Personalpronomen „Ich“ in der Figurenrede, keine verba dicendi).
Außerdem haben sie die Funktion dieser Mittel erarbeitet: Wechsel der Redeformen und vorausdeutende Erzählerrede zur Spannungssteigerung; Einsatz der erlebten Rede und des inneren Monologs für die Innenperspektive etc.

3. Beispiel für eine integrierte Arbeit

Jg. 8 - 2stündig (s. 4. Sequenz)

Sequenz: Indianer in Jugendbüchern/Wertungen: Adj./Adv./Part.

Eine Buchempfehlung:

Karin von Welck: Bisonjäger und Mäusefreunde. Ravensburg: O. Maier

Das bebilderte Buch stellt hervorragend die vergangene Kultur der nordamerikanischen Indianer und die schlimme Geschichte ihrer Berührungen mit den in ihr Land eingedrungenen Weißen dar. Es zeigt in gelungener Form, wie die von Osten nach Westen vordringenden weißen Siedler auf sehr unterschiedliche, von ihrer natürlichen Umwelt geprägte Lebensformen der Indianer stießen. Vor allem bei der Begegnung mit den kulturell hochstehenden Pueblo-Indianern wird das Überhebliche der weißen Eroberung und das Fragwürdige ihrer Missionierung deutlich.
Dieses Buch will im jungen Leser Achtung vor der Eigenart der Indianer schaffen. Es verfolgt verständnisvoll die neueren Bemühungen der Indianer in den heutigen Reservaten, mit denen sie in erwachtem Selbstbewußtsein das Erhaltenswerte aus ihrer geschichtlichen Überlieferung pflegen wollen. Das lesenswerte Buch verdeutlicht besonders, daß unserer hochtechnisierten Welt die indianische Achtung vor der Natur leider fehlt. Sie wäre doch dringend nötig!
Das Buch besticht immer wieder durch die gelungene graphische Gestaltung. Es hat stimmungsvolle Bilder in warmen Erdfarben, die sich an historische Indianermaler anlehnen. Etwas Ironisches liegt in den fein gestrichelten Zeichnungen, die zum genaueren Betrachten einladen.
Das vorliegende Buch ist behutsam in der Hinführung der Kinder zur Völkerkunde der Indianer. Es ist gut lesbar und wirkt vorhandenen Klischees vom wilden Indianer entgegen. Dabei wird an Bekanntes angeknüpft und zum eigenen Nachforschen angeregt.
Hilfreich ist ein übersichtlicher Anhang mit weiteren Informationen und Literaturhinweisen. - Man liest gern in diesem Buch.

(Nach: Jury des Jugendliteraturpreises 1986)

I. Aufgaben zum *Inhalt* der Rezension (ins Heft!):
   1. Erkläre, welche *Themen* das hier vorgestellte Buch vor allem behandelt und welches *Bild vom „Indianer“* in dem Buch vermittelt wird.
   2. Erkläre, worin die Jury die besondere schriftstellerische *Fähigkeit der Autorin* Karin von Welck sieht.

II. Aufgaben zur *Sprache* der Rezension (aufs Blatt!):
   Welche Funktion haben die Adjektive (auch die wie Adjektive benutzten Partizipien) im Satz?
   1. Schreibe über alle *attributiven Adjektive* → 1
   2. Schreibe über alle *adverbialen Adjektive* → 2
   3. Schreibe über alle *prädikativen Adjektive* → 3

III. Aufgabe zu den *Informationen oder Wertungen* der Buchempfehlung (ins Heft!):
Sammle in folgenden 2 Spalten je 10 Wörter:
Adjektive (s. II) *und Adverbien* (!)

1. *in beschreibender Funktion*	2. *in bewertender Funktion*

3. Erkläre, wann die Rezension eher informiert und wann sie eher bewertet.

IV. Selbst *darstellen* (ins Heft!):
Beschreibe das folgende Bild (informierende Sätze), und *beurteile* es von deinen Eindrücken her (wertende Sätze):

Indianerhütte

Kommentar:
Zu **I, 1** werden die Schüler zwei Hauptthemen erkennen: die Eigenart der Indianer / die Eroberung durch überhebliche Weiße; das Bild der Indianer ist durch Hinweise auf Geschichte, Traditionspflege und Kultur sowie Naturbezug geprägt;

zu **I, 2** gute Lesbarkeit, gegen Klischees, Vergleich mit uns, hilfreicher Anhang, gute Bilder, regt zum Nachforschen an o. ä.;
zu **II, 1–3** in der Vorbereitung ist vor allem auch auf die Kopplung von Adjektiven einzugehen: Gradadjektive, -adverbien: ein mäßig lesbares Buch, ein besonders schönes Buch; ein zu einem Adjektiv attributives Adjektiv: ein abscheulich schlechtes Buch;
zu **IV** Informationen: Hütte/Zelt, Holzbalken, Bretter, Äste, Astgabeln, Stützen, Mokassins und Stoffe aufgehängt, Geräte für Küche, Kampf/Jagd, Boot; Öffnung oben, Lichteinfall, Rauchabzug, helles Zentrum, dunkler Hintergrund; Hunde, Schädel, Vogel, Feder; Personengruppe, bekleidet, halb bekleidet, lange Haare, im Kreis, Pfeife reichend – Adjektive, Adverbien zum Aussehen, zur Art und Position; Wertungen: düster, geheimnisvoll, friedlich/gespannt(?), herausgehoben, kräftig, markante Züge, unordentlich(?), bedrohlich, einfach, arm(?), natürlich etc. – je nach Eindruck.
Zu **II.** und **III.**: hier geht es um die Bepunktung von richtigen Elementen; man wird also für jedes richtig erkannte Element Pluspunkte geben und für jedes falsche oder zusätzlich falsch angestrichene Minuspunkte abziehen. Da hier eine Punktsumme entsteht, muß man auch I. und IV. mit je einer Gesamtpunktzahl versehen, damit die Teile in einen Gesamtwert eingebracht werden können, dem eine Note zuzuordnen wäre; dabei ließen sich die Teile unterschiedlich gewichten: z. B. 30-50-20-30. Es ließe sich aber auch für I.–IV. je eine Teilnote geben, die dann zu einer Endnote führt.

Die Vorbereitung und Durchführung der Bewertung

Damit die Schüler auf das Lernen grammatischer Gegenstände und die Reflexion über Sprache richtig eingestellt und in der Vorbereitung auf Klassenarbeiten sicher gemacht werden, sind *klärende Absprachen unter den Deutschlehrern* auf der Jahrgangsebene bzw. in der Fachkonferenz nötig.

Beispiel einer Beschlußvorlage:

A) *Zum Umgang mit Grammatik gilt:*

1. *Begrenzung:* Der Lernstoff „Grammatik" für ein Schuljahr ist in den Jahrgängen 5–8 im Anschluß an die Richtlinien und nach den Vorgaben der Fachkonferenz in der Menge der Einzelphänomene (Fachbegriffe und Operationen) beschränkt zu halten und nicht noch um Beliebiges zu erweitern.
2. *Verteilung:* Die Gesamtmenge der einzelnen grammatischen Phänomene ist in der Jahresplanung auf die Jahrgänge zu verteilen und im Jahresplan des jeweiligen Jahrgangs zudem in überschaubare Portionen zu teilen: Der geplante Stoff ist somit in zeitlich auseinanderliegenden Unterrichtssequenzen zu erarbeiten. – Also sollen nicht 35 verschiedene grammatische Phänomene und Fachbegriffe auf einmal in 10 Stunden „vermittelt" werden, sondern in verschiedenen Sequenzen eingeführt und geübt werden: z. B. A) Grundwortarten / später B) weitere Wortarten / später C) Satzarten / später D) Satzglieder.

3. *Klarheit:* Eine Interferenz der Phänomene, wenn z. B. Wortarten und Satzglieder gleichzeitig behandelt werden oder *alle* Zeitstufen *zugleich*, ist bei der Einführung zu vermeiden. Bei der ersten Vermittlung sollen sie nicht miteinander oder unmittelbar hintereinander erarbeitet werden, und sie sind nicht in einer Aufgabe oder an ein und demselben Satz zu behandeln. (Aus demselben Grunde soll auch zur Vermeidung der Interferenz mit „Subjekt" von „Nomen" statt von „Substantiv" gesprochen werden; außerdem kann dann sinnvoll mit „Pronomen", später mit „Nominalisierung" weitergearbeitet werden.)
4. *Funktionalität:* Sprachliche Phänomene begegnen den Menschen „natürlich" im Kontext sprachlicher Kommunikation und nicht als isolierte Elemente eines grammatischen Systems. Die *Einführung der grammatischen Phänomene* soll daher in sinnvollen Kontexten, d. h. Situationen, Texten oder Übungsformen erfolgen, z. B. die Unterscheidung von Präteritum und Perfekt in den (mündlichen und schriftlichen) Situationen des Erzählens; Wortarten in Zusammenhang mit Wortfeldübungen bei der Textproduktion; Satzglieder – Abgrenzung und Umstellung derselben bei appellativen Texten (bei Wünschen, Befehlen, Werbung – da sich der Wechsel des finiten Verbs/Prädikatskerns aus der Zweit- in die Spitzenstellung hier „natürlich" beobachten läßt) etc.
   Dabei sind die grammatischen Phänomene nicht nur zu nennen (diktieren, abschreiben. . .), sondern auch zu erklären: Formen, Unterschiede, inhaltliche Bedeutung (semantisch), Aufgaben im Satz (syntaktisch), Funktion in Texten und Situationen (pragmatisch, kommunikativ, ästhetisch), Nutzungsmöglichkeiten, etc.
5. *Übung:* Nach der ersten Vermittlung eines grammatischen Phänomens ist dieses zunächst mehrfach zu üben / zu wiederholen, ehe mit einem neuen begonnen wird. Dabei sind lernpsychologische Gesetze von Nutzen: In der „Einführung" ist eine erlebnisintensive Vermittlung auf mehreren „Kanälen" (Auge, Ohr, eigenes Sprechen) besonders erfolgreich: Also strukturierte Tafeltexte, grafische Darstellungen, deutliches Vor- und Nachsprechen etc.
   Für die Speicherung des neuen Lernstoffes ist zu beachten, daß der neue Begriff nur wenige Sekunden im Ultrakurzzeitgedächtnis bleibt, also nach wenigen Sekunden erneut auftauchen muß, wenn er haften bleiben soll; bei Wiederholung nach ca. 20 Minuten erfolgt Speicherung im Kurzzeitgedächtnis, bei Wiederholung nach ca. 24 Stunden im Langzeitgedächtnis.
   Die Wiederholungsanlässe können sich unmittelbar ergeben, z. B. im selben Sachzusammenhang an folgenden Tagen oder sie können periodisch-geplant sein. Z. B. kann „Pronomen" in einer folgenden Lesebuchsequenz erneut benutzt werden. Erfolgserlebnisse (Lob) verstärken den Lernvorgang. (vgl. Odenbach, Bönsch, Vester) Neben den Formen der Anbindung (s. o.) kann in Übungsphasen auch „aus pädagogischen Gründen eine vorübergehend isolierte Behandlung grammatischer Phänomene" an bekanntem und interessantem Material erfolgen (s. z. B. KM-NW, VRLL, S. 80). – „Zur Sicherung der Beherrschung von Operationen und Termini sind informelle Tests geeignet." (ebd.)
   Als *Übungsformen* (oft mit Arbeitsblättern) kommen z. B. in Betracht:
   Anwendung des Gelernten/Beobachteten an weiteren Textabschnitten, Beispielsätzen, Texten der Unterrichtssequenz; selbst etwas ermitteln; etwas in Kontexte einbauen; in eigenen Texten erproben / gestalten; Einsetzaufgaben; Lückentexte mit Vorgaben zum

Füllen; Umformungsaufgaben; Gruppierungsübungen; Merkmale nennen; Eintragen in Tabellen; graphische Aufträge, z. B. etwas zu verknüpfen; Beispiele herausschreiben; Ergänzen einer vorgegebenen erklärenden Aussage; Abrufen der Definition/Regel; Zuordnung von Fachbegriffen zu Textstellen; Überarbeitung von Fehlertexten; Abrufen der Beobachtungsfähigkeit durch Aufspüren entsprechender Stellen in Texten; Formen bilden nach Vorgaben (Beispiel, Muster); Umgestaltung von Formen nach Vorgaben; Korrektur am eigenen Text; Vergleich verschiedener Lösungsvorschläge von Schülern; auf die Sprache bezogene Fragen entwickeln; Erklärung der Funktionen; Interpretation unter sprachlichem Aspekt.

B) *Für integrierte Grammatikarbeiten als Klassenarbeiten gilt:*

„Grammatische Kenntnisse abzufragen, kann nicht der Sinn einer Lernzielkontrolle sein. Vielmehr sollen der bewußte Sprachgebrauch und die Fähigkeit zur Nutzung von Operationen für den Sprachgebrauch vom Schüler nachgewiesen werden. Das kann nur in situativen oder textuellen Zusammenhängen geschehen. Ob die Lernziele des Grammatikunterrichts erreicht sind, muß daher in erster Linie im Zusammenhang mit der Kontrolle in anderen Bereichen des Deutschunterrichts festgestellt werden (vgl. Kontrolle im Teilbereich mündliche und schriftliche Kommunikation)." (s. KM-NW, VRLL, S. 80, 97, 111f.)
So sind die üblichen Tests zur isolierten Grammatik als Klassenarbeiten *nicht erlaubt*, weil sie in der Regel nur einzelne grammatische Elemente an beliebigen isolierten Sätzen abrufen und die Schüler
- nur etwas abhaken, in Tabellen einsetzen, unterstreichen, ankreuzen sollen,
- nur Definitionen reproduzieren sollen,
- nur mechanisch im Frage-Antwort-Schema beharren können,
- nur im multiple choice-Verfahren vorgehen können;
- nicht gestalten, also Grammatikkenntnisse bei der eigenen Textproduktion anwenden können;
- nicht im Zusammenhang einer Textrezeption grammatische Phänomene untersuchen können;
- nicht an Sätzen, die in einem sinnvollen Kontext stehen, die eingeführten und geübten grammatischen Phänomene identifizieren, auf ihre Funktionen und Verwendung im Kontext hin reflektieren und ihre Überlegungen begründen können.

Möglich und erwünscht ist dagegen die Überprüfung der grammatischen Kenntnisse in sinnvollen situativen und kontextuellen Zusammenhängen, auch in Klassenarbeiten. Dabei sollten die Schüler an einem zusammenhängenden Text
- die vermittelten und eingeübten Formen wiedererkennen können,
- die zu den Formen gehörigen Fachbegriffe anwenden können,
- die Funktion der Formen im Textzusammenhang und für die Textaussage reflektieren und erklären sowie ihre Überlegungen begründen können,
- Varianten einer Form unterscheiden und in ihrer unterschiedlichen Wirkung im Text reflektieren können,

- selbst die korrekte und funktionale Verwendung der betreffenden Formen in einer eigenen Produktion nachweisen können.

Diese Verfahren müssen vorher im Unterricht eingeführt und geübt sein. Bei der *Bewertung* sind die Verstehensleistung in Beobachtungs- und Identifikationsaufgaben, die Korrektheit in der Benennung von Formen und Phänomenen, die Argumentationsleistung in der Erklärung der Funktionen sowie die Darstellungsleistung in Anwendungs- und Gestaltungsaufgaben heranzuziehen.

C) *Für die Überprüfung der Kenntnisse in kurzen Tests gilt:*

Sollen in „gelegentlichen kurzen schriftlichen Übungen" (sog. Tests) grammatische Kenntnisse überprüft und bewertet werden, so sind bestimmte Beschränkungen zu beachten: „Sie dürfen sich nur auf begrenzte Stoffbereiche im unmittelbaren Zusammenhang mit dem jeweiligen Unterricht beziehen und können wie eine zusätzliche mündliche Leistung bewertet werden; die Überprüfung der mündlichen Leistung darf dadurch nicht ersetzt werden." (s. z. B. KM-NW, ASchO = Allgemeine Schulordnung § 22) Das bedeutet in der Regel Begrenzung des „Tests" auf ca. 20 Min. Länge und Bezug auf die ca. zwei, drei letzten Unterrichtsstunden. Ein „Test" kann also nur *ein* Element in der sonstigen Mitarbeit unter anderen sein. Er kann nicht als Klassenarbeit angerechnet werden. Die schriftlichen Übungen sind zu benoten.

Bei der Überprüfung grammatischer Kenntnisse in „schriftlichen Übungen"/Tests müssen grundlegende *Bedingungen der Testkonstruktion* erfüllt sein (vgl. Gaude/Teschner, Klauer, Beck):

1. *Instruktionsverständnis:* Die vorgesehenen Aufgabenstellungen/Aufgabentypen sind bereits vor der Arbeit mehrfach zu üben/anzuwenden, und es ist zu erklären, wie die Schüler eine Arbeitsanweisung zu verstehen haben und wie sie reagieren sollen. Auf genug Platz zum Schreiben oder Eintragen ist zu achten.
2. *Operationalisierung:* Für jedes angezielte grammatische Phänomen eine eigene Aufgabe. Die Kopplung verschiedener zu leistender Aufgaben in einer Aufgabe/Arbeitsanweisung ist zu vermeiden, da sonst Koppelfehler entstehen. Wer dann den einen Teil nicht bewältigt, kann zwangsläufig den zweiten nicht in Angriff nehmen; somit kann nicht überprüft werden, ob er ihn nicht doch beherrscht. Z. B. *nicht:* „Schreibe alle Verben, die im Präteritum stehen, aus dem Text heraus und sortiere sie nach starken und schwachen Verben."
3. *Validität:* Prüfen die Aufgaben nur das, was überprüft werden soll?
4. *Reliability:* Ist der Test zuverlässig? Sind die Fragestellungen/Arbeitsanweisungen so klar, daß sie jetzt, aber auch später noch einmal und von Dritten zu verstehen sind? – Zielt der Test genügend viele Einzelelemente an, so daß die Schüler sich in einem gewissen Umfang bewähren können? – Beispiel: Eine Aufgabe hätte mehrere „Items", z. B. „Unterstreiche alle Nomen in den drei Sätzen blau." = 14 bewertbare Items, wenn diese drei Sätze 14 Nomen enthalten.

5. *Trennschärfe:* Hat der Test einen „mittleren Schwierigkeitsgrad“? (Nicht: fast alle haben alles - oder: kaum einer hat etwas.)
6. *Angemessenheit:* Haben die verschiedenen Aufgaben im Vergleich zueinander eine ähnliche Anforderungshöhe? Haben sie einen vergleichbaren Bearbeitungsumfang? - Es soll nicht sein, daß die Schüler die längste Zeit für eine weniger wichtige Aufgabe „verschwenden“ und dadurch wichtigere nicht mehr „schaffen“. - Bei Unterschieden wäre unterschiedliche Gewichtung in der Punktzuordnung zu den Aufgaben nötig.
7. *Objektivität:* Schon bei der Konstruktion des Tests müßte ein Rahmen der in den einzelnen Aufgaben zu vergebenden Punkte im Blick sein. (Auch wenn ggf. Verschiebungen bei der konkreten Bewertung nach der Durchführung entstehen können.) So wäre die Bewertung für Dritte intersubjektiv einsichtig.
8. *Aussagewert:* Ermöglicht der Test Gesamtaussagen über den Leistungsstand der Schüler sowie über die Leistung des Lehrers bei der unterrichtlichen Vorbereitung?
9. *Bewertung:* Bei der Überprüfung grammatischer Kenntnisse im Test geht es
   - um die Feststellung *richtiger Lösungen* (items); man will ja die vorhandenen Kenntnisse und Leistungen überprüfen; d. h. es werden *Pluspunkte* für die richtigen Items vergeben; dabei ist die Summe der erreichten Pluspunkte entscheidend für die Gesamtwertung des Tests;
   - *nicht* um die Summierung von Fehlern, von denen allein her Grenzen für Noten *ex negativo* eingerichtet werden.

   Man gibt also für jedes richtige Item einen Punktwert (1, 2 oder drei Punkte - je nach Schwierigkeitsgrad der Aufgabe): z. B. je Subjekt 1 Punkt, je Prädikatsklammer 2 Punkte.

   Wenn in einer Aufgabe bei offenen Wahlmöglichkeiten *Fehllösungen* neben den richtigen Items vorkommen, gilt: Von den Pluspunkten für die richtigen Lösungen werden Negativpunkte für die falschen Lösungen abgezogen, *bis maximal* auf 0-Punkte! Wenn also ein Kind in einem Satz 3 Nomen richtig unterstrichen hat, aber noch 4 Pronomen falsch, obwohl es nur die Nomen unterstreichen sollte, so hat es 0 Punkte erreicht. (Sonst würde ein Schüler ja Schulden von einer Aufgabe in die nächste übernehmen, wenn es bei einer Aufgabe Minus-Werte als Ergebnis gäbe.)

In der abschließenden Gesamtbeurteilung des Tests lassen sich die Leistungen als das Verhältnis der von einem Schüler *erreichten Punkte zu den erreichbaren Punkten* bestimmen. Noten lassen sich vergeben im Rahmen der erreichbaren Punkte.
Dabei sollte bei einer „schriftlichen Übung“ (Test), je nach Schwierigkeitsgrad, meist beurteilt werden mit:
- ausreichend, wenn mehr als 1/3 der erreichbaren Punkte erreicht wurde,
- befriedigend, wenn die Hälfte der erreichbaren Punkte erreicht wurde,
- gut, wenn 2/3 der erreichbaren Punkte erreicht wurden,
- sehr gut, wenn (mit leichten Abstrichen) alle Punkte erreicht wurden.

Methoden der Sprachreflexion

Im folgenden werden einige grundsätzliche Arbeitsmethoden aufgeführt, die auch im Rahmen des integrierten Grammatikunterrichts angewendet werden können.
Damit wenden sich die Überlegungen von der weiträumigen Planung des Grammatikunterrichts nach den fünf Prinzipien der Integration (vgl. Einecke) sowie von der stundenübergreifenden Sequenzplanung (s. S. 43–55) her nun einzelnen methodischen Maßnahmen im konkreten Unterricht oder gar in Grammatikphasen einzelner Stunden zu.
Auf zwei Wegen läßt sich das grammatische Wissen mit der Reflexion über die Funktionen der grammatischen Elemente vermitteln:

Bei der *induktiven Erarbeitung* (vgl. Einecke, 32 ff.) gehen die Schüler *von den Inhalten sprachlicher Ausdrücke aus*, reflektieren dann von ihrer Wirkung her die Funktionen bestimmter sprachlicher Elemente an den Textstellen und halten danach die an den Stellen vorliegenden grammatischen Formen fest.
Oder sie gehen *von den grammatischen Elementen und ihren Formen in sprachlichen Ausdrükken aus*, beschreiben sie, achten ggf. besonders auf eine auffällige Verwendung und reflektieren dann ihre Funktionen im Verwendungskontext.

Die *Funktionen sprachlicher Formen* werden vor allem erkannt durch:

a) *Experimentieren* mit der Sprache, d. h. alle Formen der Umformulierung von Sätzen und Texten, der Verfremdung, der Übersetzung in andere Textsorten, des Austauschs von Satz- und Textteilen, des spielerischen Umgangs mit der Sprache etc.

b) *Konstrastieren* von Formulierungs- und Textvarianten unter der Frage, welche sprachliche Variante im aktuellen Kontext am wirkungsvollsten ist; Beobachtung, wie durch Variation der Form oder Wechsel des grammatischen Elements auch eine Veränderung in den Funktionen erfolgt.

c) *Einsatz der Warum-Frage:* Die Schüler lernen Fragen an den Text zu richten. Warum und wozu wird in einem Text eine bestimmte sprachliche Form verwendet, vermieden, auffällig wiederholt, anders als gewohnt benutzt, durch exponierte Stellung betont, durch verschiedene Spielarten variiert etc.?

d) *Einsatz der Proben:* Der Einsatz der „linguistischen Operationen“ (Glinz/Ingendahl) sowie weiterer Testverfahren (Wunderlich 1980 a) sowohl bei der Textrezeption als auch bei der Textproduktion bieten Möglichkeiten zur grammatischen Reflexion:

- *Ergänzungsprobe* (Erweiterung):
  Das verrostete Rad liegt im Bach. →
  Das verrostete Rad meines Opas liegt im Bach.

- *Streichprobe* (Weglaßprobe):
  Das ~~verrostete~~ Rad liegt im Bach. →
  Das Rad liegt im Bach.

- *Austauschprobe* (Ersatzprobe):
  Das verrostete Rad liegt im Bach. →
  Das gesuchte Rad liegt im Bach.

- *Umstellprobe* (Verschiebung):
  Das verrostete Rad liegt im Bach. →
  Im Bach liegt das verrostete Rad.

- *Klangprobe* (Akzentuierung):
  Das verrostete Rad liegt im Bach. →
  z. B. Das verrostete Rad, es liegt im Bach.

- *Umformungsprobe* (Transformation ganzer Strukturen):
  Das verrostete Rad liegt im Bach. →
  z. B. Wir haben Opas Rad im Bach gefunden. Da rostet es vor sich hin.

- *Paraphrase* (Übersetzen von Texten und Formulierungen in andere Codes, Textsorten, Sprachen etc.):
  Das verrostete Rad liegt im Bach. →
  z. B. Die alte Karre von Opa vergammelt in der Brühe.

- *Segmentierung:*
  Zur Feststellung von Phrasen (in Verbindung mit der Klangprobe [. . .]) und Satzgliedgrenzen (in Verbindung mit der Umstellprobe: | . . . |):
  z. B. Man soll sich mit der linken Hand am Griff festhalten.
  →Man soll sich [mit der linken Hand] [am Griff] festhalten.

  Man | soll | sich | mit der linken Hand am Griff | festhalten.
  Man | soll | sich | mit der linken Hand | am Griff | festhalten.

- *Negationsprobe:*
  Das Rad ist sicher im Schuppen. →
  Das Rad ist nicht sicher im Schuppen. / Das Rad ist sicher nicht im Schuppen.

  Zur Unterscheidung von Modal- und Satzadverbien.

- *Aber-Probe:*
  Wenn ich Millionär wär, würde ich →. . . aber ich bin es nicht

  Zur Feststellung des irrealen Konjunktivs II;
  im Unterschied zum Potentialis:

  Wenn ich mehr essen würde, wäre ich → ich tu es nicht, aber ich könnte es

- *Sondern-/Aber-Probe:*
  Das Rad ist nicht neu, sondern gebraucht.
  Das Rad ist nicht neu, aber benutzbar.

  „Adjektive derselben Dimension und Begriffswörter derselben Gattung . . . sind mit ‚sondern', aber nicht mit ‚aber' verbindbar." (Wunderlich 1980 a, 12) Je nach Kopplung ergibt sich ein anderer Sinn (hier von: nicht neu).

- *W-Fragen-Probe:*
  Mutter entdeckte das Rad im Bach.
  Wer entdeckte das Rad im Bach? | Mutter |
  Was entdeckte Mutter? | das Rad im Bach | oder nur | das Rad |
  Wo entdeckte sie es? | im Bach |

  Je nach Antwort auf die W-Fragen gibt es hier also ein Lokaladverbiale oder ein präpositionales Attribut. - Grundsätzlich anzuwenden zum Erfragen der Satzglieder.

- *Infinitivprobe:*
  Die mit Opa plaudernde Frau entdeckte das Rad.
  das Rad entdecken ← die mit Opa plaudernde Frau

  Zur Trennung des Prädikats (finites Verb + Objekte) von einem erweiterten Subjekt.

  Die Frau deutet auf das verrostete Rad im Bach hin.
  auf das Rad hindeuten - die Frau

  Die Infinitivprobe führt die Teile von zusammengesetzten Verben sowie die finiten und infiniten Teile der Satzklammer zusammen.

- *Passivprobe:*
  Zum Wechsel der Perspektive: Aktiv vom Subjekt aus gesehen, im Passiv wird das Objekt zum Subjekt des Satzes:
  Die Frau flickte den Reifen. → Der Reifen wurde von der Frau geflickt.

  Zur Identifikation von handelndem Subjekt und Objekt in Zweifelsfällen, spez. bei Inversion und in Schlagzeilen der Medien o. ä.:
  „Juso biß Hund" → soll gemeint sein: „Ein Hund wurde von einem Juso gebissen." oder „Juso wurde von einem Hund gebissen." (hier nach Inversion)?

  Zur Herausstellung der Leerstelle bei Unterschlagung der Handlungsträger (u. a. in Medientexten):
  Aus Bonn wird soeben gemeldet, daß ... → XY meldet soeben aus Bonn, daß ...

- *und zwar-Probe:*
  Zur Unterscheidung der adverbialen Bestimmung vom präpositionalen Objekt:
  Er verschloß die Truhe, und zwar mit Hammer und Nägeln.
  Die freie Ergänzung läßt sich meistens mit der „und zwar-Probe" anhängen, das präpositionale Objekt jedoch nicht:
  * Er befaßte sich, und zwar mit der Ritterzeit.

- *Was für . . . ?-Probe:*
  Die Frage wird auf ein Nomen gerichtet und läßt die Attribute ermitteln:
  Zwei Polizisten und ein völlig betrunkener Autofahrer . . .
  Was für ein Autofahrer? → ein „völlig betrunkener"

- *Lückenprobe:*
  Hiermit lassen sich grammatisch korrekte semantische Kopplungen oder syntaktische Verbindungen erkennen und thematisieren:
  Zwei . . . Kinder standen . . . auf dem Balkon und . . .

  zum Einsetzen: winken / klein / oben
  Sie gingen zur Schule, . . . sie gefrühstückt hatten.
  zum Einsetzen: bevor / als / nachdem / weil

Mit diesen Proben lassen sich Entdeckungen am Text einleiten, sie können während der genaueren Analysephase eingesetzt werden, und es lassen sich mit ihnen Aufgaben für die Übung erstellen.

e) *Beschreiben und Interpretieren* von Formulierungen und Texten; vor allem die Reflexion über Sprache im Rahmen der Interpretation müßte auf die auffälligen sprachlichen Mittel eingehen, die entscheidend zur Textaussage beitragen.

f) *Abstrahieren:* Ein zentraler Vorgang jeder Reflexion über Sprache ist das Abstrahieren. „Aber die Schüler können ja überhaupt noch nicht abstrahieren!" Dies ist eine Klage, die man häufig als Urteil über Schüler im Grammatikunterricht hört. Vor allem am Gymnasium wird die Fähigkeit zur Abstraktion gerne für den Unterricht vorausgesetzt. Wie so oft müßte es jedoch eine Aufgabe des Unterrichts sein, diese Fähigkeit den Schülern zu vermitteln. Und dabei spielen die Vorgänge der induktiven Erarbeitung eine wesentliche Rolle. Zwar wächst das Abstraktionsvermögen auch „naturwüchsig": Mit ca. 11–12 Jahren erfolgt nach Piaget ein Übergang vom „konkreten Denken" zum „formalen Denken" (s. o. S. 25). Der Unterricht sollte diesen Übergang aber sichern und differenzieren, so daß den Schülern verschiedene Operationen geläufig werden. Dabei sollte jedoch die Dialektik von „abstrahieren – konkretisieren" bedacht werden, damit das Lernen nicht völlig verkopft und entsinnlicht wird.
„Der Abstraktionsprozeß ist darauf gerichtet, die (im gegebenen Fall) unwichtigen Eigenschaften, Beziehungen, Umstände usw. abzusondern, die wesentlichen, für das Verhalten des Gegenstandes bestimmenden, herauszuheben, eine Reihe gemeinsamer Eigenschaften und Merkmale variabel zu machen, um auf diese Weise im Begriff das Wesentliche einer Klasse von Gegenständen in reiner, von allen störenden Einflüssen befreiter Form oder in idealisierter Form zu erfassen." (Klaus/Buhr). Unterschieden werden die „generalisierende Abstraktion": unwesentliche Eigenschaften der Dinge aussondern und die wesentlichen hervorheben, so daß Invarianzen deutlich werden (ebd.); und die „isolierende Abstraktion": bestimmte Eigenschaften von Klassen von Gegenständen gedanklich aus ihrem Zusammenhang herauslösen und ihnen so eine selbständige Existenz verleihen (Gefahr der Verabsolutierung und Simplifizierung, ebd.).

Das begrifflich-formale Denken geht vom Konkreten aus, d. h. von Erfahrungen, Beispielen, Beschreibungen, Bildern, Gleichnissen etc., verallgemeinert Beobachtungen, bildet Begriffe und zieht Schlüsse.

Das induktive Verfahren bedient sich in einzelnen Phasen verschiedener *Operationen der Abstraktion*:

- vom Konkreten zum Abstrakten, vom Anschaulichen zum Begrifflichen, vom Einzelnen zum Ganzen gehen
- Relevantes von Irrelevantem scheiden
- das Exemplarische eines Beispiels für viele Fälle feststellen
- gleichartige Beispiele klassifizieren
- gleiche Einzelbeobachtungen verallgemeinern: generalisieren
- Relationen und Zusammenhänge erklären
- Gemeinsamkeiten und Gesetzmäßigkeiten erkennen
- Modelle und Definitionen entwickeln oder nachvollziehen
- Komplexe analysieren, in Elemente zerlegen
- Einzelheiten zu einem Komplex synthetisieren
- Probleme formulieren
- Urteile bilden

Auch die *entgegengesetzten Operationen der Konkretisierung* wären anzuwenden:

- Abstraktes veranschaulichen: mit Beispielen verdeutlichen, mit Bildern erklären, an Belegstellen nachweisen, passende Fälle zuordnen
- durch Beschreibungen, Erzählungen, Berichte konkretisieren
- komplexe Sätze paraphrasieren („mit eigenen Worten" - bes. bei der Regelformulierung)
- das Funktionieren (einer Funktion) am Beispiel erklären
- Texte für jüngere Schüler umformulieren
- unter abstrakten Kategorien konkrete Einzelheiten aufführen (z. B. unter grammatische Kategorien sprachliche Beispiele)
- zu einem grammatischen Problem eine konkrete Situation entwickeln.

g) *Genetisches Lernen:* Dabei wird statt der darlegenden Vermittlung des Unterrichtsgegenstandes durch den Lehrer und der Übernahme durch die Schüler die sukzessive Entwicklung der Ordnungsstruktur eines Sachverhalts bevorzugt. Es handelt sich also um eine Form des erarbeitenden Unterrichts - statt des dozierenden -, in dem „die jeweiligen Kenntnisse den Schülern im Zusammenhang ihrer Genese verfügbar" (Köller, 33) sind.

h) *Entdeckendes Lernen:* Dabei steht die beobachtende, suchende, sammelnde, kombinierende, schlußfolgernde und aufklärende Eigentätigkeit der Schüler im Vordergrund. Zur steuernden Planung in der Textauswahl und Zielführung einer Lernsequenz durch den Lehrer tritt die „Offenheit" der Beobachtung gegenüber dem Einzeltext auf seiten der Schüler. Mit dem „offenen Beobachten" (Klein) beginnt das „Abenteuer des Denkens" (Roth).

Literaturhinweise

Ader, Dorothea: Grammatik als Sprachförderung. PD (Praxis Deutsch) 6/1974, S. 17 ff.

Albert, Claudia: Grammatik und Erfahrung. DU (Der Deutschunterricht) 6/1981, S. 38 ff.

Allensbach - Institut für Demoskopie 1987. Vorwärts 40/1987

Antos, Gerd: Eigene Texte herstellen! DU 3/1988, S. 37 ff.

BAT Freizeitforschungsinstitut: Umfrage 1988. Prisma Okt./1988

Baurmann, Jürgen / Hacker, Hartmut: Integrativer Deutschunterricht: Lernen in fachübergreifenden Zusammenhängen. PD 93/1989, S. 15 ff.

Bayer, Klaus: Textverstehen und Textverständlichkeit. Informationen zur Deutschdidaktik 1/1984, S. 2 ff.

Beck, Götz: Funktionale Textmuster und die Formen ihrer internen Verknüpfung. DU 6/1988, S. 6 ff.

Beck, Oswald: Theorie und Praxis der Aufsatzbeurteilung. Bochum: Kamp 1979, Kap. 4.1–4.3

Beisbart, Ortwin u. a.: Textlinguistik und Didaktik. Donauwörth: Auer 1976

Bertelsmann: Jugend und Medien 1986. Kölner Stadtanzeiger 8. 3. 1986

Bierwisch, Manfred: Strukturalismus. Kursbuch 5/1966. Frankfurt: Suhrkamp 1966, S. 77 ff.

Binder, Alwin / Richartz, Heinrich: Lyrikanalyse. Frankfurt: Scriptor 1984

Bleckwenn, Helga: Stilarbeit. PD 101/1990, S. 15 ff.

Boettcher, Wolfgang / Sitta, Horst: Der andere Grammatikunterricht. München: Urban und Schwarzenberg 1978

Boueke, Dietrich / Schülein, Frieder: „Story Grammars“. WW (Wirkendes Wort) 1/1988, S. 125 ff.

Bremerich-Vos, Albert: „Sprachunterricht - Nein danke!“? DU 6/1981, S. 5 ff.

Brinker, Klaus: Bedingungen der Textualität. DU 3/1988, S. 6 ff.

Bühler, Karl: Sprachtheorie. Stuttgart: Gustav Fischer (2) 1965

Bundesminister für Bildung und Wissenschaft: Lesefähigkeit und Lesegewohnheiten. Nach: Kölner Stadtanzeiger/dpa, 4. 7. 1992

Busse, Dietrich: Angewandte Semantik. DU 5/1991, S. 42 ff.

Ebner, Jakob: Reliefgebung - Ein Aspekt der Textlinguistik und des Schreibens. Inf. z. Deutschdid. H. 3/4. 1985/86, S. 176 ff.

Einecke, Günther: Unterrichtsideen integrierter Grammatikunterricht. Textproduktion und Grammatik 5.–10. Schuljahr. Hauptband und Materialien. Stuttgart: Klett 1991

Eltern. Zeitschrift 1992. In: Kölner Stadtanzeiger, 28. 3. 1992

Engel, Ulrich: Deutsche Grammatik. Heidelberg: Groos 1988

Erben, Johannes: Warum Grammatik wieder interessant sein kann. DU 2/1986, S. 5 ff.

Erlinger, Hans Dieter: Grammatik - Grammatikunterricht. In: Boueke, Dietrich (Hrsg.): Deutschunterricht in der Diskussion. Paderborn: Schöningh (2) 1979, S. 333 ff.

Eschenauer, Barbara: Medienwirkungsforschung und Medienpädagogik. In: Medien und

Kommunikation als Lernfeld. Schriftenreihe der Bundeszentrale für politische Bildung Bd. 236. Bonn 1986
Essen, Erika: Praxis der Differenzierung im Deutschunterricht. Heidelberg: Quelle & Meyer 1973
Fingerhut, Karlheinz: Affirmative und kritische Lehrsysteme im Literaturunterricht. Frankfurt: Diesterweg 1974
Fingerhut, Karlheinz / Hopster, Norbert: Politische Lyrik. Frankfurt: Diesterweg (3) 1981
Frank, Karsta: Literaturrezeption und moralische Kompetenz. DD (Diskussion Deutsch) 108/1989, S. 356 ff.
Frommer, Harald: Verzögertes Lesen. DU 2/1981, S. 10 ff.
Ders.: Lesen im Unterricht. Hannover: Schroedel 1988
Garbe, Burckhard: Experimentelle Texte im Sprachunterricht. Düsseldorf: Schwann 1976
Gaude, P. / Teschner, W. P.: Objektivierte Leistungsmessung in der Schule. Frankfurt: Diesterweg 1970
Geißner, Hellmut: Rhetorik. München: Bayerischer Schulbuchverlag (2) 1974
Gewehr, Wolf: Zur Konzeption des integrativen Grammatikunterrichts. Jahrbuch der Deutschdidaktik 1981/82. Tübingen: Narr 1983, S. 19 ff.
Glinz, Hans: Textanalyse und Verstehenstheorie. Wiesbaden: Akademische Verlagsgesellschaft Athenaion Bd. I (2) 1977, Bd. II 1978
Grzesik, Jürgen: Geistige Operationen beim Fremdverstehen im Literaturunterricht. DU 4/1989, S. 7 ff.
Haas, Gerhard: Handlungs- und produktionsorientierter Literaturunterricht in der Sekundarstufe I. Hannover: Schroedel (3) 1987
Haueis, Eduard: Grammatik entdecken. Paderborn: Schöningh 1981
Heller, Kurt (Hrsg.): Leistungsbeurteilung in der Schule. Heidelberg: Quelle & Meyer 1974
Heringer, Hans Jürgen: Wort für Wort: Interpretation und Grammatik. Stuttgart: Klett-Cotta 1978
Ders.: Lesen lehren lernen: Eine rezeptive Grammatik des Deutschen. Tübingen: Niemeyer 1989
Ders.: Grammatik und Stil. Frankfurt: Cornelsen-Hirschgraben 1989
Hölsken, Hans-Georg: Kognitive Züge und Zugkombinationen bei der Verarbeitung fremder Erfahrungen. DU 4/1989, S. 68 ff.
Hoffmann, Ludger / Klein, Klaus-Peter: Lernziel: Texte verstehen. In: Gewehr, Wolf (Hrsg.): Sprachdidaktik. Düsseldorf: Schwann 1979
Ingendahl, Werner: Umgangsformen. Produktive Methoden zum Erschließen poetischer Literatur. Frankfurt: Diesterweg 1991
Ingenkamp, Karlheinz (Hrsg.): Tests in der Schulpraxis. Weinheim: Beltz 1977
Ivo, Hubert / Neuland, Eva: Grammatisches Wissen. DD 121/1991, S. 437 ff.
Jahn, Günter: Grammatik und Dichtung. (Sprachhorizonte 48/Ergänzungsheft). Hannover: Schroedel 1987
Klauer, Karl Josef u. a.: Lehrzielorientierte Leistungsmessung. Düsseldorf: Schwann 1977
Klaus, Georg / Buhr, Manfred: Philosophisches Wörterbuch. Bd. 1/2. Leipzig: Bibliographisches Institut 1974
Klein, Ulrich: Entdeckendes Lesen. Hannover: Schroedel 1971

Klein, Wolfgang: Sprachdidaktische Konzeptionen und ihre Auswirkungen auf die Gliederung von Sprachbüchern für die Grundschule. DD 77/1984, S. 271 ff.
Klotz, Peter: Sprachliche Entdeckungen in der Literatur. Jahrbuch der Deutschdidaktik 1987/88. Tübingen: Narr 1988, S. 73 ff.
Klute, Wilfried: Kursthema: Der Schüler in der Schule. Thematische Zentrierung divergenter Fachinhalte. DD 62/1981, S. 525 ff.
Ders.: Deutsch-Zensuren. München: Ehrenwirth 1985
KM-NW, VRLL: Der Kultusminister von Nordrhein-Westfalen: Vorläufige Richtlinien Deutsch - Gymnasium - Sekundarstufe I. Köln: Greven 1978
KM-NW, ASchO: Der Kultusminister von Nordrhein-Westfalen: Allgemeine Schulordnung. Köln: Greven 1978
KM-NW, APO-OStG: Der Kultusminister von Nordrhein-Westfalen: Ausbildungs- und Prüfungsordnung. Oberstufe des Gymnasiums. Köln: Greven 1979
KM-NW, SchMG: Der Kultusminister von Nordrhein-Westfalen: Schulmitwirkungsgesetz. Düsseldorf: Michelpresse 1978
Knobloch, Clemens: Wie man semantisch mit Abstand am besten fährt. DU 5/1991, S. 5 ff.
Köller, Wilhelm: Funktionaler Grammatikunterricht. Hannover: Schroedel (2) 1986
Kreft, Jürgen: Grundprobleme der Literaturdidaktik. Heidelberg: Quelle und Meyer 1977
Kroeger, Hans: Grammatikunterricht und Textanalyse. DD 45/1979, S. 91 ff.
Kügler, Hans: Literatur und Kommunikation. Stuttgart: Klett 1971
LESER = Der befragte Leser. (Hrsg.: Ludwig Muth) München: K. G. Saur 1993
Lindenhahn, Reinhard: Die Leseverzögerung als Methode des Deutschunterrichts. DU 2/1981, S. 28 ff.
Linke, Angelika / Nussbaumer, Markus: Kohärenz durch „Präsuppositionen“. DU 6/1988, S. 29 ff.
Macheiner, Judith: Das grammatische Varieté. Frankfurt: Eichborn 1991
Meckling, Ingeborg: Leseorientierter Deutschunterricht. Rezeptionsanalyse und Produktivität. DU 2/1977, S. 83 ff.
Montaigne, Michel de: Die Essais. Leipzig: Dieterich'sche Verlagsbuchhandlung 1953, S. 185
Morris, Charles, W.: Grundlagen der Zeichentheorie. München 1972
Mukařovský, Jan: Kapitel aus der Poetik. Frankfurt: Suhrkamp 1967
Ders.: Kapitel aus der Ästhetik. Ebd. 1970
Müller, Harro: Zur Kritik herkömmlicher Hermeneutikkonzeptionen in der Postmoderne. DD 116/1990, S. 589 ff.
Nietzsche, Friedrich: Morgenröte. München: Goldmann 1960, S. 21
Nündel, Ernst: Zur Krise des Grammatikunterrichts. DU 1/1981, S. 42 ff.
Pauly, Peter: Integrativer Sprachunterricht. Heidelberg: Quelle und Meyer 1975
Riehme, Joachim: Grammatik/Orthographie. Berlin: Volk und Wissen 1986
Scherner, Maximilian: Theorie und Technik des Textverstehens. Düsseldorf: Schwann 1974
Ders.: Sprachorientierte Textanalyse und Deutschunterricht. In: Boueke, Dieter (Hrsg.): Deutschunterricht in der Diskussion Bd. 1. Paderborn: Schöningh (2) 1979, S. 353 ff.
Ders.: „Nützt die Grammatik der Textinterpretation?“ DU 2/1986, S. 86 ff.

Ders.: Kognitionswissenschaftliche Beschreibung des „Umgangs mit Texten“ - eine neue Möglichkeit zur Fundierung der Deutschdidaktik? DU 4/1989, S. 85 ff.

Schildt, Hilke: Aus der poetischen Werkstatt. (Sprachhorizonte 8/Ergänzungsheft). Dortmund: Crüwell 1971 - Hannover: Schroedel

Schmidt, Wilhelm u. a.: Funktional-kommunikative Sprachbeschreibung. Leipzig: Bibliographisches Institut 1981

Ders.: Grundfragen der deutschen Grammatik. Eine Einführung in die funktionale Sprachlehre. Berlin (Ost) 1967

Schramm, Tim u. a.: Drei Tage mit dem „Dicken Kind“. Bibliodrama Deutsch. Hamburg: E. B.-Verlag Rissen 1992

Schröder, Wolfgang: Hingabe, Distanz oder Desinteresse. DU 4/1988, S. 9 ff.

Sinus: Jugend Privat. Opladen 1985

Sowinski, Bernhard: Deutsche Stilistik. Frankfurt: Fischer 1982

Spang, Kurt: Rede. Bamberg: Buchner 1987

Spinner, Kaspar H.: Semiotische Grundlegung des Literaturunterrichts. In: Ders. (Hrsg.): Zeichen, Text, Sinn. Göttingen: Vandenhoeck 1977

Ders.: Fiktionales Schreiben in der Schreibwerkstatt. Mitt. d. Dt. GermVerb. 3/1986, S. 8 ff.

Ders.: Interpretieren im Deutschunterricht. PD 81/1987, S. 17 ff.

Ders.: Fremdverstehen und historisches Verstehen als Ergebnis kognitiver Entwicklung. DU 4/1989, S. 19 ff.

Swoboda, Wolfgang H.: Zum Umgang Jugendlicher mit dem Bildschirmspiel. In: Knoll, Joachim H. u. a.: Das Bildschirmspiel im Alltag Jugendlicher. Opladen: Leske 1986

Terhart, Ewald: Intuition - Interpretation - Argumentation. Zeitschrift für Pädagogik 5/1981, S. 769 ff.

Ulshöfer, Robert: Funktionaler Grammatikunterricht. DU 1/1977. S. 5 ff.

Wagner, Klaus R.: Sprechplanung. Empirie, Theorie und Didaktik der Sprecherstrategien. Frankfurt: Hirschgraben 1978

Weber, Heinz-Dieter: Das Ärgernis der Interpretation. DU 2/1984, S. 5 ff.

Weigand, Edda: Grammatikunterricht. Jahrbuch der Deutschdidaktik 1979. Königstein: Scriptor 1980, S. 160 ff.

Weinert, Franz Emanuel: Lernen. . . . gegen die Abwertung des Wissens. In: Lernen. Friedrich Jahresheft IV. 1986, S. 102 ff.

Wendeler, Jürgen: Lernzieltests im Unterricht. Weinheim: Beltz 1981

Wildner, Christine/Paul, Peter: Literaturunterricht konkret. In: Informationen zur Deutschdidaktik 3/4 1987, S. 177 ff.

Wittgenstein, Ludwig: Tractatus logico-philosophicus - Philosophische Untersuchungen. Leipzig: Reclam 1990 (1922/1958)

Wunderlich, Dieter: Lernziel Kommunikation. DD 23/1975, S. 263 ff.

Ders.: Arbeitsbuch Semantik. Königstein: Athenäum 1980

Ders.: Deutsche Grammatik in der Schule. Frankfurt: Hirschgraben 1980 (a)

Wunderlich, Dieter / Steffens, Rudolf (Hrsg.): Thema: Sprache. Neue Ausgabe. Lehrerhandbuch Bd. 5. Frankfurt: Hirschgraben 1986

Zabel, Hermann: Probleme der Curriculumentwicklung. Paderborn: Schöningh 1977

Didaktisch-methodischer Kommentar zu den Sequenzen 1–10 des Materialienbandes

1. „Mit Kolumbus unterwegs“ (Jg. 5/6)

Sachthema: Entdeckerfreude - Entdeckerleid
Textsorte: Bericht, Tagebuch, Logbuch, Comic, szenischer Text
Grammatisches Thema: Wort - Satz - Text; Satz - Satzglieder
Materialangebot: s. Materialienband S. 5–15

Sequenzgliederung / Materialübersicht / Intentionen

Land! Land in Sicht! - Zeichen, Wörter, Sätze

M 1: *Erzähltext:* Die Schüler nehmen erste Informationen über die Entdeckung auf, erkennen die im zeitlichen Ablauf liegende Spannung und klären die Motive und Probleme.

M 2: *Bordtagebuch:* Die Schüler beobachten die Verständigung unter den Seefahrern; unterscheiden Zeichensprache und Sprachzeichen. Sie erkennen die Situationsgebundenheit und Konventionalität. Sie unterscheiden Satzarten.

M 3: *Zeichnung mit Sprech- und Denkblasen:* Die Schüler interpretieren einen Ausruf. Sie unterscheiden und erproben die Satzarten und erarbeiten die kommunikative Funktion der Sätze.

M 4–6: *Historisierende, naive und karikierende Graphiken:* Die Schüler versetzen sich in die Perspektiven von Entdeckern und Entdeckten. Sie entwickeln dazu Denkblasentexte und beobachten Wörter, Sätze, Texte.

Im Jahre 1492 entdeckte Kolumbus Amerika. - Sätze, Phrasen, Satzglieder

M 7: *Historische Darstellung:* Die Schüler informieren sich über die Entdeckungsgeschichte. Sie unterscheiden Sachtext von Erzähltext. Sie unterstreichen zentrale Informationen (Phrasen).

M 8: *Übungstexte:* Die Schüler erfahren etwas über die Person Kolumbus. Sie segmentieren Texte, bilden Sätze und erkennen Phrasen. Sie unterscheiden Satzglieder.

M 9: *Zeichnung mit Gedankenblasen:* Die Schüler versetzen sich in die Schreibsituation des Kapitäns. Sie entwickeln aus thematischen Kernen Tagebucheinträge; sie erkennen die thematischen Kerne in Tagebuchtexten (M 10/11). Sie üben die Satzgliedstellung.

M 10/11: *Tagebuchtexte:* Die Schüler vergleichen die Perspektivität von Tagebuch- und Erzähltext. Sie unterscheiden einfache und komplexe Satzglieder.

Abfahrt - Ankunft. - Wortlisten, Texte; Ausarbeitung und Zusammenfassung

M 12: *Reiseskizze mit Eintragungen:* Die Schüler werten eine logbuchartige Darstellung aus. Sie entwickeln einen Tagebuchtext oder einen Bericht aus der Wort-/Phrasenliste: sie gestalten die Grundinformationen aus.

M 13: *Längerer Tagebuchtext:* Die Schüler verfassen zu dem Text eine Stichwortliste und geben damit den Text wieder: sie reduzieren die Menge der Details.

Entdeckungsszenen - Situationen erspielen; Sätze klanglich erproben

M 14/15: *Entdeckungsszenen in Comic und Schauspiel:* Die Schüler unterscheiden Sätze und ihre Funktionen in einer Leseinszenierung. Dabei wechseln sie die Perspektiven der Entdecker und der Entdeckten. Sie problematisieren die Entdeckung und Eroberung.

Didaktischer Kommentar

In dieser Sequenz sollen die Schüler Einblick nehmen in die *syntaktische Funktion* sprachlicher Mittel. Dabei gehen sie von einfachen Formen - Wörter/Einwortsätze sowie Wortgruppen/Phrasen - über komplexere Formen - Sätze/Satzglieder - zu Texten vor. Sie beobachten sprachliche Äußerungen unterschiedlichen Umfangs und gelangen zu der Klärung: „Ein Satz ist die kürzeste sprachliche Einheit, mit deren Äußern wir eine vollständige sprachliche Handlung vollziehen können." (Heringer 1978, 25)

In der Unterscheidung von *Satz* und *sprachlicher Handlung* erkennen die Schüler, daß auch ein Wort eine kurze syntaktische Einheit bilden kann, soweit sie in einer bestimmten Situation eine „vollständige sprachliche Handlung" darstellt. So ist „Land!" in der Situation der Entdeckung eine vollständige sprachliche Handlung, die von allen an Bord verstanden wird: ein Ausruf; ein Gefühlsausdruck, wenn man die Situation des Sprechers nimmt (‚Endlich da!'); eine Aufforderung, wenn man die Adressaten sieht (‚Kommt, und schaut!'); eine Feststellung, wenn man nur den Sachverhalt sieht (‚Neues Land liegt vor uns.').

Zugleich wird die *kommunikative Funktion* deutlich. Je nach Sprechrichtung ließe sich die expressive oder die appellative Funktion einer solchen Äußerung erkennen. Man kann sie z. B. durch unterschiedliche sprecherische Gestaltung in der Klasse verdeutlichen. Damit eine Kommunikation gelingt, müssen bei einer sprachlichen Handlung neben der Satzbildung also auch noch die *situativen Bedingungen* berücksichtigt werden. Der Kurzsatz „Ich." wäre nur aus einer Frage-Antwort-Situation, dem sprachlichen Kontext und einer entsprechenden Rollenverteilung heraus zu verstehen. „Der Kapitän fragte die Mannschaft: ‚Wer hat um 10 Uhr Dienst?' - Diego antwortete: ‚Ich.'" Mündliche und schriftliche Kommunikation erfordern dabei unterschiedliche Grade der Elaborierung. Der Vorgang umfaßt zwei Teilleistungen:

Verstehen einer Äußerung

aufgrund der Sprachkenntnis

aufgrund von Kenntnissen aus Situation und Horizont

(Scherner 1986, 101)

Aus der *Sicht des Rezipienten* nähern sich die Schüler sodann der Satzanalyse: Nach der „rezeptiven Grammatik" erkennt der Leser spontan „Phrasen, weil sie nach bestimmten wiederkehrenden Mustern gebaut sind. Die Muster hat er als allgemeine Schemata gelernt, die zur Strukturierung des Einzelfalles taugen und seine Vorerwartung leiten. Dementsprechend erkennt er *Phrasen* oft schon daran, daß bestimmte Wörter sie typischerweise einleiten:

- Artikel kündigen Nominalphrasen an;
- Präpositionen kündigen Präpositionalphrasen an;
- Hilfsverben kündigen Verbalphrasen an" . . . (Heringer 1989, 17)

Das Erkennen von zusammenhängenden Phrasen ist ein wichtiger Lernvorgang für *ökonomisches Lesen*, auch für das gelungene Vorlesen. Zur Übung können die Schüler den Umgang mit *Phrasenklammern* (ebd., 19) lernen. Hierbei nutzen und verbessern sie ihr spontanes Erkennen und arbeiten schon im Vorfeld von Satzgliedern, z. B.:
[Am frühen Morgen] rief [der verantwortliche Steuermann] [mit verärgerter Stimme] [die verschlafene Mannschaft] [an Deck].
Wenn die Wortarten Präposition und Artikel bekannt sind, können sie als Eingangswörter der Phrasen benannt werden.
Mit der *Klangprobe* wird ebenfalls die Zusammengehörigkeit von Wörtern in einer Phrase erschlossen. „Die Phrasen sind also inhaltlich bestimmt, sie sind Teilganzheiten oder semantische Bausteine für die Satzbedeutung." Nach der Abgrenzung mit Phrasenklammern kann z. B. das Erfragen (s. u.) einsetzen. Die Schüler können dann von der semantischen in die syntaktische Ebene wechseln und die Funktion bestimmter Phrasen als Subjekte, Objekte oder Adverbiale kennenlernen.
Als Schwierigkeit ist zu erwarten, daß die Schüler Attribute zu nominalen Satzgliedern zunächst über die Phrasenklammerung auch als Satzglieder einstufen könnten, aber die *Umstellprobe* und die Umformung machen deutlich, was im Satz als Satzglied zusammengehört:
Die *Wolke dort* sieht wie eine Insel aus. – *Dort* erkennen sie eine Wolke. Oder: *Der Mann im Ausguck* ruft. – *Im Ausguck* steht ein Mann und ruft.

Im Mittelpunkt der Untersuchungen stehen *gegliederte einfache Sätze*, die aus Teilen aufgebaut sind. „Unabhängig von der Art des jeweiligen Sprechakts (Frage, Behauptung, Vorwurf usw.) zeigen sie eine elementare Zweiteilung: Das, wovon die Rede ist, und das, was darüber gesagt wird." (Heringer ebd. 44) Die Zweiteilung des Satzes in Thema und Rhema ist Ausgangspunkt für die Satzgliedanalyse, bei der Satzgegenstand und Satzaussage zu unterscheiden sind. Diese Unterscheidung kann eine Einteilung des Satzes in *Subjekt und Prädikatsgruppe* nach sich ziehen, wobei in diesem Fall das Prädikat ein Komplex aus finitem Verb/Prädikatskern und weiteren Ergänzungen/Objekten wäre; dazu kämen freie Angaben/Adverbiale etc. Es hat sich in der Schule jedoch weithin eingebürgert, nur das finite Verb Prädikat zu nennen und die weiteren Objekte/Ergänzungen und Angaben daneben zu sehen. Der Lehrer wird sich hier nach der Vorgabe im eingeführten Sprachbuch oder nach den Vereinbarungen in der Fachkonferenz richten müssen. Die Schüler müßten erkennen, daß in einem Satz zum einen ein Bezug zu einem Sachverhalt (Referenz) eröffnet wird und zum anderen über diesen Sachverhalt eine neue Information gegeben wird (Prädikation): Im Zusammenhang mehrerer Sätze kann man vereinfacht auch von dem Bekannten und dem Neuen sprechen. In der sprachlichen Erkenntnis wird die Betrachtung von Satz und Äußerung auf diese Weise kombiniert:

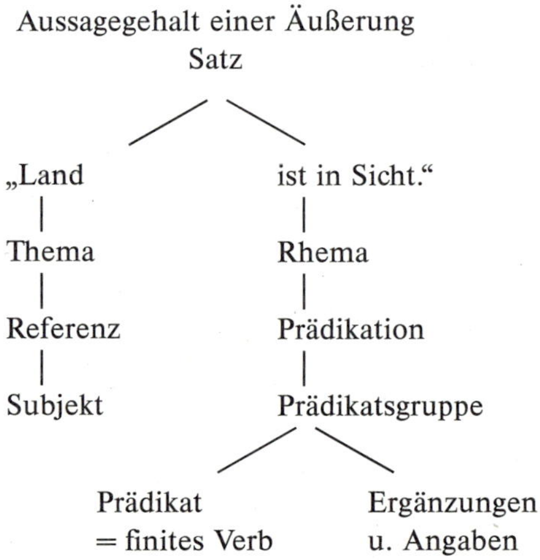

(nach: Scherner 1986, 99)

Im Zentrum der *Satzgliedanalyse* sollen zunächst nur *Subjekt, Prädikat, Objekte/Ergänzungen und Adverbiale* (Adverbien und adverbiale Bestimmungen) stehen. Mit den operationalen Verfahren der *Umstell- (oder Verschiebe-) und Ersatzproben* lassen sich die Wortgruppen, die ein Satzglied bilden, erkennen. „Mit Hilfe dieser Verschiebeprobe ist man methodisch auf dem Weg zu einer Satzmustergrammatik, die bei ihren Satzbeschreibungen die Subjekt-Prädikat-Beziehung als Basis des Satzes grundsätzlich beibehält, von der aus in weiteren Differenzierungen sämtliche Satzvarianten gesteuert werden. Es ist daher ein Lernschritt für die Schüler, diese für den Satz primäre Subjekt-Prädikat-Beziehung zu erkennen. Wollte man allerdings der Theorie der Valenzgrammatik folgen, in der das Verb als Hauptsteuerungsfaktor erscheint, so müßten die Untersuchungen auf der syntagmatischen Ebene freilich anders gestaltet werden." (Högy 1972, 28) Diese Richtung soll hier und in der Sekundarstufe I jedoch nicht weiter verfolgt werden. „Für die Schulpraxis [steht] das Unterscheiden der einzelnen Satzglieder und das Erkennen ihrer Funktion im Satz, beides Voraussetzung für die Benennung der Satzglieder, im Vordergrund." (ebd.) Sowohl Subjekt und Prädikat (S-P) als auch Prädikat und Objekt (P-O) bilden Funktionseinheiten in der Gesamtanlage des Satzes als S-P-O-Komplex. Dies wird deutlich an der Unterscheidung von Zwei-Satzglied-Sätzen („Ein wildes Durcheinander entstand.") und Drei-Satzglied-Sätzen („Ich gab einen Befehl."). Man muß sich bei dieser Klassifizierung allerdings bewußt sein, daß „Subjekt" und „Objekt" nur sprachliche Rollen sind, die durch den Kasus markiert werden, und nicht kategorisch bestimmte Sachverhalte. Denn ein und derselbe Sachverhalt kann verschiedene Rollen übernehmen: „Der Steuermann gab den Befehl." – „Der Befehl wurde vom Steuermann gegeben." (vgl. Wunderlich 1980, 22 f.)

Zur Bestimmung der *inhaltlichen/referentiellen Funktion* von Satzgliedern dient das Verfahren des *Erfragens*. Zunächst wird dazu das Prädikat mit der Umstellprobe isoliert (z. B. „*hat* . . . gemeldet"). Dann werden unter Nutzung des Prädikats die W-Fragen eingesetzt: *Wer* oder *was* hat gemeldet? *Wen* oder *was* hat er gemeldet? *Wem* hat er es gemeldet? etc. Die Fragen nach den Satzgliedern müssen mit einem vollständigen Fragesatz so gestellt werden, daß man darauf mit dem ursprünglichen Satz *ohne Änderung* antworten kann.

Eigentlich zielt das Erfragen zunächst auf die in den Sätzen repräsentierten Teile eines Sachverhalts. Mit dem Konstrukt des „informativ gesättigten Satzes (ISS)" (Klotz 1988) kann die Frage, welche Informationen in Sätzen gegeben sind und welche ggf. fehlen und nun im weiteren Text zu suchen sind, eine Brücke zu grammatischen Einzelfragen schlagen. „Der Vorteil wäre, daß man als Lehrer nicht vom Einzelphänomen zunächst relativ isoliert ausgehen müßte, sondern immer vom Zusammenhang her die Motivation für die sprachlichen Phänomene bekäme." (ebd., 84)

Mit Hilfe der W-Fragen-Analyse am konkreten Satz und der Generalisierung an vielen Sätzen erfahren die Schüler dann aber die Satzgliedrolle in differenzierterer Form: zur Unterscheidung des Subjekts als „Satzgegenstand" oder „Handlungsträger", des Prädikats als „Satzaussage" oder „Handlung", der verschiedenen Objekte als „notwendige Ergänzungen" und der Adverbiale als „freie Angaben" o. ä. Eine weitergehende Differenzierung z. B. des Subjekt-Begriffs dürfte in der 5./6. Klasse kaum möglich sein (gegen Reis 1986, 64 ff.). Wesentlich ist, daß die Schüler die Binnengliederung eines Satzes erkennen. Darüber hinaus können sie in der semantischen Ebene erfahren, daß Satzglieder unterschiedlich gefüllt werden können: z. B. ein Subjekt durch Personen, Sachen, Tiere, Naturerscheinungen; durch Täter oder Opfer, durch vorläufige Benennungen (es, wer?); in impersonalen Sätzen durch eine Leerstelle (Ihm wurde kalt. Komm auf die Brücke!) – z. B. die Prädikatsgruppe durch das finite Verb und verschiedene Objekte sowie ggf. infinite Verbteile (Satzklammer); etc.

Die *stilistische Funktion* der *Satzgliedstellung* können die Schüler an den auffälligen Formen der *Umklammerung* und ggf. der *Umstellung* erfahren. An ihnen werden Ausdrucksmöglichkeiten und Bedingungen für *Einfachheit/Klarheit* in der Satzkonstruktion deutlich. Der einfache gegliederte Satz (mit 20 Wörtern als Obergrenze; s. Schneider 1979, 264) wird erst dann transparent, wenn die Satzklammer gut überschaut werden kann oder die wichtigste Information in Spitzenstellung gelangt. „Wir *haben* die Unmengen an Algen und Tang im Wasser *verflucht*." „Wir *freuten* uns über die vielen Algen und Pflanzen auf der Meeresoberfläche *keineswegs*." → „Die Unmengen an Algen und Tang auf dem Wasser haben wir verflucht." „Wir freuten uns keineswegs über die vielen Algen und Pflanzen auf der Meeresoberfläche."

Nach einer Analyse des Instituts für Kybernetik der Universität Paderborn kann im mündlichen Sprachgebrauch „gut die Hälfte aller Erwachsenen . . . mehr als 13 Wörtern nicht mehr folgen. Wenn eine Wortkette ohne Pause länger als 5,5 Sekunden dauert, reißt buchstäblich der Faden. Für siebenjährige Kinder ist die ‚Schallgrenze' des Verstehens bei acht Wörtern erreicht . . . Rund ein Drittel aller Erwachsenen vergißt den Anfang eines Satzes bereits dann, wenn elf Wörter aneinandergereiht werden." (dpa, in: Kölner Stadtanzeiger 12. 12. 1983). Das Hauptargument für eine weitgreifende verbale Satzklammer, Aufbau eines Spannungsbogens, sollte für Schriftsteller und weniger für die normale Textproduktion von Bedeutung sein. Sätze transparent zu machen ist ein wesentliches *Experimentierfeld* für die Schüler im Umgang mit der Syntax, zumal für die Aufarbeitung von schwierigeren informierenden Sachtexten. Ob „neue Informationen . . . in der Regel am Ende des Satzes" (Schöler/Lindner 1990, 61) stehen oder stehen sollten, wäre z. B. zu beobachten und zu diskutieren.

Ein weiteres *stilistisches Problem*, das für die eigene Textproduktion relevant wird, ist das Erkennen der *Kongruenz* von Subjekt und finitem Verb in Person und Numerus:

All*e* Matrose*n* rannte*n* zum Bug.

Vor allem bei mehrteiligen Subjekten/Aufzählungen ist hier eine Fehlerquelle zu verzeichnen: * Der Steuermann und der Kapitän sah eine Insel. → sah*en*

Für das *Nachdenken über Sätze und Satzglieder* bieten die gewählten *Textsorten* gute Einstiegsmöglichkeiten:

In Berichten finden sich in der Regel Sätze von einfacher Form. In den vorgelegten historischen Berichten sind zudem situativ bedingte verkürzte Satzformen eingelagert, deren Form und Bedeutung durch den im Bericht aufgebauten Kontext geklärt werden, besonders Ausrufe, elliptische Sätze etc. Gleiches gilt für kommunikative Szenen in Comics und Schauspieltexten.

Die Unterscheidung von Logbuch mit kurzen Einträgen und Tagebuch mit ausformulierten Einträgen dient vor allem dazu, Wortgruppen und ausgeformte Sätze zu vergleichen. Christoph Kolumbus' Tagebuch „war eine Reisebeschreibung für die katholischen Könige [Spaniens], die die Monotonie der Tagesabläufe bei der Überquerung des Ozeans mit der Präzision eines Spezialisten festhielt und solcherart die täglich erlebte Geschichte ohne Auslassungen und Zeitsprünge wiedergab". (J. Hell, in: Chr. Columbus 1992, 197)

Das Sachthema „Entdeckerfreude - Entdeckerleid" wird personenorientiert an Christoph Kolumbus behandelt. Auch wenn keine personalisierte Geschichtsbetrachtung zugrunde gelegt wird, so ist doch das Werk eines einzelnen mit seiner Mannschaft im Mittelpunkt. Dies hängt mit der Textsorte Tagebuch zusammen. Das Abenteuer von Menschen kann bei dieser Altersgruppe mit Anklang rechnen. Hinzu kommt das Interesse am Exotischen, Fremden. Jedoch muß bei dem Thema Entdeckung der Neuen Welt auch an die Eroberung und Unterwerfung, an grausame Handlungen und Folgen gedacht werden, wenn die inhaltliche Ebene der Sequenz durchdrungen werden soll. Dazu finden sich in den Texten ebenfalls Anlässe. Im Jubiläumsjahr 1992 wurde diese Fragestellung in vielen Zeitschriften, Büchern und Veranstaltungen verfolgt. Viele Probleme der Dritten Welt heute haben ihre Wurzeln in der Eroberungsgeschichte.

Methodenhinweise

Land! Land in Sicht! - Zeichen, Wörter, Sätze

M 1: Die Schüler werden mit diesem Text mitten ins Geschehen versetzt. Sie können in einem vorstrukturierenden Gespräch ihre Kenntnisse zum Thema einbringen und auf der inhaltlichen Ebene Fragen entwickeln.
An einer Folie/Karte lassen sich die geographische Situation und ggf. das historische Bild von der Erde konkretisieren.
M 2: Mit dem Sprung ins „Bordtagebuch" wird die gespannte Erwartungshaltung der Mannschaft thematisiert. Der Textausschnitt eröffnet zugleich das Thema „Kommunikation": Vereinbarte *Zeichen* sollen die Entdeckung von Land bekanntgeben. Der Zusammenhang von Zeichen und Bedeutung kann hergestellt werden:
Kanonenschuß → Aufmerksamkeit!
Flagge mit grünem Kreuz im roten Feld → Land!
Gestikulieren → Aufregung
Befehl →Kursänderung.
Das kann kontrastiert werden mit *Anzeichen*: Vögel, Thunfische etc. als Hinweise auf Landnähe?
Zeichen haben eine Bedeutung durch menschliche Übereinkunft (Konvention) und eine Funktion in der Kommunikation - Anzeichen sind offen in der Bedeutung und kein Kommunikationsmittel.
M 3: Schon hier kann die *induktive Erarbeitung* von Satzformen, Sprachhandlungen und Zweiteilung des Satzes in Subjekt und Prädikatsgruppe beginnen: „Land!" Einwortsatz - Sprachhandlung (z. B. Aufforderung). Einfacher Satz: „Land ist in Sicht."

Satz

Land (Subjekt) — ist in Sicht. (Prädikatsgruppe)

In Sprechblasen sind Ausrufe abgedruckt, in Denkblasen zusätzlich mögliche Sprecherintentionen. Die Schüler erkennen an den Ausrufen einen unterschiedlichen Grad der Ausformulierung. Dies läßt sich situativ aus der Hektik und der Freude erklären. Der Form nach ist der Wechsel von Wort, Wortgruppe und Satz festzuhalten. Die Schüler können die drei Fassungen als äquivalent nehmen und so den Satzcharakter aller drei Fassungen erschließen: Ein-Wort-Satz, verkürzter Satz und vollständiger Satz.
Mit den Denkblasen wird auf unterschiedliche Sprachhandlungen, die hinter den Sätzen stehen könnten, gezielt. Die Schüler können Gefühlsausdruck/Aussage, Aufforderung und Frage unterscheiden.
Zur Übung formulieren sie andere mögliche Ausrufe aus der Entdeckungsreise, dabei unterscheiden sie die drei Satzarten und die unterschiedlichen Formulierungsvarianten (kurz - vollständig). Sie unterscheiden ggf. Satz und Sprachhandlung (Frage, Aussage/ Behauptung, Aufforderung/Appell).

Die Schüler skizzieren ggf. comicartig andere Situationen und tragen dies in Sprechblasen und Denkblasen ein.
M 4–6: Die Schüler verwenden für die Übung die vorgelegten Bilder. Sie formulieren einfache Sätze, Kurzsätze, Ausrufe etc. Dabei ist der Perspektivwechsel von M 4 zu M 5/6 zu beachten: Herrscherallüren, Missionierung und Goldgier als Motive gegenüber freundlicher Sorglosigkeit oder Besorgnis und Flucht etc. Der Originaltext von M 6 lautet: „Sie sagen, sie seien gekommen, uns zu entdecken!"

Im Jahre 1492 entdeckte Kolumbus Amerika. – Sätze, Phrasen, Satzglieder

M 7: Die Schüler erarbeiten den informierenden Sachtext mit dem Bleistift. Dabei unterstreichen sie „wichtige Stellen" im Text. Diese Stellen exzerpieren sie als *Stichwortliste* für einen historischen Kurzvortrag zum Thema des Textes. Die Stichwortliste wird in der Regel aus Wortgruppen bestehen. Die Schüler vergleichen an Beispielen die Wortgruppen mit den Sätzen, aus denen sie entnommen sind. Sie erkennen den Unterschied von Wortgruppen/Phrasen und vollständigen Sätzen; die Sätze dürften vor allem um den verbalen Anteil gekürzt und auf nominale Gruppen reduziert sein. Z. B.:
1453 – Erstürmung Konstantinopels durch die Türken
Landweg nach Asien gesperrt
Idee des Kolumbus: Fahrt nach Westen
Anzeichen für Land im Westen: Leichen, Holz . . .
M 8: a) Die Schüler entdecken jeweils Phrasen und Satzende: Die Phrasen *klammern* sie ein (s. o.). Das Satzende *markieren* sie mit senkrechtem Strich. Zur Verdeutlichung der Einheit eines Satzes können die *Satzbögen* von Erika Essen eingesetzt werden:

Der geschwungene Bogen für eine abgeschlossene Aussageeinheit:

Er klettert an Deck.

Eine Stauung im Bogen für eine in sich gegliederte Aussage:

Er geht in die Kajüte und legt sich hin.

Mehrere Bögen für eine Satzreihe:

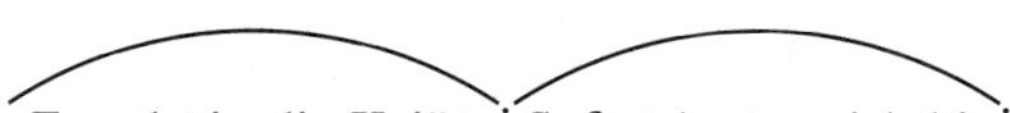

Er geht in die Kajüte. Sofort legt er sich hin.

Die verbundene Satzreihe wird durch die Stellung der Konjunktion verdeutlicht:

Er schleicht in die Kombüse, und dort ißt er sofort.

b) Die Schüler erkennen die Bedeutung der Artikel und Präpositionen als Signale für die Zerlegung in Phrasen. Sie erläutern die inhaltliche Aussage der Phrasen und prägen so Begriffe wie Handlungsträger, Handlung und Angaben vor. Sie erkennen verbale und nominale Phrasen. Zudem kann an der verbalen Satzklammer gearbeitet werden.
c) Mit der *Umstellprobe* wird die feste *Zweitstellung* des finiten Verbs im einfachen Aussagesatz erkannt. Außerdem kann die Satzgliedstellung für die Arbeit am *Satzakzent* genutzt

werden: Betonung erhalten das Vorfeld und das Nachfeld (vorne stärker als hinten). Für die weitere Arbeit ist der Begriff „Satzglied“ einzuführen. Die Trennung der Satzglieder voneinander ist an weiteren Sätzen zu üben. Problem: Es könnten in selbst gewählten Sätzen auch Attribute als Satzglieder fälschlich isoliert werden. Dagegen ist die Umstellprobe ein Beweismittel: Wörter eines Satzgliedes bleiben beim Umstellen zusammen, also auch die Attribute mit ihren Bezugsnomen.
Folienstücke verschieben: Mögliche Satzglieder können als Elemente wie ein Puzzle vorgelegt und dann zu Sätzen zusammengefügt werden. Es können auch weitere Satzglieder in schon gebildete Sätze eingefügt werden; etc.
d) Wenn die Satzglieder isoliert sind und das Zentrum „finites Verb“ bestimmt ist, kann man sich den einzelnen Satzgliedern, ihren Inhalten und Funktionen im Satzbau zuwenden. Die Satzgliedbenennung kann über das Erfragen erfolgen: z. B. Das Satzglied, das mit der „*Wer* oder *was*“-Frage erfragt wird, heißt Subjekt; etc. Nach mehreren Sätzen kann man reflektieren, ob ein bestimmtes Satzglied inhaltlich immer etwas Ähnliches zeigt: Subjekt = Handlungsträger oder Satzgegenstand; Prädikat = Handlung, Tätigkeit, Vorgang, Zustand; Objekte = notwendige Ergänzungen; Adverbiale = zusätzliche Angaben. Die Notwendigkeit der Objekte/Ergänzungen ist über die *Streich- oder Weglaßprobe* zu erkennen:
Der Kapitän rief *seinen Steuermann* ~~mit lauter Stimme an Deck~~.
(Man kann Satzglieder streichen bis auf den für einen klar verständlichen Satz unverzichtbaren Rest.)
Zur Klärung des finiten Verbs/Prädikats muß ggf. bei geeigneten Beispielen auf die verbale Satzklammer eingegangen werden:

Satzklammer:

Das Schiff *hatte* sich im Sturm auf die Seite *gelegt*.

Die Möve *kehrte* am Nachmittag auf das Schiff *zurück*.

Der Kapitän *wollte* das Wendemanöver *beenden*.

Diese formalen Untersuchungen/Übungen haben nur eine Funktion für das korrekte Erkennen und Benennen der Satzglieder. Eine sprachtheoretische Reflexion der Satzgliedrolle könnte dahin gehen, daß wir Sätze als gegliederte Einheiten ansehen können, in denen die Satzglieder einen bestimmten Anteil an der Aussage haben (s. o.).
Zur Übung kann auch das Spiel mit dem *Satzbaukasten* eingesetzt werden: Vorgegeben werden leere Raster mit unterschiedlicher Satzgliedfolge, und die Schüler setzen frei aus dem Sachthema oder aus Texten entsprechendes Sprachmaterial ein, oder sie ordnen aus vorgegebenen Phrasen in die Raster ein:

Satzglied	Subjekt	Prädikat	Objekt	Adverbiale
Beispiel	Der Matrose	warf	sein Messer	über die Reling

Eine weitere spielerische Übung sind *Falt-Texte:* In Gruppen sollen die Schüler miteinander, aber verdeckt, neue Sätze bilden. Man bildet Gruppen mit soviel Mitgliedern, wie Satzglieder in den beabsichtigten Sätzen vorkommen sollen. Ein Schiedsrichter diktiert für alle Gruppen nacheinander jeweils die grammatische Bezeichnung der Satzglieder. Bei jedem Kommando schreiben die ersten Mitglieder einer jeden Gruppe ein Textstück, das die Form des bezeichneten Satzglieds hat, in der obersten Zeile eines linierten Blattes auf, sie falten die oberste Zeile nach hinten, daß die zweiten Gruppenmitglieder die Zeile nicht sehen, und reichen das Blatt an sie weiter; die schreiben wieder auf Kommando das nächste Satzglied usw. Es werden u. a. sehr kuriose Sätze entstehen. Der Schiedsrichter muß darauf achten, daß seine Satzgliedfolge auch einen vernünftigen Satz ergeben kann. Beispiel für eine entsprechende Vorgabe:

Adverbiale Bestimmung des Ortes:	*Prädikat/finites Verb Singular/Vergangenheit:*	*Subjekt eine Person:*
Im Schlafraum	hustete	ein Matrose.
Im Krähennest	rief	der Beobachter.
...	...	...

e) Die *Zweiteilung* des Satzes in Subjekt und Prädikatsgruppe wird beobachtet. Dabei wird der enge Zusammenhang zwischen Prädikat und Objekten sowie Angaben festgehalten. Die Schüler können außerdem durch entsprechende Einrahmung, Unterstreichung und zurückweisende Pfeile markieren, was jeweils das Bekannte und das Neue in einer *Folge von Sätzen* ist. Speziell die Nutzung von Pronomina für das schon Bekannte kann dabei als stilbildende Übung eingesetzt werden.

M 9–11: Mit dieser Situation beginnt die Unterscheidung von Logbuch und Tagebuch. Ins Logbuch hat Kolumbus Angaben in kurzer Form (Wörter, Phrasen) eingetragen, im Tagebuch sind die Beobachtungen in Sätzen ausformuliert. Das Logbuch enthält wichtige nautische Angaben und bedeutende Vorkommnisse während der Fahrt. Das Tagebuch verarbeitet diese Fakten in persönlicher Sicht und ergänzt weitere Eindrücke und Ereignisse. Im Vergleich beider Fassungen (M 9/10) sehen die Schüler den Unterschied. Sie üben die Erweiterung von Kurzinformationen zu Sätzen (M 9), und sie üben die Reduktion von Sätzen aus dem Tagebuch zum 1. 10. und 10. 10. auf Wörter oder Phrasen hin, die im Logbuch gestanden haben könnten. Auf diese Weise lernen sie das *Selektieren wichtiger Informationen* aus Sachtexten.

Abfahrt – Ankunft. – Wortlisten, Texte; Ausarbeitung und Zusammenfassung

M 12: Fortlaufend zu den Terminangaben schreiben die Schüler einen Tagebuchtext oder einen Bericht. Dabei erweitern sie die Informationen, die als Phrasenliste gegeben sind, zu Sätzen und Texten. Zwischen den Tagen werden sie Überleitungen schaffen und ggf. frei ergänzen. Sie entscheiden bei der Arbeit und besprechen an Beispielen die gewählte Satzgliedstellung. Es erfolgt eine Umkehrung der Arbeit zu M 7.

M 13: Die Schüler verfassen zu dem längeren Bericht eine Phrasenliste (Stichwortliste, s. o. S. 84) und berichten mit ihrer Hilfe die Vorgänge vom 11.–12. 10. 1492. Es erfolgt eine Fortsetzung der Arbeit zu M 7 und eine Umkehrung von M 12. Wie in M 11 wird zudem die Selektion des Wichtigen beim Lesevorgang betrieben.

Entdeckungsszenen – Situationen erspielen; Sätze klanglich erproben

M 14: Die Schüler bestimmen in einer abschließenden Ergebnisphase die Satzarten und Sprachhandlungen in der Szene. Sie unterscheiden Erzähler- und Figurentext und beobachten Unterschiede im Satzbau: Kurzformen/Phrasen nur in der Figurenrede.
M 15: Die Schüler unterscheiden ähnlich in den kommentierenden Passagen des Reporters und den Figurenreden der anderen. Sie erklären den unterschiedlichen Gebrauch von Satzarten und die Umstellung von Satzgliedern aus der Situation (z. B. Frage-Antwort-Folge). Abschließend kann hier noch einmal die Perspektive der „Entdeckten" thematisiert werden (vgl. M 4–6). Die Schüler erspielen die Szene und erproben den Satzbau mit Klangproben; sie kommentieren leicht sprechbare und schwierige Stellen von der Satzform und der Satzgliedstellung her.

Mögliche Lernerfolgskontrollen

- Bestimmung von Satzarten und Phrasen in M 14; Erklärung der Funktion von Einwort-Sätzen, Kurzsätzen, Phrasen in M 15 aus der Situation
- Satzbaukästen zur Anwendung der Kenntnis von Satzgliedern, Umstellprobe und Satzgliedbestimmung durch die W-Frageprobe
- Setzen von Phrasenklammern als Vorbereitung eines Lesevortrags und Erklären abweichender Satzgliedstellung (anders als: S-P-O) aus Gründen der Betonung und Hervorhebung bestimmter Informationen an einem Textausschnitt

Varianten/Verzweigungen

- Einstieg in die Sequenz mit Erspielen der Szenen M 14/15
- auf einem Poster (Tapetenrolle) die zentralen Begriffe der Lerneinheit an Beispielen festhalten: Zeichen – Anzeichen; Satz – Sprachhandlung (oder nur: Äußerung) – Kommunikation; einfacher Satz – Satzglied; Phrase; Sprechblase – Denkblase; Aufforderung – Frage – Aussage; Subjekt, Prädikat, Objekt, Adverbiale; finites Verb – Zweitstellung; Umstellprobe – W-Fragen-Probe; Satzgegenstand – Satzaussage;
- Reduktion der Reflexion zur Zweiteilung (Thema-Rhema) und Beschränkung auf die Satzglieder
- Reduktion der Adverbialarten (vgl. M 8, 4 a)
- weitere Übungssätze zu den Übungen von M 8 aus den Schülertexten von M 12 sowie aus M 1 gewinnen
- Übung des mündlichen Vortrags zu M 7, 12, 13
- Lesevortrag mit Klangproben der Sätze zu M 1, 7, 13, 15

Literaturhinweise

Syntax:

Glinz, Hans: Sätze: Einheiten für das Hören/Lesen. In: PD 68/1984

Heringer, Hans Jürgen: Wort für Wort: Interpretation und Grammatik. Stuttgart: Klett 1978

Ders.: Lesen lehren lernen: Eine rezeptive Grammatik des Deutschen. Tübingen: Niemeyer 1989

Högy, Tatjana: Grammatikunterricht in den Klassen 5/6 auf strukturalistischer Grundlage. In: Hans Thiel (Hrsg.): Reflexion über Sprache im Grammatikunterricht. Frankfurt: Diesterweg 1972

Klotz, Peter: Was ist ein Satzglied, was ein Attribut? In: DU 4/92, 84 ff.

Ders.: Sprachliche Entdeckungen in der Literatur. In: Jahrbuch der Deutschdidaktik 87/88. Tübingen: Narr 1988

Reis, Marga: Subjekt-Fragen in der Schulgrammatik? In: DU 2/86, 64 ff.

Scherner, Maximilian: „Nützt die Grammatik der Textinterpretation?" In: DU 2/86, 86 ff.

Schneider, Wolf: Wörter machen Leute. Reinbek: Rowohlt 1979

Schöler, Hermann/Lindner, Katrin: Zum Lernen morphologischer Strukturen. In: DU 5/90, 60 ff.

Sitta, Horst: Syntax - Die Lehre vom Bau des Satzes. In: PD 68/1984, 22 ff.

Wunderlich, Dieter: Das Prädikat in der Schulgrammatik. In: DD 103/1988, S. 460 ff.

Ders.: Deutsche Grammatik in der Schule. Frankfurt: Hirschgraben 1980

Kolumbus:

Columbus, Christoph: Schiffstagebuch. Leipzig: Reclam (6) 1992

Pleticha, Heinrich: Christoph Kolumbus. Herrsching: M. Pawlak 1987

Sale, Kirkpatrick: Das verlorene Paradies. München: List 1992

Niess, Frank: Am Anfang war Kolumbus. München: Piper 1992

2. „Auf die Insel“ (Jg. 5/6)

Sachthema: Robinsonaden (Ausschnitte aus Daniel Defoe: Leben und Abenteuer des Robinson Crusoe)
Textsorte: Erzähltexte, Bilder
Grammatisches Thema: Lokal-, Zeit- und Modalangaben; Adverbiale: Adverb, adverbiale Bestimmung, Adverbialsatz (Gliedsatz)
Materialangebot: s. Materialienband S. 16–24

Sequenzgliederung / Materialübersicht / Intentionen

Schiffbruch, Erkundung, Wohnung – Art-, Zeit- und Ortsangaben

M 1: *Romanausschnitt:* Die Schüler erleben den Schiffbruch nach; sie beobachten die innere Verfassung der Menschen und die Art des Unwetters; sie halten Modalangaben fest.

M 2: *Comicbild:* Die Schüler erzählen zum Bild den Rettungsvorgang; sie formulieren vor allem die Art der Bewegungen und Handlungen aus.

M 3: *Romanausschnitt:* Die Schüler verfolgen den Vorgang der Bergung wichtiger Güter und die erste Erkundung der Insel; sie halten den Ablauf auf einem Zeitstrahl fest und beobachten die Temporalangaben.

M 4: *Romanausschnitt:* Die Schüler fertigen nach den Bauangaben des Textes eine Skizze der Wohnstätte an; sie sammeln dazu alle Lokalangaben.

M 5/6: *Comicbilder/historische Grafik:* Die Schüler vergleichen ihre Skizze mit den Zeichnungen und überprüfen die Lokalangaben; sie beschreiben M 6 und nutzen dabei die Adverbiale.

M 7: *Übersichten:* Die Schüler erstellen einen Überblick über die Varianten der Angaben (Adverb, adverbiale Bestimmung, Adverbialsatz)

Robinson unterwegs und zu Hause – Bildertexte, Textbilder, genaue Angaben

M 8: *Grafische Darstellung einer Floßfahrt:* Die Schüler wenden bei einer Bildbeschreibung oder einer Bildgeschichte die Adverbiale an.

M 9: *Buchillustration:* Die Schüler beschreiben das Innere von Robinsons Hütte und wenden die Adverbiale an.

M 10: *Romanausschnitt:* Die Schüler begleiten Robinson auf einer Entdeckungsfahrt, analysieren alle inneren und äußeren Bilder, markieren unterschiedlich die drei Arten der Adverbiale und fertigen eine Fahrtskizze an.

M 11–13: *Skizze und Mängeltext:* Die Schüler diskutieren ihre Skizze im Vergleich mit der Vorlage und dem Text. Sie überarbeiten den Mängeltext und erkennen die Funktion der Pronominaladverbien. Sie berücksichtigen Fehlerhinweise.

Eine Robinson-Szene – Umsetzung von Angaben

M 14: *Szenischer Text/Kindertheater:* Die Schüler erspielen die Szene; sie ermitteln alle Angaben im Text, unterscheiden dabei Dialog und Regietext und nehmen alle Angaben wörtlich; sie setzen sie in Spielhandlungen um.

Didaktischer Kommentar

Mit der *Textsorte* und dem *Sachthema* geht es um die Entwicklung von *Phantasie und Vorstellung* durch Literatur. Die ausgewählten Romanausschnitte aus der großen Abenteuergeschichte um „Robinson“ bieten die Möglichkeit, Isolationsbedürfnisse und Fluchtphantasien wahrzunehmen sowie Wunschvorstellungen zur eigenen Selbständigkeit und zur großen Bewährung zu entwickeln.
Die Schüler sollen die Erzählmittel in Abenteuergeschichten beobachten und selbst Phantasie bei der Rezeption entwickeln. Dabei geht es um den Freiraum, Erfolgs-, Allmachts- und Identifikationsphantasien „auszuleben“. Robinson ist eine Figur, die diese Wege in der Kindheit vieler Schüler gezeichnet hat. Das Fiktionale seiner „Selbstverwirklichung“ sollte aber in dieser Altersstufe mit beachtet werden. Moderne „Robinsonfiguren“ können von den Schülern aus ihren Medienerfahrungen (Film und Fernsehen, Comicfiguren, Fantasyromane, Science-fiction) einbezogen werden.

Das *inhaltliche Interesse* richtet sich auf das Schicksal und Handeln des Protagonisten, auf sein Können, sein Dazulernen, seine Probleme und Entscheidungen, auf die ferne, fremde Welt und ihre Schönheit und Gefahren, auf die Lage der Menschen zu anderen Zeiten und die Vergleichsmöglichkeiten mit dem Heute. Der Jugendbezug des Romans wird daran deutlich, daß Ch. Bühler 1918 den Begriff „Robinsonalter“ für die späte Kindheit (9.–12. Lebensjahr) einführte. Heute ist die Kennzeichnung zu differenzieren, da die Kinderphantasie durch neue TV-Gestalten überlagert wird und der Roman selbst weniger bekannt ist. Das Grundmuster von Flucht aus dem Elternhaus – Schiffbruch – Inselleben – Rettung wird jedoch auch heute noch gern, auch metaphorisch genutzt.
Daniel Defoe (1660, London – 1731), Sohn eines Kerzenziehers, veröffentlichte 1719 den Roman „Leben und seltsam überraschende Abenteuer des Robinson Crusoe aus York, Seemann“ (dt. 1720). Vorbild für die Hauptfigur war der schottische Seemann Alexander Selkirk (geb. 1676 als 7. Sohn eines Schuhmachers). Er heuerte 1701 auf einem alten Segelschiff an, das im Südpazifik gegen spanische Schiffe eingesetzt wurde. Er erhielt den Posten des Segelmeisters. Nach Kaperfahrten um Kap Horn herum, nach Kämpfen vor der Insel Juan Fernandez (Chile) und nach einer Auseinandersetzung mit seinem Kapitän wurde Selkirk 1704 auf der Insel ausgesetzt. Sie heißt auch Robinson-Insel. In der Cumberland-Bucht baute er sich Hütte und Höhle. Die Vegetation war üppig. Wildziegen gab es seit 1574 dort (von Spaniern ausgesetzt). Wasser war vorhanden. Nach 4 Jahren und 4 Monaten wurde er von einem englischen Kaperschiff aufgenommen. Dessen Kapitän berichtete, daß Selkirk fast die Sprache verloren habe. Defoe hat wahrscheinlich 1713 A. Selkirk in Bristol interviewt, als Basis für seinen Abenteuerroman, für den er vom Verleger nur 10 engl. Pfund erhielt. Seit 1935 ist die Insel Naturreservat, seit 1977 „Reservat der Biosphäre“ der UNESCO.
Im Roman selbst wird Robinson durch einen Schiffbruch für 28 Jahre auf eine einsame Insel verschlagen. Das „Robinson-Modell“ zeigt, wie der Mensch – in der Wildnis isoliert – dennoch durch Vernunft, Ausdauer und Tatkraft überlebt, wie er Freundschaft mit einem Eingeborenen (Freitag) schließt und ihn schließlich „zivilisiert“.

Das *literarische Interesse* richtet sich auf die Art der Textgestaltung, auf die Führung des Lesers, auf die Anschaulichkeit des Textes, auf den Aufbau von Spannung.

Wie ist ein Erzähltext gestaltet?

Wichtige *Personen:*	Hauptfiguren, Nebenfiguren, ungewöhnliche Personen
Ereignisse:	Unglücksfälle, Glücksfälle, Mißverständnisse, alltägliche Vorfälle
Anschauliche *Schauplätze*:	innen - außen, Natur - Stadt, einsam - bewohnt, Weite - Enge, geheim - öffentlich, Schauplatzwechsel, fester Schauplatz
Zeit:	vor kurzem, lange früher, Vergangenheit - Gegenwart - Zukunft; Tageszeit; Zeitsprünge; Zeitverlauf
auffällige *Details*:	Tiere, besondere Gegenstände, Wetter, Technik, landschaftliche Elemente, Kleidung, Hilfsmittel
Wichtige Einschnitte in der *Handlung*:	Ausgangssituation, Zielrichtung der Handlung, Auslöser der Handlung, Steigerung der Schwierigkeiten, Verzögerungen, Gefährdungen, gelingende Aktionen, Auswege, Lösungen, ein Ende
Wichtige *Motive* und Absichten:	Gefühle als Ursache (Neid, Neugier, Höflichkeit, Sehnsucht, Freude, Hilfsbereitschaft), Freundschaft, Arbeitsziele, ein geheimer Plan, Rache, eine Reise, ein Wunsch, Herstellung der Gerechtigkeit, Rettung . . .

Auf die Spannungsabläufe richtet sich das besondere Augenmerk in dieser Stufe. Man kann beobachten, wie *Spannung erzeugt* wird: Steigerungsmöglichkeiten, Verzögerungsarten. Als Höhepunkt kommen zwei Punkte in Frage: der Punkt größter Aktivität (produktionsorientiert) oder der Punkt, an dem die Ungewißheit über das Ende am größten ist und die Erwartung des Lesers am höchsten ist (rezeptionsorientiert).

Wie ist der Spannungsbogen einer Erzählung gestaltet?

Einleitung: mit Angaben zur Situation, den beteiligten Personen, zum Zeitpunkt, zum Ort und zur Umgebung

Auslöser: mit dem Anlaß für die beginnende Handlung, einem auslösenden Problem, einem folgenreichen Konflikt, einer Zielsetzung etc.

Vorgriff: mit Hinweisen auf spätere Ereignisse, mit Andeutungen, Warnungen

Steigerungsstufen: schrittweise verändern sich die Bedingungen, werden die Umstände gefährlicher, wird das Handeln erschwert, sind die Schauplätze wilder, treten neue Personen auf, werden die Konflikte stärker, nehmen die Kräfte ab . . .

Verzögerungen: weniger wichtige Nebenhandlungen treten dazwischen, Gespräche unterbrechen die Handlung, in Rückblenden werden Ursachen oder Hilfen in der Vergangenheit gesucht, Überlegungen, Beschreibungen treten dazwischen, - ehe die Haupthandlung zum wichtigsten Punkt und zur Lösung kommt

Höhepunkt: ist a) die Stelle, an der der Leser erwartet, daß nun die Handlung oder Tätigkeit gelingt oder scheitert; an der er wissen will, ob jemand gewinnt oder verliert, ob die Person heil davonkommt oder untergeht; ob sie ihr Ziel erreicht; oder b) die Stelle, an der die Handlung am heftigsten wird, die Konflikte am stärksten werden, die größte „action" geschieht.

Lösung: am Ende erfährt der Leser wie bei einem Rätsel die Auflösung; die Spannung löst sich; der Ausgang, das Ergebnis wird mitgeteilt; das Ziel ist erreicht; die abschließenden Informationen machen die Geschichte vollständig; noch Offenes schließt sich.

Das *sprachliche Interesse* ergibt sich aus der Textbeobachtung: Wie gelingt es dem Text, in uns Vorstellungen vom Ort, von der Zeit, von der Art der Figuren, ihrer Motive und Handlungen zu erzeugen?
So werden hier in der Sequenz im Ausschnitt die grammatischen Formen der Zeit-, Ort- und Artgestaltung in ihrer *poetischen Funktion* für das Erzählen behandelt.

Das *grammatische Thema* umfaßt dabei verschiedene *Adverbiale: Angaben der Zeit, des Ortes und der Art*, also temporale Adverbiale / lokale Adverbiale / modale Adverbiale; und der Form nach: a) *Adverb* b) *adverbiale Bestimmung* c) *Adverbialsatz.*
Die Varianten der Adverbiale haben auch eine *stilistische Funktion*: Wechsel der syntaktischen Form und ggf. Präzisierung in der Information.
Zur Grundunterscheidung dient:
Adverbiale treten auf als *Wort* (Adverb), *Wortgruppe* (adverbiale Bestimmung) und *Satz* (Adverbialsatz).
Die Satzgliedfunktion von Adverb und adverbialer Bestimmung wird mit der *Umstellprobe* wiederholt (s. Sequenz 1):
Robinson klammerte sich an den Felsen. → *An den Felsen klammerte sich Robinson. Klammerte sich Robinson an den Felsen?*
Die mögliche Ersetzung des Adverbs durch eine adverbiale Bestimmung erkennen die Schüler durch die *Austauschprobe*:
Danach ruderte er zurück. →Nach einer Stunde ruderte er zurück.
Die Schüler überlegen an geeigneten Stellen, welche Form ihnen beim Lesen eines Erzähltextes geeigneter erscheint.
Mit Blick auf die *syntaktische Funktion* wird in dieser Sequenz neben der formalen Unterscheidung verschiedener Füllungsmöglichkeiten des Adverbials die *Unterscheidung von Satzglied und Gliedsatz* neu eingeführt. Durch Austauschproben erkennen die Schüler den Zusammenhang zwischen Satzglied/Gliedsatz:

Nach einer Erholungspause ↓ Als er sich erholt hatte,	} arbeitete Robinson weiter.
Obwohl er alleine war, ↓ Trotz seiner Einsamkeit	} langweilte er sich nie.

Die *Erkennungssignale* für den Gliedsatz wie Satzform, Konjunktion am Anfang und Endstellung des Prädikats/finiten Verbs werden eingeführt:
Robinson konnte, *weil* er sich verletzt *hatte*, nicht mehr weiterarbeiten.

Die Schüler erproben verschiedene *Stellungsmöglichkeiten*:

a) Als er mit der Hütte fertig war, baute Robinson aus Brettern einen Zaun.
b) Robinson baute aus Brettern einen Zaun, als er mit der Hütte fertig war.
c) Robinson baute, als er mit der Hütte fertig war, aus Brettern einen Zaun.

Und sie lernen als graphische Darstellungsform das *Stufenmodell* kennen:

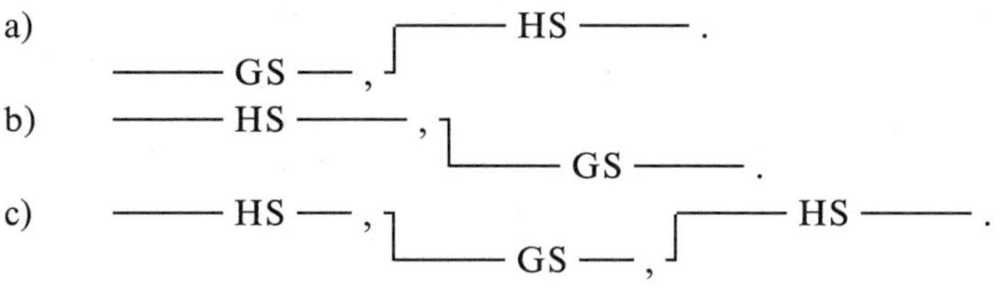

Adverbiale sind Satzglieder oder Gliedsätze, die das Prädikat (finites Verb) *näher erläutern*. Zum temporalen Adverbial werden ggf. die *zeitliche Abfolge und zeitliche Perspektiven* thematisiert.
Das Zeitadverb (z. B. dann) erscheint beim Erzählen im Hauptsatz in einer Doppelrolle zur Angabe eines Zeitpunkts einer Handlung (echtes Adverb) und zur Verknüpfung von Hauptsätzen / Vorgängen (in der Rolle einer gleichordnenden Konjunktion).

Zeitpunkt: ————————→ X ————————
Robinson schwamm ans Ufer. *Dann* blieb er erschöpft liegen.

Das Phänomen der *Gleich-, Vor- und Nachzeitigkeit* kann auf der Ebene des Erzähltempus Präteritum am Beispiel der Satzgefüge durchgespielt werden. Ausgangspunkt für die Bestimmung der drei „Zeitigkeiten" ist die Handlung/Situation im Hauptsatz.

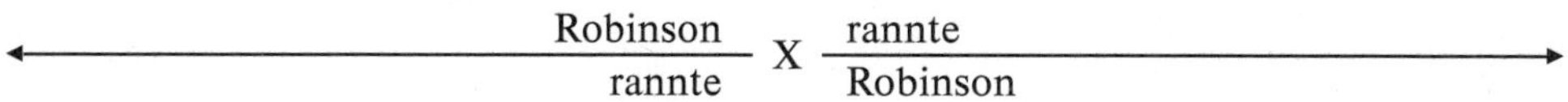

- vorher -	- jetzt -	- nachher -
Vorzeitigkeit	*Gleichzeitigkeit*	*Nachzeitigkeit*
Nachdem er sich erholt hatte, ...	Während das Gewitter losbrach, ...	..., bis er zu einem Bach kam.

In den Abenteuergeschichten schafft die Vorstellungskraft eine eigene Realität. Als grammatisches Thema paßt zum Aufbau vorgestellter Räume und Welten der *Komplex der Ortsangaben*. Dies ist besonders für das plastische Verstehen eines Textes wichtig, will sich der Leser in den konstruierten Räumen zurechtfinden.

Es ist möglich, eine Umgebung und Handlung mit allen Details zu erfinden; dies wird an den Abenteuergeschichten im Detail deutlich, auch wenn für die Gesamtanlage des Textes eine konkrete Landschaft Pate stand und insofern auf Elemente aus der Erfahrung zurückgegriffen wird. Hier ist die inhaltliche Schaltstelle für die grammatische Betrachtung. Zur Vermittlung der eigenen räumlichen Vorstellung an andere braucht man Ortsangaben. Die Schüler vollziehen die Funktionen der Ortsangaben nach und unterscheiden die Varianten. Sie können nach den Angaben des Textes die Robinsoninsel und -handlung zu zeichnen versuchen.
Zu den Angaben kommen die *räumlichen Perspektiven* hinzu:

← X →

- woher? -	- wo? -	- wohin? -
Herkunft	*Ort*	*Richtung*
Robinson trat aus seiner Hütte hervor.	Robinson stand am Zaun.	Er blickte auf die offene See.

Ergänzbar: Ortsangaben durch andere Glied-/Nebensätze
Relativsätze mit lokalem Bezug (Präposition + Relativpronomen)
Er fand die Dose, unter der ein Schlüssel liegen sollte.
sowie indirekte Fragesätze (mit Frageadverbien/Fragepronomen eingeleitet):
Er ahnte, wohin er gehen mußte.

Schließlich sind die *Artangaben* von Bedeutung für das Erzählen: Mit ihnen werden die Modalitäten vor allem der Situationen, Handlungen und Ereignissen genauer festgelegt: Er zündete Feuer an, *indem er Holz auf Holz rieb. Mit Mühe* konnte er den Baumstamm fällen.
Manchmal wird auch eine gesamte Aussage der Art nach bestimmt: *Wahrscheinlich* gab es keine Bewohner auf der Insel.

Für die Satzgliedfolge der Adverbiale gibt es nach Behagel ein *Gesetz der wachsenden Glieder*: längere hinter kürzere, und die *ZAOG-Regel*: Zeit vor Art vor Ort vor Grund.

Eigene Textproduktion unter Nutzung der Erzählstrukturelemente läßt sich anschließen. In Anlehnung an das Darstellungsmodell „Robinson" könnten die Schüler in Ich-Form eigene „phantastische" Schiffbruch- oder Inselgeschichten schreiben.

Die *Textüberarbeitung* kann dann vor allem hinsichtlich der Ausgestaltung durch Adverbiale und Wechsel ihrer Form vorgenommen werden. Sie wird durchgeführt mit Hilfe der ESAU-Regel, vor allem durch Ergänzen und Austauschen (siehe Darstellung Seite 95):

Hinweise zur Überarbeitung von Textentwürfen

Beim Schreiben kann man nach der ersten Produktion des Textes (Entwurf) noch an die Überarbeitung herangehen und eine verbesserte Fassung herstellen; alleine oder mit Schreibpartnern. Dabei hilft die *ESAU-Regel*:

*E*RGÄNZEN	-	wo eine Lücke auffällt,
*S*TREICHEN	-	wo etwas überflüssig erscheint,
*A*USTAUSCHEN	-	wo ein Wort, Satzglied, Gliedsatz, Textteil nicht paßt
*U*MSTELLEN	-	wo die Reihenfolge der Satzglieder, Gliedsätze, Gedanken oder Textabschnitte unstimmig ist.

Fehlerprobleme mit Adverbien/Adverbialen:

1. Adverbien nicht als Attribut verwenden, also nicht: die *zue Flasche, die insgeheime Freude, das beinahe Scheitern . . .
2. *Kein* -s an Adverbien bei: öfter, weiter, durchweg
3. Groß- und Kleinschreibung von *Zeitadverbien*: gestern, morgen, heute / gestern abend, heute früh - als reine Zeitangaben klein zu schreiben; am Morgen, der folgende Abend, es wird Abend - hier wird der bestimmte Tageszeitraum groß geschrieben; mittwochs, abends, nachmittags - zeigen an, daß es um einen immer wiederkehrenden Zeitraum geht, um eine Wiederholung; Mittwoch, Abend, Nachmittag - das Nomen bezieht sich auf einen festen, einmaligen Zeitabschnitt; die Doppelformen Tagesnomen + Tageszeitadverb: am Dienstagabend - hier steht im Zentrum der Abend, zu dem als nähere Bestimmung der Wochentag tritt, es ist ein fester Termin, der einmalig (am kommenden Dienstagabend) oder regelmäßig (jeden Dienstagabend) gemeint sein kann.
4. Zwei Möglichkeiten, ein Datum zu schreiben: Am Dienstag, dem 14. Mai 1719, erschien Daniel Defoes Buch von Robinson. Oder: Am Dienstag, den 14. Mai 1719 erschien Daniel Defoes Buch von Robinson. (Flexion und Komma unterschiedlich!)
5. Richtiger *Vergleich mit Modalsätzen*: Robinson war wieder guten Mutes, *wie* er früher vor dem Schiffbruch war. - Doch seine Stimmung wechselte häufiger, *als* er es von früher kannte.
6. *Keine Häufung von Präpositionen* bei Angaben: (s. M 13) an mit dem Beil zugespitzten Pfählen → an Pfählen, die er mit dem Beil zugespitzt hatte . . .
7. *Kasus bei Präpositionen:* s. M 13
8. *Richtige Perspektive bei her-/hin-:* s. M 13

Methodenhinweise

Schiffbruch, Erkundung, Wohnung – Art-, Zeit- und Ortsangaben

M 1/2: Einstieg mit dem Text und nacherzählen; ggf. Perspektivwechsel Ich/Wir →Er/Sie. Gespräch über die Situation und über Vorkenntnisse zum Thema. Danach Ausgestaltung des Bildes zu einer Erzählung über Robinsons Selbstrettung. Thematisierungsmöglichkeiten der genauen Angaben im Text:

a) durch Vergleich der mündlichen Erzählungen mit M 1 (Vorlage „genauer", „anschaulicher");
b) durch Vergleich von Bild und Text (Bildelemente sind in Textelemente umgesetzt. Welche?);
c) den ersten Satz in folgender Form geben: Eines Morgens rief der Matrose: „Land!" →

Überlegen, welche Informationen dazukommen; auflisten, nach der Form unterscheiden:

mutlos	in unserem zerfetzten Segelwerk	während der Sturm heulte
immer	in der Kajüte	
	im Mastkorb	
	in Sicht	

Die Schüler erkennen die Funktion und erarbeiten weitere Beispiele. Welche Informationen gibt der Text mit diesen Angaben? Zunächst werden die deutschen Begriffe, dann die lateinischen Fachbegriffe (kursiv) eingeführt.

Angaben: *Adverbiale*		
Zeitangaben *Temporaladverbial*	Artangaben *Modaladverbial*	Ortsangaben *Lokaladverbial*
Beispiele	. . .	. . .

Die Schüler erstellen eine solche Tabelle oder kennzeichnen die Adverbiale im Text mit verschiedenen Farben.

Im nächsten Schritt folgen Untersuchungen zur Form. Worin unterscheiden sich die Angaben vom Bau her?

Angaben: *Adverbiale*		
Wort: *Adverb*	Wortgruppe: *adverbiale Bestimmung*	Gliedsatz: *Adverbialsatz*
Beispiele	. . .	. . .

Im dritten Schritt überlegen die Schüler und probieren an Textstellen vor allem die *Wirkung* der verschiedenen Formen der Modalangaben (länger, kürzer . . ./was ist besser, genauer, anschaulicher?) aus. Sie suchen die Stellen mit der Wie-Frage und machen Austauschpro-

ben (Z. 3: mutlos, 10: als ob sie bersten wolle, 12: mit aller Kraft, 16: unaufhörlich, 33: mit ungebrochener Wucht, 38: in seiner Art, 47: unerreichbar, 52: unfehlbar). So kommen sie auf die inhaltliche Seite des Textes zurück.
M 3: Nach dem Lesen erkennen die Schüler die Grundgliederung: Bergung wichtiger Güter und erste Erkundung. Den genauen Zeitablauf zeichnen sie auf einem Zeitstrahl ein. Dann ordnen sie die Temporaladverbiale zu.

	Boot frei	Ausschau nach Anlegeplatz	Flußufer	Warten	Wasser	aufs Land	
—	X	X	X	X	X	X	→
Z.	1	5	11	17	20	22	usw.

Die Schüler untersuchen nun die Zeitangaben genauer (s. o.: M 1/2). Da es viele Temporalsätze gibt - vor allem in der einfachen Form „Als ich . . .“ -, sollte nun das Thema *Gliedsatz* eröffnet werden: Signale, Stellvertretung für ein Satzglied; Ausprobieren verschiedener Stellungen im Satz, Stufenmodell (s. o.). Sie vergleichen die verschiedenen Formen und üben/wiederholen sie.
M 4: Im Mittelpunkt stehen diesmal die Ortsangaben, von denen es eine Fülle im Text gibt; einige beziehen sich auf Handlungen und Bewegungen, andere ergeben ein Bild von der Umgebung. Die Schüler sammeln sie (Tabelle oder unterstreichen). Sie fertigen mit ihrer Hilfe eine möglichst genaue Zeichnung zur Lage an.
M 5/6: Die Schüler beschreiben (mündlich/schriftlich) die Darstellungen und wenden dabei die verschiedenen Lokaladverbiale an. Sie vergleichen die Vorlagen mit M 4.
M 7: Verschiedene Einsatzmöglichkeiten: zur Systematisierung; zur Wiederholung; als Lückenblatt, in diesem Fall dann die Beispielsätze weglassen und die Schüler aus den bisher behandelten Texten Beispiele eintragen oder frei bilden lassen; ohne die Beispielsätze zur Vorbereitung für M 8/9 benutzen.

Robinson unterwegs und zu Hause - Bildertexte, Textbilder, genaue Angaben

M 8/9: Zu Grafik und Buchillustration schreiben die Schüler eine Bildbeschreibung oder einen Erzähltext. Sie wählen eins von beiden oder beide. Beim Schreiben wenden sie u. a. die Adverbiale an.
Bei der *Bildbeschreibung* verwenden die Schüler neben den Ortsangaben zur natürlichen Landschaft auch spezifische Lageangaben der Bildbeschreibung; darüber hinaus lernen sie Aufbau und Gliederung einer Bildbeschreibung kennen (siehe Darstellung Seite 98):

Aufbau einer Bildbeschreibung

1. Thema des Bildes oder Titel für die Bildszene
2. Art des Bildes und Eindrücke: Foto, Gemälde, Zeichnung, Grafik; bewegt, ruhig, bunt, erzählend, grausam, informativ . . .
3. Bildaufbau: Was steht im Vordergrund, im Mittelgrund, im Hintergrund? Bestimmen Richtungen / Linien das Bild und teilen es vielleicht auf? Vertikale, horizontale Achsen? Was ist im Zentrum, was am Rand?
5. Wichtige Einzelheiten im Bild: Ausstattung, Gegenstände, Naturelemente, Personen . . .? Besondere Zeichen?
6. Was ist das Ziel der Darstellung? Eine Handlung erzählen? Eine Situation festhalten? Eine Person porträtieren? Eine Atmosphäre vermitteln?

Wenn die Schüler das Erzählen nach Bildern üben, können die Strukturelemente des Erzählens und der Spannungsgestaltung vorgegeben und also deduktiv genutzt werden (s. o. S. 91). An Textbeispielen (z. B. auf Folie oder per Umdruck/Matrize) werden Textaufbau und Angaben besprochen.

Bei M 8 kommt es auf gute Anlage der Handlung, den Ablauf selbst und die weiten räumlichen Bewegungen an. Bei M 9 muß eher die Hinführung zur abgebildeten Situation, ihre Darstellung selbst und eine Beendigung der Situation erarbeitet werden. In beiden Fällen geht es um sinnvollen Einsatz der Zeit-, Art- und Ortsangaben, in M 8 eher weiträumig, in M 9 etwas enger, im einzelnen genauer.

Für die Überarbeitung von Schülertexten wird der Einsatz der ESAU-Regel (s. o. S. 95) geübt.

M 10: Die Schüler erarbeiten an dieser in sich abgeschlossenen Teilerzählung induktiv die Erzähl- und Spannungsmittel (s. o. S. 91).

Sie verfolgen Robinsons Weg genau, unterstreichen entsprechende Angaben im Text und fertigen eine Fahrtskizze (in Aufsicht) an. Ihr Ergebnis vergleichen sie mit M 11.

M 11–13: Die Schüler überarbeiten den Mängeltext mit Hilfe der ESAU-Regel und setzen geeignete Adverbiale der verschiedenen Form ein; diese entnehmen sie M 10 oder bilden sie selbständig neu.

Es wird zusätzlich die *Handhabung der Textüberarbeitung* eingeführt:

Ergänzen: ein, zwei Worte über der Einfügestelle und mit Einfügeklammer; längere Einfügungen mit Hilfe einer (fortlaufenden) Ziffer über dem Text und als Anmerkung darunter;

Streichen: grundsätzlich bei der Überarbeitung nicht mit Tintenkiller, sondern mit fortlaufendem Strich durchstreichen;

Austauschen: Streichen und Ergänzen kombinieren;

Umstellen: Mit Ziffern in der neuen Reihenfolge über den entsprechenden Stellen.

Eine Robinson-Szene - Umsetzung von Angaben

M 14: Die Schüler erspielen Zeit, Art und Ort. Sie unterstreichen entsprechende Stellen und überlegen, wie die Angaben im *darstellenden Spiel* umzusetzen wären. Sie bauen ggf. entsprechend eine Bühne mit vorhandenen Möbelstücken, um verschiedene Orte darzustellen. Sie spielen pantomimisch, um nur die Zeitbezüge zu klären und die Richtungshinweise in Gestik zu verdeutlichen.
Anschließend bereiten sie eine *Hörspielszene* vor. Dazu müssen sie Dialog- und Regietext unterscheiden und vorbereiten, was nur mit Dialogworten und Geräuschen zur Verdeutlichung von Bezügen Hörern vermittelt werden kann, was ggf. dazu in die Dialoge zusätzlich eingebaut werden muß und was schließlich durch einen Erzähler im Off eingebracht werden muß.

Mögliche Lernerfolgskontrollen

- Nacherzählungen von Robinsontexten
- Nachweis der verschiedenen Arten und Formen der Adverbiale an vorgegebenen Textausschnitten (Unterstreichungen, Tabellen o. ä.)
- Überarbeitung von nicht gelungenen (didaktischen Mängel-) Texten, besonders hinsichtlich der Adverbiale, der ESAU-Regel und ihrer formalen Handhabung
- Lückentext mit vorgegebenen Adverbialen der Zeit, der Art und des Ortes - Aufgabe: richtig zuordnen
- schwierigere Form: Lückentext wie zuvor, jedoch mit verschiedenen Wahlalternativen zu den drei Arten der Adverbiale, und die Schüler sollen begründen, welche Alternativen vom Kontext und der Wirkung her die besseren sind.

Varianten/Verzweigungen

- Lektüre der Ganzschrift „Robinson Crusoe“
- Abweichungen in verschiedenen Fassungen besprechen
- ggf. Kausaladverbiale zusätzlich aufnehmen; dabei unterscheiden zwischen Ursachen/Gründen und Absichten/Zielen:
  Robinson baute einen Zaun, weil er sich gegen fremde Tiere sichern wollte.
  Weil er nachts Tiere um die Hütte schleichen hörte, baute er einen Zaun.
- Umsetzung einzelner Textabschnitte in Spielszenen, in Ergänzung/Vorbereitung zu M 14; dabei müssen die verschiedenen Adverbiale (ZAO) in Spiel, Kulisse, Akustik und Regieanweisungen übertragen werden
- Bezug zu den Sequenzen: 1, 3, 6

Literaturhinweise

Adverbiale:

Findeisen, G. u. a.: Temporalkonjunktionen. In: PD 6/1974, 187 ff.
Klein, W. (Hrsg.): Sprache und Raum. Themenheft. LiLi. Zeitschrift für Literaturwissenschaft und Linguistik 78/1990
Sitta, Horst: Syntax - Die Lehre vom Bau des Satzes. In: PD 68/1984, 22 ff.
Steinitz, R./Lang, E.: Adverbial-Syntax. Studia Grammatica 10. Berlin (3) 1972

Robinson:

Defoe, Daniel: Robinson Crusoe. Klassikerreihe. München: Schneider 1983
Ders.: Dass. Bibliothek der Abenteuer. Würzburg: Arena 1986
Ders.: Dass. München: dtv junior 7064
O'Dell, Scott: Insel der blauen Delphine. dtv junior 7257
Forster, Friedrich: Robinson soll nicht sterben. Stuttgart: Reclam
Kühn, Dieter: Freitag lernt sprechen. (Hörspiel). Köln: WDR 1972
Schneider, Hansjörg: Robinson lernt tanzen. (Theaterspiel) Stuttgart: Klett 1985
Tournier, Michael: Freitag und Robinson im Bann der wilden Insel. Stuttgart: Boje 1973
Verne, Jules: Die Schule der Robinsons. Berlin: Neues Leben 1987
Züchner-Mogall, Gisela: 18 Kinder auf einer einsamen Insel. In: Kunst und Unterricht 71/1982, 54 ff.

3. „Auf den Wolf gekommen“ (Jg. 5/6)

Sachthema: Abenteuer mit Wölfen – Meldungen von Wölfen
Textsorte: Fiktionale Texte (Fabeln, Erzählungen), Sachtexte (Unterhaltung – Information)
Grammatisches Thema: Komplexität; Hauptsatz – Gliedsatz; Satzgefüge, Satzreihe; Satzverknüpfung
Materialangebot: s. Materialienband S. 25–32

Sequenzgliederung / Materialübersicht / Intentionen

Der Wolf, ein Fabelwesen – einfache Sätze, komplexe Sätze

M 1: *Redensarten:* Die Schüler vergleichen ihre Vorstellungen vom Wolf mit der Tradition in Redensarten. Sie unterscheiden einfache Sätze und Satzgefüge und reflektieren die Rolle von Gliedsätzen.

M 2: *Bild:* Die Schüler erarbeiten den inneren und äußeren Konflikt in der Fabelsituation. Sie schreiben eine Geschichte zum Bild. Sie unterscheiden durch Kontrastierung ihres Erzähltextes mit den Texten M 3/4 die wesentlichen Fabelmerkmale.

M 3/4: *Fabeln:* Die Schüler untersuchen die Charakterisierung des Wolfes in Fabeln. Sie erkennen die Textkomplexität in der Kombination von Erzählbericht und wörtlicher Rede. Sie unterscheiden einfache und komplexe Sätze.

M 5/6: *Fabelerzählung/Gedicht:* Die Schüler erarbeiten den darstellenden und den erklärenden Stil in den Fabelabschnitten und verfolgen die Mittel der Satzverknüpfung (Brücken). Sie beobachten den verknappenden Stil eines Gedichts und schreiben es in einen Text mit darstellenden und erklärenden Teilen um. Dabei wenden sie entsprechende syntaktische Mittel an.

Erlebnisse mit Wölfen – Parataxe, Hypotaxe; Textkomplexität

M 7: *Erzähltext (Romanausschnitt):* Die Schüler erkennen im Unterschied zu M 1–6 die individuelle Erlebnissituation der Textfiguren und die in der Perspektive der Textfigur liegende Spannung. Sie erarbeiten die Mittel der Spannung und der Veranschaulichung: Aufzählung/Reihung und Satzgefüge. Sie schreiben zu der erzählten Situation eine Zeitungsmeldung oder einen Tagebucheintrag.

M 8–10: *Nachrichtentexte:* Die Schüler vergleichen den Erzähltext M 7 mit diesen Nachrichtentexten und unterscheiden die Intentionen Unterhaltung und Information. Sie beobachten im Vergleich mit dem Erzähltext die einfacheren syntaktischen Mittel der Meldungen und erörtern die im Medium liegenden Gründe.

M 11: *Bildergeschichte:* Die Schüler verfassen zu der Vorlage einen Erzähltext oder einen Nachrichtentext. Sie wenden dabei gezielt unterschiedliche syntaktische Mittel an.

Wolfssprachen – fiktionaler Text, Sachtext

M 12: *Fabel:* Die Schüler beobachten die Funktion von Redeteilen in einem Handlungszusammenhang. Sie erkennen die Fiktivität der vermenschlichten Handlungsträger.

M 13/14: *Lexikonausschnitt/Sachtext:* Die Schüler beobachten die Funktionen der Körpersprache von Wölfen. Sie erkennen den Realitätsgehalt von Sachtexten. Sie sehen den Lesewiderstand weniger in der Syntax als in der Fachbegrifflichkeit des Sachtextes.

Aus dem Dschungelbuch - Lesefluß und Lesewiderstand, Textkomplexität

M 15/16: *Filmbuch/Roman (Ausschnitte):* Die Schüler beschreiben den Lesevorgang im Vergleich von M 15 und M 16, 1. Abschnitt. Sie erkennen unterschiedliche Textkomplexität als Ursachen für Lesefluß und -widerstand. Sie weisen exemplarisch verschieden komplexe Sätze nach. Sie unterscheiden in M 16 erzählende und erklärende Teile und übersetzen die drei „Gesetzestexte" in einfachere Sätze. Sie interpretieren das Bild von der Tiergesellschaft.

Didaktischer Kommentar

In dieser Sequenz wird die *Komplexität von Sätzen* thematisiert: der einfache Satz (Hauptsatz) - der komplexe Satz (Hauptsatz + Gliedsatz); Satzreihe - Satzgefüge. Die Schüler haben schon einen Grundbegriff vom Gliedsatz (s. Sequenz 2).
Komplexität wird durch verschiedene syntaktische Formen bewirkt; in natürlichen Texten werden sie vielfältig kombiniert: einfacher Satz, koordinierte Hauptsätze (Parataxe), elliptischer Satz, Ein-Wort-Satz, eingeschobener Satz (Parenthese), Interjektion, Satz mit Gliedsatz (Hypotaxe), einzeln stehende Gliedsätze (so daß die Regel: ein Gliedsatz kann nicht alleine stehen, nicht mehr gilt), Kettensatz (Hauptsatz mit mehreren gleichrangig hintereinandergesetzten, aber jeweils dem Hauptsatz untergeordneten Gliedsätzen = Rechtserweiterung), Schachtelsatz (Hauptsatz mit eingebettetem Gliedsatz, in den hinein weitere untergeordnete Gliedsätze eingebettet sind = Linkserweiterung); eingelagerte wörtliche Rede, indirekte Rede; verbundene Satzreihe, unverbundene Satzreihe.
Zu entscheiden bleibt, ob eine Unterscheidung von Gliedsatz (in Funktion von Satzgliedern) und Nebensatz (für die attributiven Relativsätze) getroffen oder für alle nur von Gliedsatz oder nur von Nebensatz gesprochen werden soll.
Die Arbeit an der Komplexität bewegt sich noch *vor* der eigentlichen Gliedsatzbestimmung. Sie ist nötig, wenn man für die Reflexion der Syntax von natürlichen Texten ausgeht. Dann begegnen dem Leser nämlich vielerlei Satzformen, nicht die einfachen Satzgefüge, an denen man nur noch die Art der Gliedsätze zu bestimmen hätte.
Es wird also zunächst nur der Bestand der syntaktischen Muster insgesamt untersucht. Und dabei wird die Unterscheidung von Haupt- und Gliedsatz getroffen, und zwar mit der generellen Regel: *Stellung des finiten Verbs* im HS in Zweitstellung (oder: vorne) - im Gliedsatz in Endstellung (oder: hinten). Sprachliche Entwicklungen der Gegenwart unterlaufen allerdings diese Regel: Die in Gebrauch kommende Zweitstellung des finiten Verbs im Gliedsatz (Der Wolf ist gefährlich, weil er ist noch wild.) „ist keine singuläre Erscheinung in der deutschen Sprache der Gegenwart. Sie hat ihren Platz im Rahmen gesamtsprachlicher Wandlungsprozesse, die als Aufgabe syntaktischer Komplexität zu beschreiben sind. Zu

nennen sind die Tendenz zur Ausklammerung, [Er versuchte den Streit zu schlichten zwischen Anhängern und Gegnern dieser Lehre], die Inversion nach und bei gleichgeordneten Nebensätzen [Wenn ihr unterwegs seid und es fängt an zu regnen, müßt ihr euch unterstellen] und die Verwendung von Entscheidungsfragen mit Verbzweitstellung [Sie wohnt alleine da?]" (Gaumann, bei: Hofmann/Voigt, 26).
Zur *Abgrenzung von Sätzen* (Haupt- und/oder Gliedsätze) kann in Jg. 5/6 mit einer *Arbeitsdefinition* umgegangen werden: „was jeweils zu einem Verb oder zu zwei eng zusammengehörigen Verbformen [s. Verbklammer] gehört", bildet einen „Satz" (für „Proposition", die bei Glinz die grammatische Einheit des Satzes bezeichnet) (1984, 45); das Zusammengehörige wird mit einer Farbe markiert, so lassen sich in Texten Sätze („Struktursätze") überblikken. „Wichtig ist, daß man die mögliche Genauigkeit der Abgrenzung klar sieht. Für die Einteilung in Sätze (wenn Satzzeichen vorhanden sind) liegt die erreichbare Genauigkeit praktisch bei 100%. Für die Abgrenzung der Propositionen [Teilsätze, Struktursätze] kommt man bei Propositionen mit Verb (vor allem bei den finiten Propositionen) auf 95 bis 100% (z. B. in laufenden Zeitungstexten); bei einem starken Anteil von infiniten Propositionen und vor allem von Propositionen ohne Verb (wie nicht selten in literarischer, lyrischer Sprache, aber auch in Alltagsgesprächen), beträgt die erreichbare Genauigkeit u. U. nur 60–70%. . ." Man kann dies erproben, indem man Texte ohne Satzzeichen vorlegt; aber auch in Texten mit Interpunktion hat die Markierung der Teilsätze Sinn, wenn man die Textkomplexität beobachten und die verschiedenen syntaktischen Formen (s. o.) unterscheiden will.

Im Rahmen der Arbeit an der Komplexität sollten zunächst allenfalls einfache Arten der Gliedsätze angesprochen werden, die in einem Text vorherrschen.
Als Gliedsätze lassen sich generell unterscheiden:

nach der *äußeren Form*:
- Konjunktionalsatz
- Indirekter Fragesatz
- Relativsatz
- Infinitivsatz
- Partizipialsatz

nach der *Satzgliedstelle*, die der Gliedsatz im Hauptsatz einnimmt:
- Subjektsatz
- Objektsatz
- Adverbialsatz
- Attributsatz

nach der *inhaltlichen Beziehung* zwischen Glied- und Hauptsatz:
- Temporalsatz
- Kausalsatz
- Finalsatz
- Konditionalsatz
- Konsekutivsatz
- Inhaltssatz etc.

Nach Sitta (1984, 27) hat für Schüler vor allem die Auseinandersetzung mit der letzten Gruppe einen Wert. Dem kann man sich bei der Integration in den Literaturunterricht nur anschließen, da im Umgang mit Texten vor allem die Erfahrung von Bedeutung ist, ob in einem Text Passagen eher argumentativ-logisch oder eher erzählend-temporal oder beschreibend-modal etc. ausgerichtet und entsprechende Gliedsatzarten benutzt sind. Ebenso ist für die Textsorte entscheidend, ob z. B. in aller Erzählerruhe mit reicher syntaktischer Ausbildung oder in journalistischer Knappheit mit geringerer Komplexität o. ä. etwas dargestellt ist.

Die Komplexität von Sätzen hat eine *kommunikative Funktion* bei der Textrezeption. Von ihr hängt der Lesefluß oder Lesewiderstand beim Lesen von Texten ab. Dies spielt eine wesentliche Rolle für die Bereitschaft von Lesern, sich auf Texte einzulassen oder nicht. Allerdings darf ein Text durch zu hohe Satzkomplexität für den Partner (Leser) nicht unüberschaubar werden. So ist u. a. der „Subordinationsindex" (Gesamtzahl der finiten Verben : Anzahl der Glied- und Relativsätze) eine Möglichkeit, den Schwierigkeitsgrad eines Textes zu erkennen. „Je höher der Wert, um so geringer die Fügungsdichte. Je stärker parataktisch der Text, um so geringer – zumeist! – der Ausdrucksanspruch in Logik und Modalität der Beziehungen (entsprechend einfach selbstverständlich die Interpunktion). Werte um 5 sind normal." (Dehn, 66)

Die Komplexität von Sätzen hat zum anderen eine *semantische Funktion* für die Darstellung komplexer Sachverhalte, bei der eine Ordnung der *sachlogischen Bezüge* durch die Wahl syntaktischer Mittel hergestellt wird: temporale Bezüge über Temporalsätze, Bedingungsgefüge über Konditionalsätze etc. Von Bedeutung ist ebenfalls die Rolle der Gliedsätze bei der *„Reliefgebung"* in Sätzen und Texten. Zu unterscheiden sind „Vordergrunds- und Hintergrundsthematisierungen" (Klotz, 86); Gliedsätze stellen vielmals einen für das Thema des Hauptsatzes wichtigen Aspekt in den Vordergrund, z. B. einen Zeitpunkt, die Art und Weise etc.
Die höhere Bewertung der Hypotaxe als besonderes Zeichen für die gedankliche Durchdringung eines Sachverhalts wird heute zunehmend abgelöst durch den Hinweis auf die *Äquivalenz* verschiedener Satzstrukturen, die verschiedene „Brücken" (Heringer 1989, 266) für die Verknüpfung von Informationen benutzen: Der Wolf ist gefährlich, *weil* er noch wild ist. *(Subjunktion)* – Der Wolf ist gefährlich. *Denn* er ist noch wild. *(Konjunktion)* – Der Wolf ist gefährlich. Er ist noch wild. *(ohne Brücke)* – Der Wolf ist gefährlich. *Grund:* Er ist noch wild. *(Brückenausdruck)* – Daß der Wolf noch wild ist, *begründet*, daß er gefährlich ist. *(Brükkenverb)* – Der Wolf ist gefährlich. Er ist *ja* noch wild. *(Partikel)* – *Wegen* seiner Wildheit ist der Wolf gefährlich. *(Präposition)* – Der Wolf ist noch wild. Er ist *daher* gefährlich. *(Proform)* – Der Wolf ist noch wild. *Aus diesem Grund* ist er gefährlich. *(Adverbial)* – Der Wolf ist noch wild, *weshalb* er gefährlich ist. *(w-Wort)*
Brücken übernehmen die *syntaktische Funktion*, Verknüpfungen zwischen den Teilsätzen herzustellen. Neben der Konjunktion (oft als Sammelbegriff für Subjunktion und Konjunktion) ist die Endstellung des finiten Verbs (Prädikatskern) im Gliedsatz ein wesentliches Merkmal, einen Gliedsatz zu erkennen (s. o.): Der Wolf fraß, solange er im Rudel *blieb.* – Die regelhafte Zweitstellung des finiten Verbs im Hauptsatz kann man bei Satzgefügen nachvollziehen, wenn man den Gliedsatz als Stellvertreter eines Satzglieds versteht: *Solange der Wolf im Rudel blieb, fraß* er mit den anderen von dem gejagten Reh.
Im Lernprogramm der Schüler geht es darum, zunehmend komplexe Texte zu rezipieren und beim Schreiben die Reihung einfacher Sätze durch bewußten Einsatz komplexer Sätze abzulösen. Die *stilistische Funktion* besteht also darin, den Zusammenhang der in Satzgefü-

gen verknüpften Informationen zu durchschauen oder selbst die Beziehungen zwischen Teilaussagen in der Syntax zu verdeutlichen. Der komplexe Satz wird gebraucht,

- wenn man einen komplizierten Sachverhalt sonst nur sehr umständlich mit einer Reihe einfacher Sätze ausdrücken müßte;
- wenn man durch seine Wahl einen Wechsel im Ausdruck oder einen bestimmten Ausdruckswert erzeugen möchte;
- wenn man durch die Zusammenfügung einen Bezug zwischen Informationen ökonomisch knapp darstellen will;
- wenn sonst die Bezüge kaum zu erkennen wären.

Die stilbildende Verwendung von einfachen und komplexen Sätzen, von Satzreihen und Satzgefügen läßt sich durch die *Klangprobe* und die *Umformungsprobe* erfahren: Die Schüler

- bilden zu einem Gedanken, der sachlogisch verschiedene Informationen aufeinander bezieht, die verschiedenen äquivalenten Satzformen (s. o.);
- formen Sätze in einem vorgegebenen Text syntaktisch um und erörtern die unterschiedliche Wirkung;
- setzen an die Stelle von Satzgliedern Gliedsätze und umgekehrt;
- lösen (zu) komplexe Sätze in Einzelsätze auf. Dieser Vorgang ist besonders zu üben, da den Schülern in der Mittelstufe oftmals ihre zu umfangreichen Satzgefüge mißlingen!

Für die *grafische Darstellung komplexer Sätze* sind verschiedene Modelle verwendbar.

Satzfiguren als Bogenmodelle nach Erika Essen:

Der Bogen für die abgeschlossene Aussageeinheit „Satz“: Die Wölfe heulen in der Ferne.

Mehrere Bögen für eine unverbundene Satzreihe: Der Wolf kehrt zurück. Er lauert uns auf.

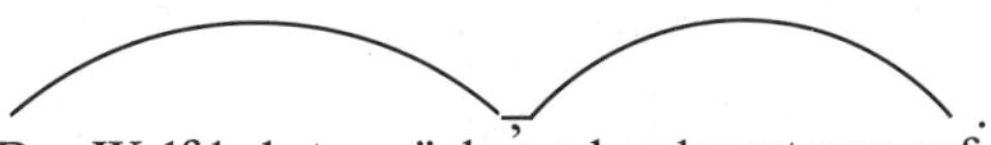

Die verbundene Satzreihe wird durch die Stellung der Konjunktion verdeutlicht: Der Wolf kehrt zurück, und er lauert uns auf.

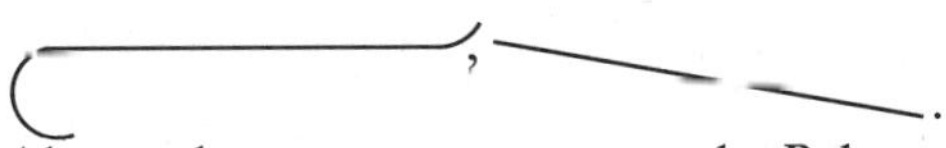

Das Satzgefüge wird durch die Schleife für die Konjunktion zu Beginn des Gliedsatzes sowie durch die Stellung – vorne: Als er nahe genug war, sprang er das Reh an.

– in der Mitte: Er sprang, als er nahe genug war, das Reh an.

– und am Schluß angezeigt: Er sprang das Reh an, als er nahe genug war.

Satzfiguren als Stufenmodelle (HS = Hauptsatz, GS = Gliedsatz/NS = Nebensatz):

— HS — .   ——— HS 1 — , ——— HS 2 ——— .

— HS — , GS — .   — GS — , HS — .   — HS — , GS — , HS — .

Satz mit Parenthese:
Der Wolf, er war unendlich hungrig, riß ein Lamm.

— HS 1 — , — HS 2 — , — HS 1 — .

Schachtelsatz:
Der Wolf, der das Reh angesprungen hatte, als er nahe genug war, und es mit einem Ruck umgerissen hatte, begann sofort zu fressen.

— HS 1 — NS 1 — NS 2 — NS 1 — HS 1 — .

Der Altersgruppe entsprechend werden zunächst einfache *Textsorten* (Redensarten, Fabeln, Erzählung und Gedicht) herangezogen; daneben einfache Meldungen (Zeitungsmeldung) und einfache Sachtexte. So kann zugleich im Lernbereich „Umgang mit Texten" die grundlegende Unterscheidung von *fiktionalen Texten* und *Sachtexten* an den Beispielen angegangen werden. Die Sequenz führt hin zu einem schwierigeren Text (Auszug aus Kiplings Dschungelbuch), in dem der Wechsel von einfachen und komplexen Sätzen beobachtet und die *kontextuelle Funktion* ihres Einsatzes reflektiert werden soll.
Das *Sachthema* „Wölfe" ermöglicht eine gute Verbindung fiktionaler und nicht fiktionaler Texte in altersgemäßer Form. Wölfe sind ein klassisches Thema in der Literatur und in aktuellen Pressemeldungen. Die Motivation liegt sicher in einem archaisch-atavistischen Bezug zu diesem Tier: Urfurcht und kompensatorische Beherrschung in Mythen-, Märchen- und Erzähltextlektüre: „Das Gute siegt, das Böse unterliegt." (vgl. Sahr, 366 f.)

Methodenhinweise

Der Wolf, ein Fabelwesen – einfache Sätze, komplexe Sätze

M 1: In offenem Zugriff erzählen die Schüler, was sie vom Wolf wissen. Sie vergleichen ihre Vorinformationen und ihr Bild vom Wolf mit den sprichwörtlichen Redensarten: die Gefährlichkeit, das nötige Mißtrauen ihm gegenüber etc.
Übergang zur Sprachreflexion: Im Vergleich z. B. von 1 und 15 erkennen die Schüler, daß in 1 ein einfacher Satz mit einer Information vorliegt, in 15 ein Satz, in dem zwei Informationen gekoppelt sind: Der Wolf wird begraben. Die Schafe tanzen. Die Kopplung wird durch eine Zusammenfügung erreicht. (Klangprobe der Sätze und Satzmodelle nach E. Essen) Mit einer Umstellprobe wird *das Gefüge* verdeutlicht: Die Schafe tanzen, *wenn* der Wolf begraben *wird*. Die Schüler unterscheiden HS mit Zweitstellung des finiten Verbs und GS mit

Konjunktion und Endstellung des finiten Verbs. Für 1 und 15 wird eine graphische Lösung erstellt (s. o.). Die Begriffe Hauptsatz, Gliedsatz, einfacher Satz, Satzgefüge, Konjunktion, finites Verb, Endstellung werden benutzt.

Die Sätze 1–16 sind der syntaktischen Form nach gemischt. Die Schüler ordnen die Sätze in zwei Gruppen: HS (1, 2, 4, 7, 8, 9, 12, 14, 16) und HS + GS (3, 5, 6, 10, 11, 13, 15). Sie überlegen, was in den Gliedsätzen ausgedrückt wird: 3 Zeitangabe, 5, 10, 11 Person, 6 Ortsangabe, 13, 15 Bedingung. Sie erfragen ggf. die Informationen.

Rückwendung zu den Inhalten: Die Schüler schätzen den Schwierigkeitsgrad der Sätze ein: von der Syntax her einfach, von der bildlichen Aussage her schwer. Die Aussagen über die Wölfe lassen sich auf Menschen übertragen, z. B. 16 – Aus einem gefährlichen, brutalen Menschen wird kein braver. Ggf. muß man die Redensarten gegen den Strich lesen: Gelten sie immer? Kann man so endgültig über Menschen urteilen? etc.

Im Verlauf des Unterrichts lassen sich verschiedene *Regeln zur Form* vermitteln:

Hauptsatz (HS) + Gliedsatz (GS) = *Satzgefüge*
Hauptsatz und Gliedsatz werden durch *Komma* getrennt.
Gliedsätze stehen *meistens nicht alleine.*
Im Gliedsatz steht das *finite Verb am Ende.*
(Es gibt auch Gliedsätze ohne Verb oder mit Verben im Infinitiv.)
Konjunktionen oder andere Brücken leiten den Gliedsatz ein.

und auch *Regeln zur Funktion*:

Im Satzgefüge werden zwei oder mehr Teilsätze verbunden. So soll man erkennen, welche *Informationen besonders eng zusammengehören.*
In Gliedsätzen werden genauere Informationen zum Hauptsatz gegeben: Zeit-. Ortsangaben, Gründe, Folgen; Inhalte von Fragen, Gedanken etc.
Viele Gliedsätze können einen Text *schwerer lesbar* machen; sie können ihn *aber auch genauer* werden lassen. (Komplexität)
Weniger Gliedsätze machen einen Text leichter lesbar.

M 2: Die Schüler besprechen die Bildsituation: innerer Bezug Wolf – Stall mit Schafen; äußerer Bezug Hirten – Wolf. Konflikt: Soll der Wolf trotz der nahenden Bedrohung versuchen, in den Stall einzubrechen? Die Schüler schreiben zu dem Bild eine Geschichte. Dazu müssen sie ein Ende finden! Sie können an ihrem Text nachträglich beobachten, ob sie leicht oder schwer lesbar geschrieben haben: viel oder wenig mit Satzgefügen gearbeitet haben. Sie sortieren eigene Beispiele in eine Tabelle wie in M 1.

Sie beobachten die Lesbarkeit an Mitschülersätzen: In einer Vorleseprobe wird Komplexität schon als Problem deutlich.

M 3/4: Die Schüler erarbeiten wesentliche Elemente der Fabel: Kontrastfiguren, Erzählteile – Dialogteile, Konfliktsituation – sprachliche und nichtsprachliche Handlung, Pointe, Typisierung, Lehre.

Vergleich mit dem eigenen Text in M 2; ggf. Versuch, ihn umzuschreiben, mit verschiedenen Lösungen für die drei Beteiligten: Wolf, Schafe, Hirten.
Beobachtungen zur Lesbarkeit der Fabeln: Kürze; einfache Sätze, komplexe Sätze; neu: wörtliche Rede, verkürzte Sätze. Markierung der Teilsätze (HS, GS) mit Farben; Einführung der *Arbeitsdefinition* (s. o. S. 103): *Sätze bestehen meistens aus Wortgruppen mit einem (finiten) Verb.* Noch komplexere Formen werden übergangen oder gezielt reflektiert: *Manchmal muß man ein Verb ergänzen, manchmal ist es ein Infinitiv, manchmal ein Partizip.* Die Schüler sammeln Beispiele für *unterschiedliche Komplexität* (schwierige Satzkonstruktion).
M 5/6: Beim Lesevortrag wird im Vergleich die einfache Satzstruktur von M 6 – unterstützt durch Zeilenbrüche – und die komplexe von M 5 deutlich. Innerhalb von M 5 finden die Schüler sehr komplexe Sätze. Sie können ggf. einen Zusammenhang mit der stark erklärenden Sprache sehen, gegenüber der eher darstellenden in M 6.
An Beispielsätzen entwickeln die Schüler Stufenmodelle für einzelne Sätze aus M 5 (vgl. S. 106). Sie schreiben M 6 zu einem ausführlich darstellenden und erklärenden Text (wie M 5) um. Ggf. wird an M 6 vorweg exemplarisch der *Aufbau von Komplexität* verdeutlicht: Wir lassen dich nicht rein! Mutter hat's verboten. →Wir lassen dich nicht rein, weil Mutter es verboten hat.
Umgekehrt wird der *Abbau von Komplexität* in M 5 erprobt: Wie kommt es, daß du so wohlgenährt bist und ein so blankes, glänzendes Fell hast? →Du bist so wohlgenährt und hast ein so blankes, glänzendes Fell. Wie kommt das?

Erlebnisse mit Wölfen – Parataxe, Hypotaxe; Textkomplexität

M 7: Die Schüler geben ihren Leseeindruck wieder: Weniger schwierig als M 5, einfacher erzählt, mehr Handlung, tatsächliches Erleben, aber evtl. erfunden (s. u. fiktiv). Sie untersuchen genauer den Kapitelbeginn (1. Abschnitt): Kontrast zwischen einfachem Satz (1. Satz: 3 Informationen, verbunden), Satzreihe (2. Satz) und Satzgefüge (3. Satz); sie unterscheiden ggf. Beschleunigung und Verzögerung. Sie ermitteln Stellen mit Parataxe oder Aufzählungen, an denen eine Beschleunigung/Steigerung erfolgt (Z. 23–33, 47–49, 55–57, 87–90, 94–99), und Stellen mit mehr Hypotaxen, an denen mehr im einzelnen verharrt wird (Z. 10–23, 57–71, 80–87). Sie formen einzelne Stellen um (Parataxe zu Hypotaxe und umgekehrt) und besprechen die unterschiedliche Wirkung.
Die Schüler schreiben dann zu der Erzählung eine Zeitungsmeldung und erproben dabei einen „einfachen Satzbau".
M 8–10: Die Schüler lesen die Meldungen, besprechen die Inhalte, ergänzen um von ihnen selbst einmal gelesene Meldungen. Sie unterscheiden die Fiktionalität der Texte M 3–M 7 (Phantasie, erfundene Modelle, erfundene Situation etc.) und die Wirklichkeitswiedergabe in M 8–M 10, die den Realitätsbezug durch Orte, Zahlen, Korrespondenten, Agenturangabe und Datum nachweisen. Sie überlegen die unterschiedlichen Autorintentionen: dichterische Lehre, spannende Unterhaltung – Information, Warnung, Sensation etc.
Sie zählen die HS und GS aus und erörtern damit die Satzkomplexität; sie überlegen Gründe für die Einfachheit: Kürze, berichtender Stil, leichte Lesbarkeit, breite Leserwirkung.

M 11: Zwei Kontrastgruppen in der Klasse schreiben zu der Bildgeschichte eine *Zeitungsmeldung* oder eine *Erzählung*. Die Schüler vergleichen unter dem Aspekt *Einfachheit, Kürze, Klarheit* gegenüber *Spannung, Anschaulichkeit, Detailliertheit.*

Wolfssprachen - fiktionaler Text, Sachtext

M 12: Die Thematik „Erzähltext - Sachtext" wird weitergeführt: M 12 als Fabel, M 13 ein Lexikonausschnitt, M 14 ein Sachbuchtext. Für die Fiktionalität in M 12 spricht u. a. die Vermenschlichung der Tiere. (vgl. Fabeln M 3–M 5)
Zur Untersuchung von Text-/Satzkomplexität wenden sich die Schüler speziell dem Zusammenspiel von Erzähltext und wörtlicher Rede mit der Brücke „Redeeinleitung" (er sprach) zu. Sie unterscheiden die Dialog- und Erzählteile durch farbige Markierung.
Inhaltlich befassen sie sich mit den Dialogsätzen. Mit der Unterscheidung „Satzform - Sprechakt" untersuchen sie die Aussageabsicht der wörtlichen Reden. Vorgaben zu 1) und 2); weiter: 3) Fragesatz - zweiter drohender Vorwurf, 4) Aussagesatz - Beschwichtigung durch Feststellung des Gegenteils, 5) Aussagesätze/verbundene Satzreihe - Behauptungen und dritter Vorwurf, 6) Aussagesatz, Fragesatz/unverbundene Satzreihe - Behauptung, Beweis der Unschuld, 7) Aussagesatz - Beschuldigung und vierter Vorwurf, 8) Fragesatz, Aussagesatz/Satzreihe - Ausruf des Erstaunens und Behauptung als Beweis der Unschuld, 9) Gliedsatz, Hauptsatz/Satzgefüge - Zurückweisung der Antworten, Ankündigung der Tat. (nach: R. Wagner)
Die Schüler übersetzen die wörtlichen Reden aus dem alten Deutsch und werden dabei vor allem 2, 6, 8 und 9 in angemessene neuere Satzgefüge bringen.
M 13/14: Mit beiden Texten informieren sich die Schüler über die „Wolfssprache": Sie halten danach einen Kurzvortrag zum Thema. Sie vergleichen die Körpersprache (Schwanzstellung, Angriffsbewegungen, Spiel, Ohrhaltung, Stellung der Mundwinkel, Harnmarken, Heulen) mit der Wortsprache (in M 12): unterschiedliche Zeichen - unterschiedliche Sätze. Die Schüler spielen die Fabel M 12 mit wörtlicher Rede *und Körpersprache*, in der sie Aggression, Bedrohung, Angst und Abwehr ausdrücken.

Aus dem Dschungelbuch - Lesefluß und Lesewiderstand, Textkomplexität

M 15/M 16: Die Schüler erstellen zu beiden Texten eine Übersicht über den Handlungsgang. Sie schreiben in eigenen Worten alle „Gesetze des Dschungels" auf: M 15 Pflicht zur Vorstellung eines Jungen im Rudel - M 16 Gesetz zum Verbot der Jagd auf Menschen, außer zum Training, mit Begründung (A: Z. 1–20); Gesetz zur Paarung und zur Aufzucht sowie Anerkennung der Jungen (B: Z. 86–104); Gesetz zur Abstimmung über die Aufnahme eines Jungen ins Rudel (C: Z. 165–171).
Die Schüler vergleichen den Inhalt beider Texte. Rasches Vorwärtsschreiten in M 15, ausgiebiges Erklären in M 16.
Sie vergleichen Lesevorträge und Stufenmodelle zu den Sätzen von M 15 und M 16 (1. Abschnitt) und erkennen die einfachere und die komplexere Version; sie beziehen die Beobachtung auf die unterschiedlichen Inhalte: eher durchgehendes Erzählen in M 15 - eher komplizierte Gesetzesbestimmungen in M 16 (1. Abschnitt). Sie sprechen abschließend über Leselust und Lesewiderstand, gestützt auf die Erfahrungen mit beiden Texten.

Mögliche Lernerfolgskontrollen

- Sachtexte über Wölfe schreiben lassen und die darin benutzten Satzstrukturen an Beispielen erklären lassen
- an Zeitungsmeldungen zum Thema „Wölfe“ einfache und komplexe Sätze unterscheiden
- Stufenmodelle oder Bogenmodelle zu Satzreihen und Satzgefügen grafisch darstellen
- Stellung des finiten Verbs in Hauptsatz und Gliedsatz nachweisen
- an anderen Ausschnitten aus Kiplings Dschungelbuch komplexe Sätze in Gesetzespassagen und einfachere Sätze in Erzählpassagen nachweisen, Gründe für den Unterschied angeben
- Satzgefüge und Satzreihen in einfache Sätze umformen und umgekehrt und begründen, welche Form besser lesbar ist
- Vorleseproben/Klangproben zu unterschiedlich komplexen Texten aus der Perspektive des Lesers und der Zuhörer beurteilen lassen.

Varianten/Verzweigungen

- Wiederholung aus Sequenz 2
- Einstieg mit M 16 und M 1: den größten Kontrast zur induktiven Erarbeitung von Komplexität nutzen; inhaltlich den Wolf bei Kipling und in den Redensarten vergleichen: negatives Vorurteil aus der sprichwörtlichen Tradition erkennen
- die Zeitungs- und Sachtexte und die erzählenden Texte in großen Arbeitsblöcken gegeneinanderstellen und als Textsorten unterscheiden, dabei Komplexität in jeder Gruppe und zwischen ihnen unterscheiden
- das einfache Lernergebnis „Satzreihe - Satzgefüge / Hauptsatz - Gliedsatz / finites Verb, Konjunktion“ kontrastieren mit den in den (natürlichen) Erzähltexten gegebenen vielfältigeren Satzkomplexen und entsprechend erweitern (Umgang mit der Arbeitsdefinition)
- ggf. Erweiterung: einfache Arten der Gliedsätze unterscheiden; Bezug zu Sequenz 1, 2, 7.

Literaturhinweise

Syntax:

Beck, Götz: Funktionale Textmuster und die Formen ihrer Verknüpfung. In: DU 6/1988, 6 ff.

Buscha, Joachim: Satzverknüpfung durch Konjunktionen. In: DU 6/1988, 53 ff.

Dehn, Wilhelm: Der Fehlerquotient und die Sprachkompetenz des Schreibenden. In: DU 6/1983, S. 60 ff.

Glinz, Hans: Sätze: Einheiten für das Hören/Lesen. In: PD 68/1984

Heringer, Hans Jürgen: Wort für Wort. Interpretation und Grammatik. Stuttgart: Klett 1978

Ders.: Lesen lehren lernen. Eine rezeptive Grammatik des Deutschen. Tübingen: Niemeyer 1989

Hofmann, Anne-Rose/Voigt, Gerhard: „... weil er hat nicht aufgepaßt". In: PD 102/1990, 25 ff.
Klotz, Peter: Was ist ein Satzglied, was ein Attribut? In: DU 4/1992, 84 ff.
Sitta, Horst: Syntax – Die Lehre vom Bau des Satzes. In: PD 68/1984, 22 ff.

Wölfe:

Disney, Walt: Der kleine böse Wolf. (Comicserie)
George, Jean Craighead: Julie von den Wölfen. München: dtv 1979
Grimm, Jacob und Wilhelm: Kinder- und Hausmärchen. München: Winkler 1963
Kipling, Rudyard: Das Dschungelbuch. München: dtv 1988
London, Jack: Wolfsblut. Ravensburg: RTB 1988
Lütgen, Kurt: Kein Winter für Wölfe. Würzburg: Arena TB 1982
Olsen, Lars-Henrik: Auf den Spuren des Wolfes. Zürich: Benziger 1980
Sahr, Michael: Zur experimentellen Erschließung von Lesewirkungen. In: Z. f. Päd. Nr. 3 1980 S. 365 ff.
Zimen, Erik: Der Wolf. Verhalten, Ökologie und Mythos. München: Goldmann (Tb 12336) 1992

4. „Indianer“ (Jg. 7/8)

Sachthema: Beschreibungen, Wertungen, Klischees
Textsorte: Erzählung, Buch- und Filmkritik
Grammatisches Thema: Adjektive - attributiv, prädikativ, adverbial
Materialangebot: s. Materialienband S. 33–42

Sequenzgliederung / Materialübersicht / Intentionen

Gute und schlechte Indianer und Weiße - Wertungen und Klischees - Funktion und Stellung der Adjektive

M 1: *Romanausschnitt:* Die Schüler erfassen die Kontrastierung des bösen und des edlen Indianers in einer Kampfszene.

M 2: *Romanausschnitt:* Die Schüler erfassen die Idealisierung des weißen Indianerfreundes.

M 3: *Übersicht:* Die Schüler beobachten die beschreibenden und wertenden Adjektive. Sie unterscheiden die attributive, prädikative und adverbiale Stellung. Sie sammeln Beispiele.

Indianerbücher - Werbung und Wertung in der Buchkritik

M 4: *Buchvorstellung in einer Zeitschrift:* Die Schüler erfassen die werbende Funktion des Textes und der Adjektive.

M 5–7: *Buchcover und Textanfang eines Romans:* Die Schüler beschreiben die Wirkung der Texte und des Titelbildes; sie erkennen die einstimmende und die werbende Rolle der Adjektive.

M 8: *Jurytext zum Jugendliteraturpreis:* Die Schüler erkennen den Blick auf die Darstellungsform, die wertende Begründung und die Empfehlung.

M 9: *Buchhinweise/Schreibanleitung:* Die Schüler unterscheiden Information und Wertung und kombinieren beides als Teile einer Buchkritik (Rezension). Sie verfassen selbst Kritiken.

„Der mit dem Wolf tanzt“ - Darstellung und Wertung in der Filmkritik

M 10: *Filmwerbung:* Die Schüler erfassen adjektivische Hochwertwörter.

M 11: *Schülerrezension:* Die Schüler unterscheiden Textwiedergabe und Kritik und vollziehen die Argumente für das Gesamturteil nach.

M 12–14: *Filmvorstellung/Filmkritik:* Die Schüler vergleichen drei Zeitschriftentexte und schätzen die Funktion ein: wertende Inhaltsangabe, positive und negative Kritik. - Sie verfassen selbst Kritiken.

Didaktischer Kommentar

Diese Sequenz kann als eine Lesebuch- oder Jugendbuchsequenz oder als ein *Lese- und Medienprojekt* angelegt werden. Die Schüler bringen zum Thema „Indianer, Weiße und der Wilde Westen“ Jugendbücher, Filme, Tonkassetten, Lexika etc. (s. u. Literatur) mit und stellen sie sich vor. Sie legen eine zeitlich befristete Klassenbücherei an und schreiben auf *Karteikarten* die näheren Informationen zu den Medien in der Art einer *Rezension/Buch- oder Filmkritik* (s. M 9 d). Man wird erst an ein, zwei Beispielen diese Textsorte gemeinsam üben und absichern sowie auf Sprache und Stil der Textsorte Rezension eingehen (s. u.); danach gehen die Schüler in Gruppenarbeit an die ausgelegten Medien.
Die Anlage der Karteikarten kann sich an folgendem Beispiel orientieren.

Kritik - Rezension
Buch / Film / Tonkassette Signatur: . . . *Verfassername, Vorname: Titel. Erscheinungsort: Verlag Erscheinungsjahr* Textsorte (z. B. Roman, Lexikon), Seitenzahl, ggf. Altersgruppe, (Preis) *Inhaltswiedergabe:* Handlungsübersicht (ohne Lösung oder Pointe!), Personen / Gruppen; Probleme; Themen, Informationsbereiche - ggf. Einzelkommentare *Darstellungsformen:* benutzte Darstellungsmittel, Auffälligkeiten der Gestaltung, medienspezifische Formen; Leistung der Illustrationen, Fotos etc. - ggf. Einzelkommentare *Einordnung in Zusammenhänge:* Stellung im Zusammenhang des Gesamtwerks, Hinweise auf den Autor, Zusammenhänge mit der Entstehungsepoche, Stellung in der Überlieferung der Motive, Probleme und Figuren *Kritik:* Kommentar zum Verfasser, Thema, Schreibstil; zur Wirkung des Textes auf den Leser etc. *Urteil:* subjektive Wertung des Werks; abschließende Empfehlung Datum: ____________ Rezensent/in: ____________
Ausleihe an/am: ____________ Rückgabe von/am: ____________

Dieser Einstieg soll zum Lesen und Werten führen. Dabei wird zur *Reflexion über Sprache* bei der Einführung der Rezension hingelenkt. Die Schüler erhalten oder beschaffen sich Verlagsprospekte der Taschenbuch- und Jugendbuchverlage. Sie können ebenfalls die jährlich erscheinenden Prospekte „Deutscher Jugendliteratur Preis“ sowie „Das Buch der Jugend“ benutzen (Bestellung: Buchhändler-Vereinigung, Postfach 10 04 42, 60004 Frankfurt/M). Die Schüler suchen nach Titeln zum Thema und werten die Verlagswerbetexte aus. Die stark wertende Sprache dieser Texte führt zum *grammatischen Thema*: Adjektive in ihrer semantischen und kontextuellen sowie stilistischen Funktion. Die Arbeit an der Sprache wird vor der Gruppenarbeit eröffnet und danach, wenn die Schüler mehrere Rezensionen geschrieben haben, wieder aufgenommen.

Adjektive werden in ihrer *syntaktischen Funktion* erarbeitet:
- *attributiv;* sie bilden eine Einheit mit einem Nomen:

  die gehetzten Indianer

- *prädikativ;* sie sagen in Verbindung mit dem Kopulaverb/Hilfsverb „sein" etwas über das Subjekt aus:

  Die Siedler sind besorgt.

  X

- *adverbial;* sie gehören zum finiten Verb und sagen etwas über die im Verb vermittelte Handlung, den Vorgang oder Zustand aus:

  Sie sitzen friedlich zusammen.

In jedem Fall ist die *Fragenprobe* einsetzbar: a) Wie ist es/sind sie? (attributiv, prädikativ); b) Was für . . . (zugehöriges Nomen)? (attributiv); c) Wie . . . (zugehöriges finites Verb und Subjekt)? (adverbial). Also a) Wie sind die Siedler? Wie sind die Indianer? b) Was für Indianer? c) Wie sitzen sie zusammen?

Durch die *Umformungsprobe* läßt sich der prädikative und der adverbiale Bezug gut verdeutlichen: Winnetou ist stark → der starke Winnetou / Winnetou kämpft stark → sein starker Kampf.

Zur *Unterscheidung des Adjektivs vom Adverb* ist heranzuziehen:

Adjektive sind deklinierbar und graduierbar: mit dem lautesten Ruf; sie können ein direktes Gegenteil haben: leisesten.

Adverbien sind nicht veränderlich, nur graduierbar: sehr bald.

Probleme mit Formfehlern gibt es vor allem bei der Deklination:

mit seinem *schnellem / schnellen Pferd; bei der Komparation: sein Pferd ist schneller *wie /als meins; Adverbien und adverbiale Adjektive stehen in der kommentierenden Leistung dem finiten Verb gegenüber in Konkurrenz: *Der Vogel bewegt sich immer noch. – Der Vogel bewegt sich zitternd.*

Neben den ursprünglichen Adjektiven (rot, groß, lang . . .) sind die Partizipien (I: zitternd, II: verschreckt . . .) und die abgeleiteten Adjektive (nützlich, massenhaft . . .) in die *Gruppe der Adjektive* einzubeziehen.

Die Kopplung von Adjektiven mit weiteren Adjektiven oder Adverbien führt zu komplexen *Adjektivphrasen: Er ist mächtig stark; eine besonders kluge Frau . . .*

Längere Adjektivphrasen lassen sich mit dem *Zuordnungsschema* aufklären:

ein starker, heftig und wild stampfender Mustang

oder mit der *Stammbaumanalyse*:

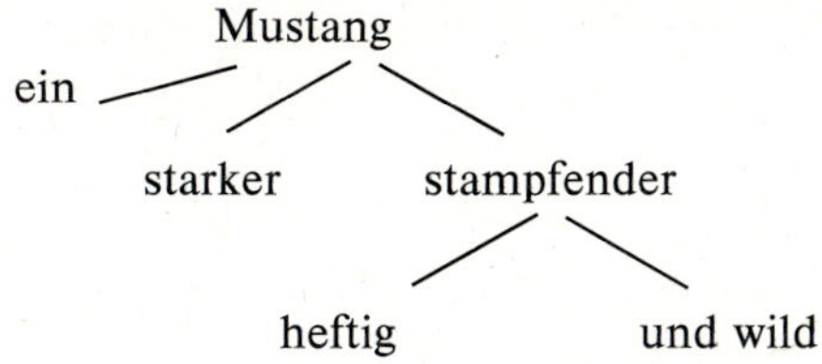

In den Adjektivphrasen kommen vor allem *Gradwörter* (Gradadjektive und -adverbien, Indefinitpronomen etc.) vor: sehr langweilig, ein äußerst hart gespannter Bogen, etwas hungrig, die immer noch verletzte Schulter,

Bei einer *Häufung von Adjektiven* in Adjektivphrasen sind zu unterscheiden:

a) die modifizierenden, unflektierten Adjektive: *der überraschend klare Sieg*

b) die parallelen, flektierten Adjektive: *der überraschende, klare Sieg*

Im Fall b) trennt ein Komma die gleichrangigen Adjektive. Das Interpunktionsproblem gibt es auch bei der Entscheidung:

c) Bezug eines Adjektivs auf ein Nomen + Adjektiv; *die verläßlichen alten Frauen*

d) Bezug zweier gleichrangiger Adjektive auf ein Nomen; *die verläßlichen, alten Frauen*

Klären helfen kann die Umformung: zu c) *die alten Frauen, die verläßlich sind*, zu d) *die verläßlichen und alten Frauen.*

Klären kann auch das Zuordnungsschema oder der Stammbaum.

Diese Unterscheidungen sollten nur thematisiert werden, wenn die Häufungen den Schülern unklar oder Interpunktionsfehler aufzuarbeiten sind. Zudem müssen die Begriffe (modifizierend, parallel, gleichrangig . . .) nicht abrufbar eingeführt werden, es reicht meist die grafische Verdeutlichung der Bezüge.

Die *semantischen und stilistischen Funktionen* der Adjektive stehen bei der funktionalen Erarbeitung an Kritiken, Klappentexten, Rezensionen und Prospekttexten im Vordergrund.

Heringer (ders., 105) listet als Funktionen auf: Adjektive klassifizieren, unterscheiden, beschreiben, charakterisieren, schmücken, werten. Die Duden-Grammatik (1966) unterscheidet z. B. charakterisieren, urteilen, registrieren, Grade unterscheiden.

Im Zusammenhang mit den Textsorten dieser Sequenz soll es um die folgenden Funktionen gehen:

- *beschreibend:* diese Funktion wirkt sich vor allem in informierenden Textteilen aus, wenn z. B. objektiv Informationen über die Figuren in Texten, die Autoren, die Buchinhalte etc. gegeben werden: Das neu erschienene Buch; die englische Autorin; die Bilder sind nur blaß gedruckt . . .; die Informationen sind *überprüfbar;*
- *wertend:* diese Funktion kommt besondes in kommentierenden oder kritischen Äußerungen der Rezensenten vor, in den Büchern selbst bei subjektiven Färbungen von Handlungen oder Schilderungen, bei perspektivischen Darstellungen, bei Wertungen durch den Erzähler etc.: der Film ist am Anfang sehr grausam; die brutalen Weißen; der ungerechte Kampf; sie greifen mutig an . . .; die Wertungen sind von einem *subjektiven Maßstab* abhängig;

- *werbend:* besonders in Kinowerbung, Verlagsprospekten, Buchcovern, in Werbeanzeigen oder dann in den Empfehlungen der Schüler sind Adjektive in dieser Funktion eingesetzt, vor allem in verstärkenden Komposita (brandneu), in Hochwertwörtern (exklusiv), in übertreibenden Adjektivphrasen (einmalig spannend) oder im Superlativ (das neueste. . .): ein mutiges Buch; der erfolgreichste Film; in anspruchsvollem Stil; mit äußerst prächtigem Bildteil . . .

Diese Funktionen können aus den vorgelegten Texten erarbeitet werden, wenn der generell hohe Anteil der Wortart Adjektiv erst einmal entdeckt ist.
Andererseits sind unter stilistischem Aspekt auch unzulängliche Formulierungen kritisch zu sichten. Der Adjektivgebrauch ist z. B.
widersprüchlich: ein aufregend langweiliger Text;
unpassend: eine kurzatmige Szene;
übertrieben: ein genialer Text;
klischeehaft: ein spannender Kampf, eine feige Rothaut, ein interessantes Buch, die herrliche Landschaft . . .
Gerade klischeehafte Wendungen kommen in der weitverbreiteten Indianerliteratur für Kinder und Jugendliche vor.

Bei stilistischen Übungen kann die *Austauschprobe* eingesetzt werden:

	vorsichtiger	
ein	feiger	Kämpfer
	zurückhaltender	

Wenn die Schüler selbst Texte verfassen, wird oftmals die Erweiterung des attributiven Adjektivs im Vorfeld zum stilistischen Problem: *die vor langer Zeit von den Weißen grausam verfolgten Indianer*
Dies besser auflösen in Relativsätze: → *die Indianer, die vor langer Zeit von den Weißen grausam verfolgt wurden, . . .*
oder auflösen in Satzreihen: → *Die Indianer wurden vor langer Zeit von den Weißen grausam verfolgt. Sie . . .*

Die inhaltliche Auseinandersetzung mit dem *Sachthema* während des Projekts richtet sich auf die tradierten Bilder vom Indianer, vom edlen oder grausamen Wilden, auf die Klischees in der Literatur sowie auf die Möglichkeiten realistischer und differenzierter Darstellung in den Medien. Die in dieser Sequenz abgedruckten Texte sind die Arbeitsgrundlage für die gemeinsame inhaltliche und grammatische Arbeit während des Projekts, da ja nicht alle Schüler einen Text aus der Klassenbücherei gemeinsam verfügbar haben.
Der Themenkreis „Indianer – Bleichgesichter – Wilder Westen" hat eine große Tradition in Schule und Privatlektüre oder Medienkonsum. Der große Erfolg des Costner-Films „Der mit dem Wolf tanzt" bestätigt das Interesse; er zeigt aber auch, daß eine den Ureinwohnern Nordamerikas gerechter werdende Behandlung des Themas möglich ist und gewünscht wird. Das klassische, besonders durch Comic-Heftchen (bes. Buffalo Bill) und Western-Filme verbreitete Klischee: der fortschrittliche, unternehmungslustige, mutig in den unbe-

kannten Westen vordringende, durch seine Technik und seinen Glauben überlegene, Frau und Kinder gegen die Wilden verteidigende Weiße – der nackte, wilde, kriegerische, feige, durch Alkohol zu korrumpierende, rachedurstige Rote (daneben die gute oder die erotisch-sündige Indianerin); den gesitteten Kolonisatoren stehen grausame Bestien gegenüber; die gesetzestreue Gesellschaft muß Wälle gegen die rote Flut errichten; alles paradox gespiegelt in der schönen, unberührten Natur und den verruchten Vergnügungsstätten der neuen Gemeinden.
Die tapferen, stolzen und ehrlichen einzelnen Indianerfiguren deutscher Romane (Karl Mays völlig unrealistische und idealisierte Figur des Winnetou) und der edle Wilde wie bei J. F. Cooper (Chingachgook) oder einzelner Filme vor dem Costner-Film („Der mit dem Wolf tanzt") (z. B. Delmer Daves' „Der gebrochene Pfeil", 1950; Howard Hawks' „Der weite Himmel", 1952; John Fords „Cheyenne", 1964) konnten die breite negative Klischeebildung nicht aufhalten. Erst seit den 70er Jahren wird die grausame Eroberung des amerikanischen Westens (Schlacht bei Wounded Knee, Indianerpolitik General Custers etc.) historisch-kritisch aufgearbeitet. Ebenso hat die Ökobewegung der 70er Jahre auf die naturnahe, friedliche Lebensform als neues Ideal verwiesen (s. z. B. die in der Tradition wiederholt veränderte Rede des Häuptlings Chief Seattle oder die Tradition der Hopi-Indianer):
„Ich bin das Land, meine Augen sind der Himmel, meine Glieder die Bäume. Ich bin der Fels, die Wassertiefe. Ich bin nicht hier, um die Natur zu beherrschen oder sie auszubeuten. Ich bin selbst Natur." (Hopi)
Dabei wird als neues Klischee im Rahmen der New Age-Bewegung das Bild vom „Indianer als Heilsbringer" aufgebaut: „Durch die Überbetonung der ‚spirituellen' Seite des Indianerseins werden die ‚praktischen' Probleme nur zu leicht verdrängt." (Schmidt) Die umgekehrte Idealisierung darf den Blick der Industriestaaten auf die Schuld der Kolonisatoren und die aktuelle Verantwortung für die Natur nicht verstellen.

Methodenhinweise

Gute und schlechte Indianer und Weiße – Wertungen und Klischees – Funktion und Stellung der Adjektive

M 1: Informationen: „Die Indianer" [‹engl.] = deutsche Bezeichnung für die Ureinwohner Nordamerikas – gegenüber „die Indios" [‹span.] für die Ureinwohner Mittel- und Südamerikas und „die Inder" für die Bewohner des indischen Subkontinents [s. engl. ‚indian' für Inder / ‚American indian' für Indianer; span. ‚indios' für die Ureinwohner Gesamtamerikas und Indiens], alles basierend auf Kolumbus' Mißverständnis, Indien auf dem Westweg entdeckt zu haben.
J. F. Cooper, 1789–1851, Autor der Lederstrumpf-Romane; Huronen = Stamm der Irokesen, ehemals Mais- und Tabakpflanzer am St. Lorenz-Strom, 1649 als Stamm vom Irokesen-Bund vernichtet. Die Franzosen ließen sich seit dem 16. Jh. auf den Lagerplätzen der Huronen nieder, die sich in ständigen Kriegen mit den Irokesen befinden; um 1630 beginnen die Irokesenkriege mit europäischer Beteiligung: die Irokesen werden von Holländern und Engländern bewaffnet und unterstützt, die Huronen von den Franzosen; europäisches Interesse ist das Pelzmonopol rings um das Seengebiet; Konkurrenten der Irokesen sind

außerdem die Mohikaner. Alle drei Stämme sind seßhafte Bodenbauern im Nordosten. Mitte des 17. Jh. kämpfen schließlich die Irokesen allein gegen Engländer und Franzosen (Jacquin).
Vor diesem historischen Hintergrund spielt Coopers Kampfszene: die Weißen, Major Heyward und zwei Mädchen, sind gefangen; ihre Hilfe im Hintergrund sind die Mohikaner – demgegenüber die Huronen, Häuptling Magua und 8 Krieger; sie wollen Rache üben für Demütigungen durch die Weißen (öffentliche Auspeitschung Maguas).
Nach dem Lesen und Erstreaktionen untersuchen die Schüler zunächst die in der Situation und Handlung liegende Spannung: Gefangenschaft – Anlaß für die folgende Handlung in wörtlicher Rede („Schmach") – Vorbereitung der Marter durch die Huronen – Rettung durch eigene Kraft und die positiv dargestellten Falkenauge, Chingachgook und Uncas, die Mohikaner (die Mohikaner waren Verbündete der Engländer).
Auffällig ist die Personengruppierung: Klischee-Gruppierung/Opposition zweier semantischer Felder: Rothäute/ die Wilden/ mit einem frohlockenden, widerwärtigen Geheul/ ein besonders häßlicher Indianer/ satanische Erwartung etc. →← hilflose Mädchen/ arme Opfer/ furchtsam/ geängstigtes Mädchen/ Heyward mit übermenschlicher Anstrengung/ einzig die Kraft seiner Arme (erfolgreich)/ mit kräftigem Arm (Falkenauge)/ Retter (Mohikaner). Klischeehaft ist auch die Handlung: Rachehandlung der Bösen – Rettung der Weißen durch eigene Kraft und die edlen Mohikaner. Dennoch ist die Szene spannend, weil der Ausgang für die Gefangenen zunächst ungewiß, die Not also am größten ist; und sie ist leicht lesbar, weil die Rollenverteilung klar ist. Der Erzähler macht durch Wertungen seine Sympathie deutlich. Cooper gilt als Erzähler ‚mit vorzüglich realistischen Schilderungen, breit angelegter Naturdarstelllung und spannenden Szenen, keineswegs nur vordergründig, wenn auch mit einem idealisierten Indianerbild' (nach: Pleticha). Dieses Urteil ließe sich mit M 1 konfrontieren (allerdings im Bewußtsein der Ausschnitthaftigkeit!).
Mit Blick auf die Kommentare und Wertungen des Erzählers lassen sich schon die wertenden Adjektive thematisieren (s. Opposition); damit begänne die Fokussierung für den induktiven Zugriff auf das grammatische Thema.
M 2/3: Informationen (nach Pleticha/Stammel): Karl May, 1842–1912, deutscher Autor, aus dem Erzgebirge, ohne Kenntnis der Originalschauplätze, schrieb aus der Phantasie und nach Reiseberichten; Z. 2 skalpieren = die Indianer nahmen besiegten Feinden ein Stück Kopfhaut als Siegeszeichen ab; Z. 11 Navajos = halbseßhafte, Ackerbau treibende Indianer im Südwesten der USA, die sich gegen die weißen Neusiedler verteidigten, 1863 aber endgültig überwältigt wurden; Z. 15 Tetong = Stamm der Sioux, Sioux = (auch: Dakota) gefürchtetes Reitervolk der nördlichen Prärie, z. T. Büffeljäger, weiter südlich auch teilseßhaft mit Ackerbaukultur, die Tetongs wehrten sich besonders gegen die Weißen, die die Büffel auszurotten begannen, nach vielen Massakern wurden die letzten Sioux 1890 von der US-Armee bei Wounded Knee ausgerottet; Z. 33 Wigwams = kuppelförmige, mit Rinde oder Matten gedeckte Hütte; Z. 55 Apachen = Indianerstamm in den Wüsten- und Steppengebieten im Südwesten der USA, gefürchtet wegen ihrer Raubzüge, heftige Gegner der Weißen, bei denen sie als hinterhältig und grausam galten; Z. 57 Kalumet = indianische Friedenspfeife.
In der Ich-Perspektive erzählte Situation, in der der weiße Sprecher, Old Shatterhand, als übermächtige, aber indianerfreundliche Figur erscheint: besiegt Häuptling Tötendes

Feuer/ überführt ihn einer falschen Identifikation/ bietet großzügig Leben (3), Wahrheit (18), Frieden (57) und Freiheit (72) an/ betreibt eine Selbstaufwertung als Mann aus Germany (31). Zudem wird er aus der Perspektive des Häuptlings weiter aufgewertet: gut, daß Old Shatterhand weder zu den Engländern noch den Spaniern gehört (28)/ Wahrheitsliebe der „Germany" (95 f.)/ starker Krieger (42 ff.)/ Schüler des großen Winnetou (56)/ großer Häuptling, der einem Häuptling der Sioux überlegen ist (59). Mit einer Beschuldigung der weißen, vertragsbrüchigen Eroberer wird die Freundschaft des weißen Old Shatterhand mit dem „größten Feind der Bleichgesichter" begründet: der starke Feind und die Verbrüderung mit ihm wertet das Ich selbst auf, ebenso die Belehrung (86) und die Überraschung des Indianers (115); entscheidend ist aber zuletzt die überlegene Waffe: die „tödliche Hand" (44, 52, 121).
Spannung erregt in dieser Szene der Prozeß, wie der indianische Feind der Weißen erst allmählich den Namen seines weißen Besiegers erkennt und zum Frieden mit ihm kommt. Im Mittelpunkt steht aber die Überzeichnung Old Shatterhands als Heldenfigur. Pleticha über Karl May: „In krasser Schwarzweißmalerei stellt der Autor häufig idealisierte Indianer im Sinne Coopers den blutrünstigen Vertretern der Roten Rasse gegenüber. Die gleiche Polarisierung findet sich bei der Schilderung der weißen Westmänner." (ders., 10) In M 2 wird also der weiße Heldentypus herausgestellt.
Neben den Wertungen durch Handlungen und explizit wertende Äußerungen (s. o.) sind generell die Adjektive zu untersuchen: Wie entsteht das positive Bild von Old Shatterhand? Diesmal sollten in genauerer Analyse an Beispielen aus M 2 die verschiedenen syntaktischen Stellungen und auch die verschiedenen Funktionen erarbeitet werden, zunächst entdeckend, dann mit Hilfe von M 3.

Indianerbücher - Werbung und Wertung in der Buchkritik

M 4: Nun beginnt der Übergang zur Teilsequenz Buchkritik, die das grammatische Thema vertieft und es in einen neuen Verwendungszusammenhang stellt. An den sprachlichen Mitteln der Rezension wird neben den schon bekannten Funktionen die werbende Funktion von Adjektiven neu eingeführt. Mit der Teilsequenz kann daneben auch eine Phase der eigenen Textproduktion der Schüler eröffnet werden. Rezensionen sind als beurteilende Textsorte zusätzlich oft „mobilisierende Texte" (Schmidt, 161). Die Schüler sollen beobachten, daß nun außer den Wertungen, die sich auf die Inhalte (Personen und Handlungen) in den Texten beziehen, auf einer zweiten Ebene Wertungen dem Text (Schreibweise, Aufbau etc.) und den Autoren (Schriftsteller, Illustratoren etc.) gegenüber produziert werden. Dabei ist zunächst mit M 4 am Beispiel Peter Härtlings die Perspektive der Leser der Ausgangspunkt; hinzu kommt die werbende Sprache des Verlagstextes.
M 5–7: Die Schüler vergleichen den Anfang des Romans (M 6) mit dem werbenden Covertext (M 7): M 6 beginnt mit expressivem Adjektiv (unglaublich) und einer Wertung (gewaltig) im Erzählbericht aus der Perspektive des Leutnants Dunbar. Es folgen beschreibende Adjektive (weit, wolkenlos, wogend, unberührt weit), die einen Eindruck von der Landschaft vermitteln. In dieser Weise wird der Text weiter gesichtet im Hinblick auf den Wechsel von Erzählung und Beschreibung sowie auf den Ablauf der ersten Information des Lesers und der Wertung durch die Textfigur oder durch den Erzähler.

Demgegenüber erkennen die Schüler die Häufung von Adjektiven auf engem Raum in M 7. Es gibt auch typische Veränderungen in dem hier teilweise zitierten Romananfang: zweimal „großartig“, dann die Klischeebildungen „allein/ feindliches Land/ grimmige Krieger/ verwundete Frau/ einsamer weißer Soldat/ endlose Prärie/ stolzes Volk“. Die Schüler erschließen die werbende Funktion einfachster Strukturen: Nutzung vorhandener Konnotationen und klare Unterscheidung polarer Gefühle.

M 8: Nach diesen Vorarbeiten können die Schüler nun alle Elemente des grammatischen Themas an einer Textvorlage sammeln und auswerten: die verschiedenen Formen und Funktionen der genutzten Adjektive in ihrer Bedeutung für eine Rezension. Bei den Informationen über die Inhalte sind beschreibende Adjektive wichtig, bei der Wertung durch die Jury - gerichtet auf die Themenauswahl, Erzählweise und Gestaltung des Buches - werden die wertenden Adjektive wichtig. Neue Aspekte wären z. B. die Begründungen für Wertungen oder die Nutzung von nominalisierten Adjektiven (Überheblichkeit, Fragwürdigkeit, Bekanntes).

Zu M 8: vgl. Testbeispiel (s. o. S. 61).

M 9: Anhand der kurzen Buchkritiken a–c sammeln die Schüler die Teile einer Buchkritik, die dann in d) systematisch als Schreibanleitung festgehalten werden. Spätestens jetzt schreiben sie eigene Kritiken zu Büchern mit dem Thema „Indianer“. Sie benutzen dabei gezielt Adjektive; dies kann an Schülertexten auf Folie beispielhaft beobachtet und in Partnerarbeit besprochen werden.

Für die eigene Textproduktion sollten nicht nur die Indianer-Klassiker herangezogen werden, sondern vor allem neuere Titel. Allein die *Buchproduktion 1992* (neue Titel, Wiederauflagen) zeigt ein umfangreiches Angebot (Auswahl jährlich in: Das Buch der Jugend, s. o.), z. B. Frank Bass: Cheyenne Sommer; Werner J. Egli: Ein Stern im Westen; Stig Ericson: Der rote Sturm; Sollace Hotze: Ein Kreis schließt sich; Monica Zak: Pumas Tochter; Marion Wood: Das Buch vom alten Amerika; Scott O'Dell: Vogelmädchen . . .

„Der mit dem Wolf tanzt“ - Darstellung und Wertung in der Filmkritik

M 10/11: Als Variante der Kritik folgt eine Sequenz „Filmkritik“. Die Schüler untersuchen zunächst die Werbeanzeige für den erfolgreichen Film, der mit 7 Oskars ausgezeichnet wurde. Sie stellen alle wertenden, werbenden Adjektive zusammen; sie erkennen den Vorgang der „Aufwertung“ in der Werbung: z. B. durch Häufung positiver Adjektive sowie durch Superlativformen, Hochwertwörter „sensationell, grandios, groß, großartig“ und durch Adjektivphrasen „betörend schön, atemberaubend schön“.

An einer Schülerkritik werden der reduzierte Einsatz der Adjektive und ihre unterschiedliche Verteilung im informierenden ersten Abschnitt sowie im wertenden zweiten Abschnitt deutlich.

M 12–14: Die Schüler erkennen in M 12 eher eine Inhaltsangabe, in M 13 eine positive Kritik und in M 14 eine eher negative Kritik. Sie arbeiten die medienspezifischen Besonderheiten der Filmkritik heraus (Bildebene, Schauspielerleistung, Hinweise auf Filmgeschichte). Dabei wird u. a. deutlich, daß der mit eindrucksvollen Landschaftsaufnahmen im Kinoformat wirkende Film als Video nicht entsprechend zur Geltung kommt. Für den Unterricht kann man dennoch darauf zurückgreifen, wenn man die Filmkritik unmittelbar aus der Betrachtung des Films erstellen und danach mit M 11–14 vergleichen lassen will.

Mögliche Lernerfolgskontrollen

- integrierte Grammatikarbeit s. o. S. 61
- Analyse einer Filmrezension
- Produktion einer Buchrezension

Varianten/Verzweigungen

- mit dem Film „Der mit dem Wolf tanzt" und M 10–14 einsteigen, über M 6/7 zur Buchkritik übergehen
- Projekt einer Indianer-Buchausstellung in der Schule mit Prospekten und Werbepostern, die selbst gestaltet sind (incl. Adjektivgebrauch)
- Bezug zu Sequenz 6

Literaturhinweise

Indianer:

Bodensohn, Anneliese: Abenteuer: Rothaut und Bleichgesicht. Frankfurt a. M.: dipa 1967

Dichatschek, Günther: Das Thema Indianer im Leseunterricht der Sekundarstufe I. In: Die Barke 1981, Teil 2, 107 ff.

Jacquin, Philippe: Indianerland!. Ravensburg: O. Maier 1990

Läng, Christa u. Hans (Hrsg.): Indianer-Almanach. Verlag Tanner + Staehelin

Pleticha, Heinrich (Hrsg.): Indianergeschichten. Stuttgart: Reclam 1986 (1980)

Schmidt, Dorothea: Indianer als Heilsbringer - Ein neues Klischee in der deutschsprachigen Literatur. Frankfurt/M.: Brandes & Apsel 1988

Seeßlen, Georg/Weil, Claudius: Western-Kino. Reinbek: Rowohlt 1979

Stammel, H. J.: Indianer. Legende und Wirklichkeit von A–Z. München: Orbis 1989 (Bertelsmann)

Videofilm: Der mit dem Wolf tanzt. Regie: Kevin Costner. 173 Minuten. VCL/Carolco Communications GmbH 1992

Blake, Michael: Der mit dem Wolf tanzt. Bastei Lübbe Tb 13 348

Klappentext/Rezension:

Lehmeyer, Manfred/Schober, Otto: Die Sprache der Klappentexte. In: PD 7/1974, 47 ff.

Grenz, Dagmar: Rezension - Text - eigenes Urteil. In: ebd. 43 ff.

Schmidt, Wilhelm u. a.: Funktional-kommunikative Sprachbeschreibung. Leipzig: Bibliographisches Institut 1981, 159 ff.

Klischee, Kitsch etc.:

Kurz, Gerhard/Pelster, Theodor: Metapher. Düsseldorf: Schwann 1976
Schemme, Wolfgang: Trivialliteratur und literarische Wertung. Stuttgart: Klett 1975
Schulte-Sasse, Jochen (Hrsg.): Literarischer Kitsch. Tübingen 1979

Adjektive:

Heringer, Hans Jürgen: Grammatik und Stil. Frankfurt/M.: Cornelsen 1989

5. „Im Jahr des Kindes“ (Jg. 7/8)

Sachthema: Rechte und Pflichten
Textsorte: Regelungen, Ordnungen und Konventionen
Grammatisches Thema: Sprachhandlung „Auffordern“, Modalverben, Nominalstil
Materialangebot: s. Materialienband S. 43–53

Sequenzgliederung / Materialübersicht / Intentionen

Kinder im Verkehr – Gefahren, Empfehlungen, Vorschriften – appellative Formen

M 1: *Foto:* Die Schüler beschreiben die Gefahrensituation und leiten daraus Forderungen ab.

M 2–5: *Zeitungsanzeigen:* Die Schüler lesen die Empfehlungen und erkennen die appellativen Signale. Sie unterscheiden verschiedene Formulierungsvarianten.

M 6/7: *Regeltexte für Radfahrer:* Die Schüler unterscheiden Vorschriftszeichen sowie sprachliche Gebote und Verbote.
Sie listen aus M 2–7 alle modalen Formen auf. Sie reflektieren die Legitimation von Vorschriften.

M 8: *Fahrradquiz:* Die Schüler entwickeln weitere Prüfungsfragen und wenden dabei modale Formen an.

M 9: *Zeitungsbericht:* Die Schüler leiten aus dem Text eine Liste von Forderungen, Empfehlungen, Vorschriften ab. Sie formulieren abgestufte Appelle.

Schulordnungen – Zusammenleben, Störungen, Regelungen, Sanktionen – abgestufte Modalverben

M 10–12: *Regelkatalog/Schulordnung:* Die Schüler vergleichen einen eigenen Forderungskatalog mit den Vorlagen. Sie erkennen die allgemeine und argumentative Formulierungsform. Sie erörtern strukturelle Unterschiede in der Berechtigung von Regelerlassen oder Konventionen.

M 13: *Aus einem Schülerausweis:* Die Schüler erörtern die Reichweite, die Berechtigung sowie den Zweck von Regelungen. Sie formulieren in Muß-, Soll- und Kann-Vorschriften um. Sie nehmen zur Vorlage Stellung.

M 14: *Katalog von Schülertaktiken:* Die Schüler überlegen die Ursachen für Fehlverhalten. Sie reagieren auf den Katalog mit Forderungen und reflektieren Maßnahmen/Sanktionen.

M 15: *Foto zu Gruppenarbeit:* Die Schüler entwickeln „Regeln für die Gruppenarbeit“.

M 16–18: *Klassenordnung/Gedicht/Leserbrief:* Die Schüler beobachten und erörtern die menschlichen Beziehungen im Unterricht. Sie überlegen Reaktionsmöglichkeiten. Sie erkennen die Zurückhaltung in den Vorlagen. Sie erörtern die Konsequenzen von Soll-/Kann-Bestimmungen.

Kinderbitten, Kinderrechte – Mißstände, Grundrechte, Verträge – Appelle im Nominalstil

M 19–22: *Fotos/Gedicht:* Die Schüler erstellen einen Überblick über Mißstände und Bedrohungen, die Kinder betreffen.

M 23: *UNO-Konvention über die Rechte des Kindes (Ausschnitt):* Die Schüler erschließen aus dem Text weitere Mißstände. Sie erarbeiten die Konventionen und erkennen den Charakter der Selbstverpflichtung sowie der vertraglichen Regelung. Sie arbeiten an Stellen mit Nominalstil und übersetzen den Text in eine „Fassung für Kinder".

M 24–27: *Zeitungsberichte:* Die Schüler erörtern die Probleme bei der Umsetzung der Konvention und greifen ggf. aktuelle Anlässe auf.

Didaktischer Kommentar

Mit dieser Sequenz wird der Bereich „Sprache und Öffentlichkeit" für die Schüler der Mittelstufe in den Blick genommen. Die Jugendlichen wachsen aus dem häuslichen Umfeld zunehmend heraus und in *das öffentliche Leben* hinein. Für diese Altersgruppe wird das Zusammenleben in der Gesellschft immer mehr zum Thema, werden immer mehr die Normen und Regeln, die Regelungen und Ordnungen Gegenstand der Auseinandersetzung. Die Öffentlichkeit richtet Anforderungen an die jungen Leute. In diesem Motivkreis sind die *Sachthemen* der Sequenz angesiedelt.
Verkehrsregeln begleiten die Schüler seit der Kindheit; speziell die Sicherheit beim Radfahren ist für die Altersgruppe ein wichtiges Thema. Zum einen gibt es die klaren gesetzlichen Regelungen, zum andern Verhaltensempfehlungen und schließlich Vorschriften und Empfehlungen für die Technik des Rades.
Im zweiten Themenschwerpunkt setzen sich die Schüler mit den Möglichkeiten auseinander, wie das Zusammenleben in der Schule durch *Schulordnungen* verträglich gemacht werden kann. Hier sind Verpflichtungen, Verhaltensregeln, Anordnungen und quasi-vertragliche Bestimmungen zu unterscheiden. Rechte und Pflichten sowie Verstöße und Sanktionen sind in Relation zu sehen.
Das dritte Thema stammt aus einem viel weiteren öffentlichen Feld, dem grundsätzlicher politischer Rechte, wie sie in internationalen Konventionen verankert sind: die *Rechte des Kindes* und die internationalen Regelungen und Probleme, sie einzuhalten.
In allen drei Teilsequenzen stehen im Mittelpunkt als *grammatisches Thema* die *Sprachhandlung „Aufforderungen"* und ihre *sprachlichen Varianten.* Bitten, Befehle, Wünsche, Anordnungen, Petitionen, Anweisungen, Aufforderungen, Weisungen, Ratschläge, Forderungen, Regelungen, Konventionen etc. lassen sich als verschiedene Sprachhandlungen in einer Gruppe der „Aufforderungen" sehen. Diese Sprachhandlungen bestimmen die *Textsorten,* die das gesellschaftliche Leben regeln oder regeln sollen: Schulordnungen, Verkehrsregeln, Konvention über die Grundrechte des Kindes.
Die Schüler werden sich mit der Entstehung von Regelungen auseinandersetzen. Ursachen können Mißbrauch, Schäden, Unfälle oder Störungen sein; die Ziele können Schutz,

Sicherheit, bessere Koordination und Kooperation oder Garantien für das (Über-)Leben sein. Die Schüler werden gewiß die Legitimation prüfen wollen, manchmal die Verbindlichkeit in Frage stellen, Sanktionen im Zusammenhang mit Bestimmungen erleben. In jedem Fall wird die Überlegung zu den Adressaten von Aufforderungen ergeben, daß manche Regelungen auf mehr symmetrische Beziehungen zielen (z. B. neuere Schulordnungen), andere eine hierarchische Rollenverteilung verdeutlichen (z. B. Hausaufgabenregelungen), wieder andere wegen der unsymmetrischen Beziehung zwischen Gesetzgeber und Staatsbürger (Regelungsrecht und Gewaltmonopol beim Staat) als unumstößlich gelten (z. B. Verkehrsbestimmungen) und schließlich weitere Regelungen kaum einklagbar erscheinen (s. Rechte der Kinder in internationalen Deklarationen). Von Interesse wird für die Schüler der Verhaltensspielraum sein, der in den Regelungen dem einzelnen gelassen wird.
Je nach Rolle, nach Sprechsituation, nach dem zu regelnden Anliegen und nach der Textsorte lassen sich verschiedene *grammatische Varianten der Sprachhandlung AUFFORDERN* einsetzen:
- Imperativ / Befehlssatz: Trampe nie mit Fremden!
- Ellipse: Weg von der Autobahnauffahrt!
- Infinitiv: Nicht trampen!
- Modalverb: Du sollst nicht alleine trampen. Ihr dürft nicht auf der Autobahn stehen.
- modales Futur (2. Person): Ihr werdet jetzt verschwinden.
- (modales) haben/sein + Infinitiv mit zu: Ihr habt nicht an der Kreuzung zu stehen! Das Trampen ist zu unterlassen.
- Fragesatz: Bleibt ihr wohl von der Auffahrt weg?
- Fragesatz mit Modalverb: Könnt ihr von der Auffahrt weggehen?
- Konjunktiv II im Fragesatz: Könntet ihr weggehen?
- optativer Konjunktiv: Würdet ihr bloß nicht trampen!
- Aussagesatz (mit performativem Verb*): Trampen auf der Autobahn ist verboten.
- Aussagesatz (2. Person): Ihr verschwindet jetzt von hier.
- Aussagesatz mit performativem Verb im Passiv: Ihr seid verpflichtet, hier zu verschwinden.
- Aufforderungspartikel: Bitte nicht per Anhalter fahren.
- Passiv: Hier wird nicht getrampt.
- Explizite Benennung der Sprachhandlung (durch ein performatives Verb): Ich erwarte, daß ihr nicht per Anhalter fahrt./ Ich bitte, befehle, rate, verbiete, warne, erlaube euch, daß . . .

(* performative Verben sind solche, die eine bestimmte Sprachhandlung benennen und sie zugleich bewirken: ich erlaube euch, ich taufe euch, ich verurteile dich . . .)

Die Aufforderungen lassen sich nach *indirekt* und *direkt* einordnen:

indirekt ←——————————————————————→ direkt

Trampen ist gefährlich./ Man sollte nicht trampen./ Trampe nicht!

Die *explizite* Formulierung der Sprachhandlung zeigt den Sprachhandlungstyp: *„Ich fordere dich auf, nicht zu trampen." – Ich bitte dich, . . ." – „Ich warne dich, . . ."*

Der Gebrauch bestimmter grammatischer Varianten unterscheidet sich von der *semantischen und kommunikativen Funktion* her. Es werden deutlich

- der Geltungsanspruch und Verbindlichkeitsgrad
- der Härtegrad oder Höflichkeitsgrad
- die Direktheit oder Indirektheit der Aufforderung
- die juristisch exakte Form, ggf. verbunden mit Sanktionen
- die persönlichen Kontaktformen und Erwartungen
- die je nach Variante denkbaren Zielgruppen
- die Reversibilität oder Irreversibilität der gewählten Variante
- die Art der Sprachhandlung in einem aktuellen Text: z. B. sanfte Ansprache, harte Forderung, Ausdruck eigenen Ärgers, sachliche Forderung, Vorschlag, aggressive Handlung, Rat etc.

Als besondere Gruppe unter den grammatischen Varianten des Aufforderns erscheinen die *Modalverben*: können, dürfen, sollen, müssen (werden, mögen, wollen).
An ihrer Wahl läßt sich die Verbindlichkeit einer Anordnung ablesen:

Fußgänger . . . die Straße überqueren.

Subjekt: Fußgänger

Infinitivprobe	*Modalverb*	*modale Angaben/Adverbiale*
	sollen	bei Grün
die Straße überqueren	müssen	vorsichtig
	können	auf dem Zebrastreifen
	dürfen	auf dem kürzesten Weg

Unter modalem Aspekt zeigt „werden" nicht das Futur an, sondern z. B. die Wahrscheinlichkeit einer Handlung: Die Fußgänger werden eine stark befahrene Straße vorsichtig überqueren. = Sie überqueren eine stark befahrene Straße bestimmt [wohl, wahrscheinlich, mit Sicherheit, in der Regel . . .] sehr vorsichtig. Es gehört in der 2. Person in den Komplex der Aufforderungen: Ihr werdet das lassen!
Die Modalverben „wollen" und „mögen" sind in indirekten Formen der Aufforderung eingesetzt: Wir wollen jetzt gehen! Der Sprecher bezieht sich in die Aufforderung mit ein, manchmal scheindemokratisch auch dann, wenn er die Legitimation zum direkten Befehl hat. Appellativ wirken auch die Ich-Aussagen: Ich mag nicht mehr gehen. = Laßt uns anhalten! / Ich möchte das probieren! = Gib mir auch etwas davon!
Die Modalisierungsmittel (Modusformen des Verbs, also Indikativ / Konjunktiv; Modaladverbiale und Modalsätze; Modalverben) spezifizieren a) die Wiedergabe von Realität (An der Kreuzung kann eine Ampel gestanden haben. = Ich erinnere mich nicht genau an die Realität.) und b) den *Geltungsanspruch von Äußerungen* (Auf dem Zebrastreifen könnt ihr die Kreuzung überqueren. = Es ist euch erlaubt, es dort zu tun.)
In dieser Sequenz geht es weniger um die Art des Realitätsbezugs (s. dazu Sequenz 7: real, potential, irreal; oder Sequenz 8: optativ, planend), sondern darum, wie eine Aussage durch Modalverben im Kommunikationsbezug festgelegt wird und zu verstehen ist.

Wenn man nun die Frage nach der Legitimation zu einer Anordnung und den Möglichkeiten einer Sanktion einbezieht, wird die Auswahl der Modalverben weiter eingeschränkt: Nach § 25 (3) StVO *haben* Fußgänger Fahrbahnen unter Beachtung des Straßenverkehrs zügig auf dem kürzesten Weg quer zur Fahrtrichtung *zu überschreiten.* →können, sollen, müssen, dürfen?

Durch den Konjunktiv II können die Modalverben abgetönt werden:

Fußgänger sollen/sollten nicht über die Straße rennen.

Der Konjunktiv II von „sollen" bewirkt eine gemilderte Aufforderung (Empfehlung eines eigentlich Gebotenen s. Abels). So sind die Modalverben also auch noch in ihren syntaktischen Formen zu betrachten.

Aufforderungshandlungen prägen viele Lebensbereiche: Signale in Straßen-, Schiffs- und Flugverkehr; Gesprächslenkungen und -steuerungen im privaten wie im öffentllichen Diskurs; Benutzungs- und Geschäftsordnungen in öffentlichen Institutionen; Produktwerbung; Felder der professionellen Beratung wie medizinische Beratung, Sozialberatung etc.; Regelung von Arbeitsprozessen; politische Propaganda usw. Zur Reflexion der *pragmatischen Funktion* wird man also die Bedingungen der Situation für die Einsatzmöglichkeiten der Varianten erwägen müssen. In allen Situationen ist die *Aufforderungsstruktur* die gleiche:

A fordert von B, daß B etwas (xy) tut.

Die Sprachhandlung ist ein „intersubjektiver Handlungszug" (Wunderlich 1973, 113). Sie gilt als *geglückt*, wenn B die Aufforderung verstanden hat und akzeptiert. Sie gilt als *erfüllt*, wenn B der Aufforderung nachkommt, also das (xy) tut, was A wollte.

Aufforderungen erfolgen in dialogischen/komplexen *Handlungsmustern*:

A fordert – B erfüllt / A fordert – B lehnt ab
A fordert, gestützt mit einem Argument – B erfüllt
A fordert – B erhebt eine Gegenforderung
A fordert – B stellt eine Bedingung für die Erfüllung
A fordert und verspricht eine Belohnung – B erfüllt
A fordert und droht mit Sanktionen – B erfüllt etc.

Diese Muster können auch zu längeren Handlungsketten verknüpft sein.

Das Interesse bei der Reflexion über Aufforderungen richtet sich auf Fragen über die grammatische Struktur von Imperativ oder Modalverb hinaus.

Warum kommt B der Aufforderung durch A nach oder nicht nach?

- Liegt es an situativen Bedingungen? (Los, spring! – wenn ein Auto auf B zufährt.)
- Liegt es an institutionellen Bedingungen? (Los, fahr! – wenn die grüne Ampel es fordert.)
- Liegt es an der Erfüllung von Vorbedingungen? (Geht über die Straße, wenn die Fußgängerampel Grün zeigt!)
- Liegt es an der Rollenverteilung der Beteiligten? (Den Radweg benutzen! – wenn man Autofahrer ist.)
- Liegt es an der Art der sozialen Beziehung (kooperativ, autoritär, hierarchisch, . . .)? (Ihr dürft nicht an der Auffahrt stehen – sagt der Polizist.)
- Liegt es an der abgestuften Formulierung, der grammatischen Variante? (Ich verbiete dir, noch einmal zu trampen! – Ich bitte dich, nicht mehr zu trampen.)

- Liegt es an der Legitimation (durch gesetzliche Vorschriften, durch die Position des Vorgesetzten, durch eine moralische Verpflichtung, durch eine persönliche Beziehung)?
- Ist die Forderung strikt definiert oder interpretierbar? (Bei Nässe 50 km/h!)

Schließlich ist der Öffentlichkeitsgrad der Kommunikation von Belang. Wenn man „vier Kommunikationssphären" unterscheidet, die intime, die persönliche, die soziale, die öffentliche (Oksaar, 18), so ist die Sprache in dieser Reihung zunehmend komplex und zunehmend unter die Bedingung der „Standardsprache" gestellt. Das führt für die Schüler (u. a. Rezipienten) oftmals zu Verstehensproblemen. Die *Verständlichkeit* der Texte ist zu sichern, d. h. für diese Sequenz: die genaue Art der Aufforderung ist zu formulieren oder zu erkennen. Ähnliche Probleme wie die Gesetzessprache haben auch andere Regelungen: zugleich Allgemeingültigkeit, umfassende Sicht und Präzision wie auch Zugänglichkeit, individuelle Anwendbarkeit und Konkretheit zu gewährleisten. In der Sequenz wird es somit z. T. darum gehen, schwierige Texte zu vereinfachen: also die Sachverhalte genau zu erfassen und die Terminologie sowie die Formulierungen zu vereinfachen. Letztes Ziel wäre: Texte verbal statt nominal zu verfassen. *Nominalstil* soll nicht „aus sprachpflegerischen Gründen", sondern mit dem Ziel der Verständlichkeit von Texten für eine mögliche Teilhabe am öffentlichen Leben umgeschrieben werden:

Das Kind hat das Recht auf freie Meinungsäußerung.
→ *Alle Kinder dürfen frei ihre Meinung äußern.*
→ *Alle Kinder sollen das Recht haben, frei ihre Meinung zu äußern, etc.*

Die erste Umformung zeigt vor allem die Erlaubnis (dürfen) an, die zweite vermittelt stärker die Absicht der Vertragsstaaten, den Kindern ein Grundrecht zu sichern. Der Wechsel im Modalverb ist also für das genaue Verständnis relevant. Auf diese Weise wird die „rezeptive Kompetenz" der Schüler Sachtexten gegenüber erweitert (Bayer/Seidel).

Methodenhinweise

Kinder im Verkehr - Gefahren, Empfehlungen, Vorschriften - appellative Formen

M 1: Der Bildimpuls eröffnet das Thema „Sicherheit im Straßenverkehr". Die Schüler können zunächst eigene Gefahrenerlebnisse nach diesem Anstoß erzählen. Sie werten dann die im Bild gezeigten Gefahren aus: freihändig fahren, nebeneinander fahren.
M 2–5: Die Text- und Bildimpulse vermitteln verschiedene, z. T. indirekte Aufforderungen. Die Schüler formulieren sie deutlich aus (Imperativliste, Müssen-Liste o. ä. - die gewählte Form durchhalten!):
M 2: Autofahrer, halten Sie mindestens 1 m Abstand von Radfahrern!
M 3: Fahrradkäufer, achten Sie auf die DIN-Norm!
M 4: Autofahrer, rechnen Sie damit, daß Kinder Kinder sind! (???) / Autofahrer, fahren Sie in der Nähe von Kindern nur Schrittempo! / Kinder, achtet auch beim Spielen auf den Autoverkehr! etc.
M 5: (unmittelbar zu entnehmen)
Die Schüler beobachten die verschiedenen Arten direkten oder indirekten Aufforderns, ggf. unterscheiden sie schon den Imperativ (M 5, die eigene Liste), die Modalverben (M 4,

müssen, muß man), den Aussagesatz (M 1) und den Infinitiv (M 4, im Schrittempo fahren). Zur Kontrolle formulieren die Schüler Aufforderungen zum verkehrsgerechten Verhalten in M 1.
M 6/7: Die Schüler lesen M 6 als einen Text, der zum einen informiert: Gestaltung der Radwege und Verkehrszeichen, der zum anderen die Regelungen festlegt: Verhalten der Radfahrer auf Wegen und bei Zeichen. Sie entnehmen dem Text die Signale für Festlegungen: Z. 3 müssen, 4 darf nur, 5 ist nur erlaubt, wenn, 13 haben zu nehmen, 18 müssen, 20 dürfen nicht, 26 dürfen nicht; eine Ausnahme ist 23 müssen. Hier handelt es sich nicht um eine Regelung, sondern um eine Zwangsläufigkeit; von diesem Unterschied her kann man das Thema eröffnen: Was ist eine Verkehrsregel? Die Schüler erfahren oder wissen, daß hinter den Regeln die Straßenverkehrsordnung (StVO), also ein Gesetz, steht. Sie unterscheiden die Rollen des Gesetzgebers, der (im Auftrag der Bürger) das Recht hat, Anordnungen zu erlassen, und des Bürgers, der Rechte und Pflichten erhält: das Recht, einen Radweg zu benutzen und auch die Pflicht dazu. Am *Interessenkonflikt* der verschiedenen Verkehrsteilnehmer kann in diesem kurzen Text schon die *Notwendigkeit für Regelungen* verdeutlicht werden: Radfahrer, Fußgänger und Autofahrer. Zur Kontrolle numerieren die Schüler die Verkehrszeichen und formulieren zu jedem die entsprechende Regel. Sie können es aus der Perspektive der verschiedenen Beteiligten tun: Radfahrer müssen diesen Radweg benutzen, nur Radfahrer dürfen . . ., Autofahrer dürfen nicht . . ., Radfahrer und Fußgänger . . . Die Schüler unterscheiden so Gebote und Verbote. Sie zeichnen selbst entsprechende andere Verkehrsschilder und unterscheiden die Gruppe der Gebots- und Verbotsschilder von reinen Gefahren- oder Hinweiszeichen (Achtung: Kurve nach rechts / Zentrum 1 km). Aus dem Text M 7 listen die Schüler alle modalen Formen auf. Sie erörtern die Verbindlichkeit einzelner Sätze und erkennen den Unterschied von *Vorschriften* und *Empfehlungen.* Schließlich formulieren sie die Aufforderungsliste der kurzen Infinitive 1–8 im Bild in Sätze mit Modalverben selbständig um (dabei auf Wechsel von „müssen und dürfen/können" achten!).
M 8: Das Quiz durchführen. Zu besprechen ist der Unterschied von *Vorschrift* (2, 4, 5), *Erlaubnis* (1, 6) und *Empfehlung* (3). Die Schüler ordnen die Modalverben müssen/nur dürfen, dürfen, soll(t)en zu und formulieren entsprechende Sätze zu den Fällen 1–6.
M 9: Der mit M 2 eröffnete Aspekt des sicheren Fahrrades wird wiederaufgenommen. Die Schüler setzen den Text in tatsächliche Checklisten um. Dabei unterscheiden sie die Gruppe der Vorschriften: Ausstattung mit Reflektoren etc. → Fahrräder müssen . . . und der Empfehlungen: Hinweise zur Kleidung → Radfahrer sollten . . . Hinzu kommen die Appelle an die Eltern: regelmäßig überprüfen, ein Auge auf bestimmte Teile haben. Eröffnet wird auch der Aspekt der *Argumente* für Vorschriften: a) als Zielargument: mehr Sicherheit, b) als Ursachenargument: die hohen Unfallzahlen (s. Text).

Schulordnungen – Zusammenleben, Störungen, Regelungen, Sanktionen – abgestufte Modalverben

M 10–11: Auf den Appell in M 10 hin könnten die Schüler ein Vorgespräch zum Thema Schulordnungen mit Ursachen- und Zielargumenten führen (s. M 9): Welche Erfahrungen machen eine Schulordnung nötig, welche Ziele werden mit ihr verfolgt? Wer erstellt eine Schulordnung? – M 11 bietet dann Grundforderungen für das Leben von Kindern. Dabei wird an die allgemeine Forderung in 1. und 3. (Kinder brauchen) die Forderung aus Kinder-

sicht (sie wollen) angehängt. Die Schüler ergänzen Absatz 2 entsprechend, z. B.: Das heißt, sie wollen neue Erfahrungen machen können und Erfolge erleben. Aus diesem Katalog kann ein Gespräch oder ein Text abgeleitet werden: Wie müßte der Unterricht aussehen, wenn diese Forderungen erfüllt werden sollen? (Diskutiert das an Beispielen.)
M 12 ist eine Vorlage zu einer Lehrerkonferenz für die Förderstufe (Klassen 5/6) etwa aus dem Jahre 1973. Die Zweiteilung des Regelkatalogs ist geeignet, Regeln als Ge- und Verbote (Muß-/Darf nicht-Bestimmungen) mit Empfehlungen (Kann-Bestimmungen) zu vergleichen. Die Abweichungen von „könnten“ im ersten Teil Nr. 6 und „kann“ in Nr. 8 sind geeignet, die Eigenart verpflichtender Regelungen zu erwägen. Auffällig sind die Selbstbindungen von Schülern und Lehrern. Die auf diese Weise angestrebte symmetrische Rollenkonstellation Schüler–Lehrer wäre zu erkennen und kritisch zu erörtern. Wenn man auf Gründe für die Festlegung einzelner Regeln eingeht, können die eigenen Erfahrungen wieder eingebracht werden. Bei den Kann-Bestimmungen im zweiten Teil ist zu erwägen, ob dies geeignet ist, die Einhaltung von Regeln zu sichern. Frage: Warum steht nicht in der Überschrift: „Was soll/muß man tun, wenn . . . ?“ Es kann insgesamt deutlich werden, daß sich der zweite Teil fast nur auf Gesprächsstrategien (1., 2.) beschränkt und sich der Festlegung konkreter Sanktionen entzieht (3.–6.). Die Schüler können besprechen, ob das ausreicht.
M 13: Die Schüler lernen die viel rigideren Regelungen in der ehemaligen Sowjetunion kennen. Sie formulieren in Auswahl einzelne Abschnitte in direktere Aufforderungen um: Jeder Schüler muß/soll/kann/darf . . . – was entspricht jeweils dem „verpflichtet“? Zu unterscheiden wären konkrete Verpflichtungen (11. Hausaufgaben eintragen) und abstraktere Verpflichtungen, die durch konkrete Handlungsbeispiele zu füllen wären (1. ein kultivierter Bürger werden, 12. ehrerbietig zu sein, 13. bescheiden zu sein, 16. aufmerksam sein, 20. die Ehre hochhalten). Insgesamt wäre zu erkennen, daß es weit über das schulische Verhalten hinausgreifende Forderungen gibt.
M 14: Solche Kataloge können auch zunächst ohne Textvorlage zusammengestellt werden. Als Arbeitsgrundlage dient dann M 14. Zu erforschen wären die Ursachen für die Taktiken: z. B. Frustration durch Mißerfolge, mangelnde Konzentrationsfähigkeit, langweilig vermittelter Unterricht, zu geringe Beteiligungsmöglichkeit der Schüler, Überforderung durch falsche Wahl der Schulform, Verwahrlosung von Kindern, Freude an Mitschülerkontakten, Aggression nach Rempeleien in der Pause, Fernsehvorbilder etc. Die Schüler können die Ursachen aus distanzierter Sicht oder in anonymisierter Form zusammenstellen, damit keiner in der Klasse verletzt wird und möglichst ehrliche Angaben erfolgen. Bei der Auswertung wären unterrichtliche, persönliche, schüler- sowie lehrerbezogene, systembedingte etc. Faktoren zu unterscheiden. Die Überlegung, wie man den Taktiken begegnen kann, führt zu einem Katalog von Forderungen.
M 15: Nach den Forderungen zur Vermeidung von Störungen in M 14 sollen nun Forderungen zum Gelingen von Gruppenarbeit formuliert werden, z. B.: (siehe Darstellung Seite 131)

Gruppenarbeit

1. Ihr bildet Gruppen zu höchstens 5 Personen. Ihr dürft euch zusammensetzen nach Sympathie für Mitschüler oder nach Interesse für ein Thema. 2. Ihr könnt einen Moderator wählen, der die Gespräche in der Gruppe regelt. 3. Ihr müßt einen oder zwei Berichterstatter wählen, die die Ergebnisse der Klasse vortragen. 4. Ihr solltet am Beginn die Materialien sichten und die Arbeitsschritte festlegen. 5. Ihr solltet euch gegenseitig helfen. 6. Ihr müßt so leise arbeiten, daß die anderen Gruppen im Raum nicht gestört werden. 7. Arbeitsergebnisse sollen zwischendurch von allen notiert werden. 8. Ihr sollt die Ergebnisse anschaulich vermitteln. Dazu dürft ihr Matrizen-Umdrucke, Folien oder Tafeltexte herstellen. 9. Ihr müßt beraten, was als Endergebnis vorgetragen wird. 10. Ihr müßt euch an die festgelegte Zeit halten. 11. Am Schluß muß jeder ein bewertbares Produkt im Heft stehen haben.

M 16–18: Die Schüler erörtern die in den Texten vorgestellten Probleme. Bei M 16 erkennen sie das humane Anliegen der Ordnung, bei M 17 die inhumane, leere äußere Ordnung. An M 18 erkennen sie, daß man manchmal über die äußeren Grundsätze einer Ordnung hinaus individuelle Vereinbarungen anstreben muß: Zu der Verpflichtung, daß Hausaufgaben zu erledigen sind, kommt die Vereinbarung hinzu, daß bestimmte Umfänge zu beobachten und nicht zu überschreiten sind.

Kinderbitten, Kinderrechte – Mißstände, Grundrechte, Verträge – Appelle im Nominalstil

M 19–22: Mit diesen Bild- und Textimpulsen geraten stärker als bisher Probleme des öffentlichen Lebens in den Blick. Als Ausgangspunkt für die Deklaration in M 23 sollen die für Kinder existierenden Mißstände exemplarisch erkannt werden: Hunger, Flucht und Heimatlosigkeit; Einsatz der Kinder im Krieg und Betroffensein von Krieg; Gebrauch der Kinder als billige Arbeitskräfte. Die Schüler können aus ihren Medienkenntnissen weitere aktuelle Beispiele ergänzen. Daß die Probleme nicht nur andernorts existieren, wird mit M 25/26 verdeutlicht.
M 23: Die Schüler erschließen aus dem Katalog die Mißstände, auf die mit einzelnen Paragraphen reagiert wird, und notieren sie kurz in einer Spalte. Sie formulieren daneben in einer zweiten Spalte die den Kindern gegebenen Rechte.
Die Schüler verfassen dann eine Übersetzung des Textes für jüngere Schüler, indem sie vor allem den Nominalstil auflösen und die Sprache vereinfachen (s. o. S. 128). Sie reflektieren den Verbindlichkeitsgrad der Konvention: die Vertragsstaaten verpflichten sich; sie erkennen an, sie treffen geeignete Maßnahmen, stellen sicher etc. Die Autorität der Vereinten Nationen und die Wachsamkeit der Vertragspartner ist letztlich die Garantie für die Einhaltung der Bestimmungen.
M 24–27: Die Berichte und Meldungen zeigen, daß auch nach der Konvention (1989) und der Unterzeichnung z. B. in Deutschland (1990) die Mißstände nicht beseitigt sind

(M 25/26 von 1991). M 27 vermittelt, daß die Konvention eine fortwährende politische Aufgabe ist, für die man sich einsetzen müßte. Die Schüler entwickeln als Abschlußproduktion der Sequenz Zeitungsanzeigen mit aktuellen Forderungen nach dem Muster von M 27 für die Probleme aus M 25/26.

Mögliche Lernerfolgskontrollen

- integrierte Grammatikarbeit s. S. 58 f.
- Analyse der sprachlichen Varianten für die Aufforderungshandlung und Erklärung der Gründe für den wechselnden Einsatz der Modalverben an einem Text aus der Sequenz, z. B. M 16
- Erstellung einer Klassenordnung (vor der Arbeit an M 16)
- Umformung eines Teils aus M 23 (Verbalstil, Einsatz der Modalverben)
- Gestaltung einer Anzeige (s. zu M 24–27)

Varianten/Verzweigungen

- die drei Themen der Sequenz arbeitsteilig in Gruppen bearbeiten, wenn die Fokussierung auf die Aufforderungshandlungen und die induktive Erarbeitung der grammatischen Varianten an einem Beispiel geschehen ist; vor der Gruppenarbeit oder aber aufgrund der Erfahrung mit ihr die Regeln für M 15 erstellen
- Bezug zu den Sequenzen 6, 8

Literaturhinweise

Aufforderungen / Ordnungen / Modalität / Nominalstil:

Abels, Kurt: Sätze aus Verkehrsfibeln. In: PD 6/1974, 46 ff.
Adlung, G.: „Aufforderungen". In: DD 24/1974, 368 ff.
Bayer, Klaus/Seidel, Brigitte: Verständlichkeit. In: PD 36/1979, 12 ff.
Engel, Ulrich: Deutsche Grammatik. Heidelberg: Groos 1988
Fuchshuber, Elisabeth: Schulordnung für Schüler?, In: DU 6/1983, 32 ff.
Heringer, Hans Jürgen: Lesen lehren lernen: Eine rezeptive Grammatik des Deutschen. Tübingen: Niemeyer 1989
Human, Paul: Pragmatik und Sprachunterricht. In: DD 23/1975, 213 ff.
Joisten, Christa: Sprachkultur der Gesetzessprache. In: DU 1/1985, 47 ff.
Kochan, Detlef C.: „Sprache und Öffentlichkeit" als Thema der Sprachdidaktik. In: PD 12/1975, 9 ff.
Köller, Wilhelm: Funktionaler Grammatikunterricht. Hannover: Schroedel (2) 1986, Kap. E
Oksaar, Els: Sprachkultur und mündliche Kommunikation. In: DU 1/85, 6 ff.

Rank, B.: Indirektes Auffordern. In: PD 12/1975, 20 ff.
Schultz, Joachim: „Wir fordern“ - Politische Sprache der Gegenwart. In: DU 6/1983, 48 ff.
Schwartz, U.: Modus und Satzstruktur. 1973
Wagner, Hildegard: Die deutsche Verwaltungssprache. Reihe: Sprache der Gegenwart Bd. 9. Düsseldorf: Schwann 1984
Wunderlich, Dieter: Sprechakte. In: Funkkolleg Sprache 2. Frankfurt: Fischer TB 1973, 113 ff.
Ders.: Studien zur Sprechakttheorie. Frankfurt: Suhrkamp 1976

6. „Bedient euch“ (Jg. 7/8)

Sachthema: Konsumwerbung – Sozialwerbung
Textsorte: Werbeanzeigen
Grammatisches Thema: Werbesprache; Strategien; Appelle; rhetorische und grafische Mittel
Materialangebot: s. Materialienband S. 54–64

Sequenzgliederung / Materialübersicht / Intentionen

Super Geschmack, die Power-Maschine – Sprache und Strategie der Werbung

M 1: *Collage:* Die Schüler ermitteln aus der Sammlung von Ausschnitten auffällige sprachliche Mittel, Appellative, Hochwertwörter, Slogans, Anspielungen, Klangformen etc.

M 2: *Motorradwerbung:* Die Schüler analysieren systematisch informative und appellative Elemente, Selbstdarstellung und Zielgruppenbezug.

M 3/4: *Werbung für mehr Sicherheit:* Die Schüler kontrastieren diese Werbung für ein Verhalten und Bewußtsein mit der Produktwerbung (öffentlich/sozial – privat/profitorientiert).

M 5/6: *Überblick über Strategien und Darstellungsmittel:* Die Schüler stellen bei M 1–4 oder eigenen Materialien einen Zusammenhang zwischen Werbeinhalt, Aufbau und Strategien her. Sie sammeln aus dem Material sprachliche Mittel und prüfen sie am Katalog.

M 7: *Werbung für öffentlichen Nahverkehr:* Die Schüler wenden in einer Textanalyse die Kategorien der Darstellungsmittel und der Strategien an.

Echt stark, der Typ – Leitbilder, Markenprodukte und Bedürfnisweckung

M 8: *Jeanswerbung:* Die Schüler erarbeiten das Spiel mit Leitbildern und Lifestyle. Sie erkennen Formen der Wunschwelt, der Gegenwelt oder der Ersatzbefriedigung durch Markenartikel. Sie erstellen selbst eine Collage mit Leitbildern ihrer Generation.

M 9: *Zeitungsbericht:* Die Schüler setzen sich kritisch mit der Bedürfnisweckung, der Leitbildprägung, dem Prestigebedürfnis, dem Markenbewußtsein und Gruppendruck jugendlicher Konsumenten auseinander. Sie entwickeln ihre eigene Position und erörtern die Frage der Manipulierbarkeit der Konsumenten.

M 10–13: *Werbung für und gegen das Rauchen:* Die Schüler analysieren die eingesetzten Mittel und reflektieren die Wirkungschancen. Sie entwickeln eine eigene Contra-Werbung unter Einsatz entsprechender Leitbilder.

M 14: *Werbeanzeigen:* Die Schüler beobachten die Inhalte und Mittel. Sie entwickeln eine Werbung zu einem Aspekt ihres schulischen Lebens.

M 15: *Blickfang:* Die Schüler entwerfen Text und Layout zu einer eigenen Werbung für gesundes Leben.

Natur in Not – Positive Werbung für humanes und soziales Handeln

M 16, 17, 20, 21: *Anzeigen:* Die Schüler analysieren die Werbung für ökologisches, soziales und karitatives Verhalten; sie machen ggf. Verbesserungsvorschläge zu den Vorgaben.

M 18/19: *Aufkleber:* Die Schüler produzieren aus den knappen, angedeuteten Werbezielen/ Slogans eine größere Werbung (Anzeige, Plakat, Kampagne).

Didaktischer Kommentar

Das *Sachthema* dieser Sequenz ist für die Altersstufe relevant, da die Schüler immer mehr als *Konsumenten* angesprochen werden. Das „Münchener Institut für Jugendforschung“ hat 1989 ermittelt, daß die Gruppe der 7- bis 15jährigen über ca. 3,5 Milliarden DM Taschengeld verfügt und zusätzlich ca. 4 Milliarden Sparguthaben besitzt, Gelder, um die heftig geworben wird. „33 Milliarden Mark geben Jugendliche jährlich aus.“ (WDR-West 3, Magazin „Was“. 28. 6. 93) Die an das Werbefernsehen gewöhnten „Skippies“ (School Kids with Income and Purchasing Power) „bestimmen zunehmend das Kaufverhalten der Erwachsenen, ob es sich nun um das ‚richtige‘ Shampoo oder Auto handelt. Der Anteil der Werbung in Jugendzeitschriften ist in den letzten Jahren um rund 30% gestiegen. Immer früher werden unsere Sprößlinge mit Artikeln geködert, die bislang von älteren gekauft wurden“ (U. Tworuschka. In: Prisma – Zeitungsbeilage 38/1989. Düsseldorf: Prisma Verlag, S. 8). Wenn man als Lehrer heute die Jugendlichen erlebt, so fällt ihr hochentwickeltes Markenbewußtsein und das deutliche Abgrenzungsverhalten über teure Konsumgüter auf. Wer in der Altersgruppe Anschluß halten will, muß sein Konsumverhalten anpassen. Dabei ist Mode nicht nur für Schülerinnen, sondern auch für Schüler von hoher Bedeutung für die Selbstdarstellung und das Sozialprestige.

Die Sequenz kann als *Projekt* angegangen werden. Die Schüler erhalten einige Zeit vor Beginn der Unterrichtsreihe den Auftrag, Werbeanzeigen zu sammeln, und zwar möglichst solche, die Jugendliche als Zielgruppe haben. Allerdings sollte man darauf achten, daß man nicht ausgerechnet Werbematerial nur für Alkohol, Zigaretten o. ä. in den Mittelpunkt stellt, es sei denn, man will zugleich Suchtgefahren thematisieren. Das vorliegende Material kann dann als Arbeitsgrundlage für die gemeinsame Arbeit auf die Sequenzziele hin dienen, während die eigenen Materialien jeweils an geeigneter Stelle in Gruppenarbeit mit Hilfe der gewonnenen Kenntnisse ausgewertet werden.
Bei der Sichtung der Werbung lassen sich zunächst verschiedene *Werbeträger* unterscheiden: Anzeigen – Prospekte und Kataloge – Plakate – Rundfunkwerbung – Fernsehwerbung. In der Sequenz geht es um *Werbeanzeigen*, eine Textsorte, die für das Kopierverfahren und vor allem für sprachliche Untersuchungen sehr geeignet ist.
Im Aufbau der Unterrichtsreihe und bei der Sortierung der Materialien soll nach verschiedenen *Werbeinhalten* unterschieden werden: 1. Konsumgegenstand – Produkt; 2. Dienstleistung; 3. Politik – Ideologie; 4. Verhalten – Bewußtsein.

Als für die Altersgruppe interessante *Produktgruppen* sind „Moped/Motorrad", „Jeans", und „Tabak" einbezogen. Die angesprochene Zielgruppe soll die Altersgruppe der Schüler sein. Neben der Werbung für Produkte sollen die Schüler vor allem Werbung für *Bewußtsein und Verhalten* kennenlernen: „Nutzung des öffentlichen Nahverkehrs", „Sicherheit beim Zweirad", „Pro und contra Rauchen", „Hilfe für andere Menschen und für die Umwelt".
Bei der Produktreklame sollen die Ziele der Produzenten erkannt werden: Absatzsteigerung + Bedarfsweckung. Dabei kann unterschieden werden zwischen Markenwerbung (Akzentuierung des Produkts) und Käuferwerbung (Akzentuierung der Konsumenten).

Werbung

- *1. Markenwerbung*
  - Aufbauen einer neuen Marke
    - Name, Symbol, Slogan
    - Image, Profil
  - Verstärkung einer bekannten Marke
- *2. Käuferwerbung*
  - Festlegung der Zielgruppen durch Bedarfs- und Motivanalyse
    - Grundnutzen (z. B. Haare färben)
    - Zusatznutzen (z. B. Erotik, Erfolg)
    - ggf. in Umkehrung!

Den Schwerpunkt der Sequenz bildet die *sprachliche Seite der Werbung.* Die Arbeit an der Vielfalt formaler Mittel in der Werbung bedeutet zugleich eine Übung für die Texterschließung, da die Werbung sehr deutliche sprachliche Mittel benutzt und diese beim textanalytischen Zugriff also relativ leicht erkannt werden können. Die sprachliche Seite ist zunächst in der Form eines *einfachen Kommunikationsmodells* greifbar, mit dem die am Werbeprozeß Beteiligten zu unterscheiden sind:

Sender ⟶	*Werbemedium* /	*Werbebotschaft* ⟶	*Empfänger*
Auftraggeber/Firma	Inserat	Produktinformation	Käufer
Hersteller	Plakat	Erfüllung des Bedarfs	Passant
Werbeagentur	Werbespot	und anderer Sehnsüchte	TV-Zuschauer
Grafiker/Texter	Flugblatt	Kaufappell	„Zielgruppe"

Am auffälligsten in diesem Kommunikationsprozeß sind die Formen der *Informationssteuerung* in der Werbung.
Zum einen informiert Werbung, doch fast nur noch im Marktsektor der Haushalts- und Hygienewaren erfolgen Informationen über die Eigenheiten des Produkts. Oftmals ist die produktbezogene Information auch noch einseitig bis falsch; z. T. gibt es gesetzliche Auflagen, vor allem was Produktinformationen für Großgeräte des Haushalts oder für Nahrungsmittel anbelangt – sie müssen jedoch nicht in die Werbung einfließen.
Generell steht im Mittelpunkt die Lenkung der Konsumenten über konnotierte Bedürfnisse. So sollte im Unterricht der Mechanismus der *Konnotationen* deutlich behandelt werden:

Beispiel

		Palmolive	
Denotat:	Seife, produziert mit Pflanzenfett	→	*Konnotat:* Palmen = Strand, Karibik, Sonne, Urlaub; Olive = südländisches Flair

Als Denotat ist die sachliche, allgemeine, lexikalische Bedeutung eines Wortes anzusehen, als Konnotate sind all die Vorstellungen anzusehen, die die Menschen mit einem Wort spontan oder aufgrund der gesellschaftlichen Konvention und Tradition verbinden. Über die Konnotation wird also mit der genannten Seife neben der Reinigungskraft die Lust an Wasser, Freizeit, Reisen, Ferne, Liebe, Träumen . . . angesprochen.

Die Werbestrategie arbeitet gezielt mit diesem Mechanismus. Die Produkte werden durch optische oder verbale Reize mit geheimen Wünschen/Leitbildern/positiven Vorstellungen belegt. Die Werbung suggeriert, daß mit dem Kauf des Produktes auch die konnotierten Wünsche und Bedürfnisse in Erfüllung gehen.
Nach der *AIDA*-Regel erfolgt die Wirkung der Werbung auf den Rezipienten in bestimmten Schritten:

1. *a*ttention = Aufmerksamkeit erregen, z. B. durch den Blickfang
2. *i*nterest = vorhandene Interessen ansprechen, z. B. im Slogan
3. *d*esire = Begierde, Kaufwunsch auslösen
4. *a*ction = Handeln (z. B. Kauf) erwirken.

Diese Vorgänge dürfen nach den Untersuchungen der Werbepsychologie jedoch nicht als Kettenreaktion verstanden werden.
Werbepsychologie und Marktforschung leiten die Werbegrafiker und -texter an, vor allem zu achten auf: Aufmerksamkeit, Erinnerungs- und Wiedererkennungswert, Image und Einstellungsänderung. Mit „Image" ist dabei gemeint, daß die Ware ein „Profil" erhält, das im Betrachter ein bestimmtes Erlebnismuster konnotativ auslöst. Es werden neue *„Waren-Mythen"* (Lehmann/Glaser) produziert, z. B. das meilenweite Gehen durch alle Gefahren wie durch die unberührte Wildnis für eine Camel, der Aventiure-Mythos; oder die kraftvolle Reinigung mit Meister Propper, der Supermann-Mythos; die neuen Damenstrümpfe unter dem schwingenden Rock, der Marylin-Monroe-Mythos; die groben Jeans, der Cowboy-Mythos etc.

Bei der *psychologischen Beeinflussung durch Werbung* werden verschiedene *Triebe* des Menschen unmittelbar angesprochen. Neben der Herrschsucht und der Genußsucht kommen nach der Motivforschung vor allem folgende in Frage:

1. Selbsterhaltungstrieb – er zielt auf Waren, mit denen der Mensch gegen die elementaren Angriffe der fremden und der eigenen Natur gewappnet ist (Kälte, Hitze, Hunger, Durst . . .); er zielt aber auch auf Produkte und Dienstleistungen, die dem Körper Ruhe und Bewegung, Gesundheit und Vitalität verschaffen;
2. Arterhaltungstrieb – danach sind Produkte und Dienstleistungen für das Sexualleben und die Pflege der Nachkommen wichtig; das (körperlich) Starke und (in der geschlecht-

lichen Selektion) Leistungsfähige wird überbetont; die Werbung vermittelt in sozialdarwinistischem Stil, daß diese Qualitäten im Vordergrund stünden und über bestimmte Produkte zu erlangen wären;

3. Nachahmungstrieb – er läßt die Menschen nach den Waren suchen, die sie bei anderen gesehen haben und die sie im Konkurrenzkampf haben oder sogar übertrumpfen müssen;
4. Angsttrieb – er sorgt für die Nachfrage nach Waren und Diensten, die Gefahren abwehren könnten;
5. Spartrieb – von ihm werden die Wahl möglichst dauerhafter Waren sowie die Vorsorge mit preiswerten Waren für schlechte Zeiten bestimmt;
6. Bequemlichkeitstrieb – er bestimmt die Nachfrage nach Waren, die der größeren Annehmlichkeit und Vermeidung von Unbequemlichkeiten dienen;
7. Schönheitstrieb – er läßt nach einer Befriedigung des ästhetischen Bewußtseins durch Aufmachung, ansprechende Formen, angenehme Farben etc. suchen;
8. Spieltrieb – er ruft den Wunsch nach Waren oder Dienstleistungen hervor, die dem Vergnügen und der Erholung dienen;
9. Geselligkeitstrieb – über herausstechende Konsumsymbole will der Mensch Prestige und Anerkennung in einer Gruppe finden, dabei ist der Konsum oftmals eine Ersatzbefriedigung für nicht empfangene Streicheleinheiten.

(z.T. nach Casson; in: Neske/Heuer, Lexikon der Werbung. Frankfurt: Fischer 1971).

Werbepsychologen sind der Ansicht, daß der aufklärende Unterricht kaum etwas gegen diese psychologischen Strategien ausrichten kann.
Als *Abwehrmöglichkeiten* gegen die Manipulation der Konsumenten und für mehr Konsumentensouveränität kommen immerhin in Betracht:

- Verbraucherinformation zur Verbesserung der Markttransparenz sowie der Bedürfnistransparenz
- Aufklärung über die Bedingungen und Nebenwirkungen des Konsums
- Rekonstruktion der Manipulation
- kritische Selbstprüfung der eigenen Bedürfnisse
- produktive Verfahren der „Anti-Werbung“
- Phantasieentwicklung und Klärung der Möglichkeiten, wie man sich selbst darstellen und in Gruppen durch andere Fähigkeiten als durch auffälligen Konsum Anerkennung finden kann
- Erspielen der Verhaltensmöglichkeiten, wie man auf protzendes Auftreten von Altersgenossen reagieren kann
- spielerischer Umgang mit der Werbung – „nicht ernst nehmen“

Wird die Unterrichtsreihe als Projekt angegangen, so könnten hier die Produktionsmöglichkeiten für die Arbeit nach der Analyse von Werbeanzeigen liegen: Verbraucherinformationen parallel zu bestimmten Anzeigen, Antiwerbung zu bestimmten Angeboten (vgl. M 10–13), Werbung mit eher informierendem statt manipulierendem Ansatz, Rollenspielszenen zum Erspielen der Reaktionsmöglichkeiten (s. o.) etc.
In der Phase der Textanalyse in dieser Sequenz werden alle Formen und sprachlichen sowie grafischen Mittel der Werbung in ihrer *Funktion zur Einwirkung auf die Rezipienten* betrachtet:

Die *Aufmachung der Werbung* wird z. B. bestimmt

- durch den *Aufbau* einer Werbeanzeige: 1. Blickfang (eye catcher); 2. Überschrift (headline); 3. Fließtext; 4. Slogan
- durch die *grafische Gestaltung*: Foto, Zeichnung, Strich, Farbe, Struktur, Komposition, Linie, Fläche, Raum, Objekte, Zentrierung, Bildsymbole
- durch den *Text*: Layout, Typographie, Informationen des Textes, auffällige Formulierungen, Wortschöpfungen, rhetorische Mittel, Klänge, grammatisch Ungewöhnliches
- durch die Darstellung von *Milieu und Personen*: ausgefallene Szenerie, Exotik, Sciencefiction, Alltag, Erotik, High-Society, Freizeit, Beruf, provokative Situationen etc. und Personenrollen, Werte und Normen der Personen.

Zu den *sprachlichen und rhetorischen Mitteln der Werbung* s. M 6; in Ergänzung dazu besonders: Unterscheidung von wörtlicher und *übertragener Bedeutung* („darauf fährt jeder ab"); Spiel mit den Mitteln der *Aufwertung*:

aktiv-	voll-	ultra-	ur-	multi-	anti-	all-
total-	spezial-	doppel-	edel-	super-	echt-	...

Unterscheidung der *rhetorischen Mittel*:
Wortfiguren: z. B. Hervorhebung, sprachliche Milderung (Schönfärberei), Übertreibung
Satzfiguren: z. B. Steigerung, Wiederholung, Parallelismus
Gedankenfiguren: z. B. rhetorische Frage, Anrede, Scheinzitat einer Autorität, Paradoxon (ein scheinbarer Widerspruch)
Klangfiguren: z. B. Reim, Lautmalerei, Comicsprache;
spezielle Untersuchung der *Werbeslogans* a) auf das produktbezogene Angebot (Grundnutzen) sowie b) auf das Zusatzversprechen und das Konnotierte (Zusatznutzen, s. o.): z. B.
„Kaba, Kaba hält dich gesund" a) Kakao, b) Gesundheit, Kraft
„Sexy-mini-super-flower-pop-op-cola - alles ist in Afri-Cola"
  a) ein Erfrischungsgetränk, b) Teilhabe an der Jugendszene
„Ich bin von Kopf bis Fuß auf Libby's eingestellt"
  a) ein Konservenprodukt, b) über die Liedassoziation: Liebe
„Nutella - ein ganzes Glas voll köstlicher Gesundheit"
  a) ein Brotaufstrich, b) Gesundheit
„Pril rosé - damit man Ihren Händen das Spülen nicht mehr ansieht"
  a) ein Spülmittel, b) ein gehobener Lebensstandard
„Pack den Tiger in den Tank (Esso)"
  a) Benzin, b) wilde Kraft.

Methodenhinweise

Super Geschmack, die Power-Maschine – Sprache und Strategie der Werbung

M 1: Diese Seite soll als Impuls dienen, sogleich die verschiedenen sprachlichen Möglichkeiten der Werbeanzeigen in den Blick zu nehmen. Das Herausgreifen nur der Slogans zeigt die formale Verwandtschaft, die allen Produkten vorgelagert ist: die Ansprache des Rezipienten, die Aufforderung, die klangorientierte effektvolle Formulierung, die Aufwertung des Angebotenen, das Arbeiten mit Wünschen und Reizen etc. Die genaueren sprachlichen Formen lassen sich schon an diesen einfachen Formulierungen bestimmen und sammeln. Damit würde M 6 von den Schülern vorbereitet. Die Schüler könnten phantasieren, welche Produkte wohl jeweils hinter einem Slogan stecken.
M 2: An dieser Seite kann eine Werbeanzeige im Detail erarbeitet werden: s. S. 139. Danach kann der sprachliche Formenbestand erstellt werden. In drei Tabellen etwa wären zu unterscheiden die appellativen, die wertenden und die (z. T. nur scheinbar) informierenden Elemente. Gerade für technische Werbung gilt, daß scheinbar viel informiert wird; dieser Eindruck entsteht durch die Häufung von Fachbegriffen, die oftmals auch nur der Aufwertung dienen. Auffällig an M 2 sind noch die verschiedenen neuen Wortbildungen durch Bindestrich-Komposita. Abschließend kann ein Blick auf die Zielgruppe gerichtet werden mit der Frage, welche Wünsche und Bedürfnisse der Jugendlichen angesprochen sind.
M 3/4: Die Schüler vergleichen beide Vorlagen mit M 2 und erkennen als Unterschied: M 2 will ein Produkt vermitteln, M 3/4 zielen auf ein Verhalten (vgl. M 5 Werbeinhalte). Die Schüler stellen alle Verhaltensempfehlungen zusammen: sichern, fest anschließen; mach' mal Pause, zieh den Helm auf (als Übertragung des sich englisch gebenden Slogans – mit der klanglichen Anspielung brake = Bremse und break = Pause; „Helm“ in deutscher Fassung); dabei erkennen sie die imperativischen Formen und die Kontrastierung (kopflos ohne – sicher mit).
M 5/6: Die Schüler festigen die Kenntnisse zur Aufmachung und unterscheiden an M 3/4 die Teile des Aufbaus einer Werbung: z. B. in M 3 Motorrad + Schloß als Blickfang. „Die Kripo rät“ als Slogan, „Sichern ... Diebstahl“ als Überschrift, „Schließen ... an.“ als Fließtext, „Wir und unsere Polizei“ + Emblem als Markenzeichen. – Die Aida-Regel und die Werbestrategie können auf M 2 zurückbezogen oder an folgenden Produktwerbungen angewandt werden. Falls die Schüler in ihrer Sammlung Werbung zu Motorrad/Moped haben, kann beides auf diese Vorlagen angewandt werden.
M 6 wird z. T. in der Erarbeitung von M 1–4 vorbereitet sein; nun soll die Liste auch als Suchinstrument für die weitere Analyse dienen. Ggf. wird man die Liste reduzieren, wenn man sie als überprüfbaren Lernstoff abrufen will.
M 7: Mit dieser Vorlage wird ein neuer Werbeinhalt angezeigt: Dienstleistungen. Die Schüler können nun alle Formen der Gestaltung einer Werbeanzeige selbständig erarbeiten.

Echt stark, der Typ – Leitbilder, Markenprodukte und Bedürfnisweckung

M 8: Mit dieser Werbung sollen die Aspekte „Milieu und Personendarstellung" (s. S. 139), Markenbewußtsein und „Waren-Mythen" (s. S. 137) sowie Konnotationen (s. S. 136 f.) angesprochen werden.
Auf die eher männlich orientierte Motorradwerbung folgt die in diesen Beispielen eher weiblich ausgerichtete Jeanswerbung. Gerade bei Jeans sind die Konsument/inn/en stark auf Marken gelenkt. Die Werbung arbeitet geradezu mit Markentraditionen (Levi's). Die Bilder vermitteln Personen in bestimmten Milieus, die reizvoll für Jugendliche sind und entsprechende Konnotationen auslösen: A) flottes Mädchen mit knappem, schulterfrei ausgeschnittenem Shirt und Hüftjeans = selbstbewußt, sexy und modisch; B) Truckermilieu = Fernweh, Reisen, Abenteuer; C) Szenekneipenmilieu = Geselligkeit, Freunde, Selbständigkeit; D) die düster Schmollende mit dem Vorhang von Haaren = Rebellion im Generationenkonflikt und Ansatz von Verruchtheit. Die Schüler erarbeiten diese Konnotationen, indem sie z. B. zu den einzelnen Bildern freie assoziative Bildkommentare schreiben.
Anschließend werden die Modelle von S. 136 erarbeitet. In freier Gestaltung können die Schüler aus gesammelten Werbungen eine Collage mit Leitbildern der aktuellen Werbung für ihre Generation und ihr Geschlecht erarbeiten und anhand der Modelle erklären.
M 9: Die Schüler erarbeiten die Informationen und die kritische Haltung dieses Zeitungsartikels. Sie erörtern die Probleme. Dabei lernen sie die Beeinflussung der Motiv- und Triebstruktur der Menschen kennen und erwägen Abwehrmöglichkeiten (s. S. 137 f.).
M 10–13: Am Beispiel des Rauchens können die Mechanismen des Gruppendrucks und der Vermittlung des alterstypischen Leitbilds der Stärke (s. o. zu Trieben Nr. 2 und 9) nachvollzogen und in Frage gestellt werden: Geselligkeit und Spaß in M 10, Stärke in M 11. M 12/13 stellen Beispiele für Antiwerbung dar. Zu diskutieren ist ihre (geringe?) Wirksamkeit bei der Altersgruppe der Rauchanfänger. In einer Antiwerbung könnten die Schüler die genannten Motive umkehren und mit dem Rauchen Isolation statt Geselligkeit oder Schwäche statt Stärke verbinden.
M 14: Zur Übung oder auch als Klassenarbeit M 14/15 einsetzen: Untersuchung der optischen und sprachlichen Gestaltung. – Inhalte und Mittel aus der Schülererfahrung kritisch erörtern.
M 15: Die Schüler entwerfen selbständig eine Werbeanzeige und achten diesmal besonders auf die sprachliche Gestaltung: Überschrift, Slogan, Fließtext, Einsatz der grammatischen und rhetorischen Mittel (s. M 6 und S. 139).
Die Schüler entwickeln weitere Werbeanzeigen, für die sie die Kenntnis um Werbestrategien und Nutzung der Triebstruktur (bes. Arterhaltung, Angst, Bequemlichkeit und Geselligkeit) einsetzen. Zu entscheiden ist, ob der Werbeinhalt ein Produkt, eine Dienstleistung oder ein Verhalten sein soll.

Natur in Not - Positive Werbung für humanes und soziales Handeln

M 16, 17, 20, 21: Ein ganz neuer, vielfältiger und wichtiger Bereich ist die Werbung für humane Leistungen und Aktionen. Angelegt ist dieses Thema schon mit der Werbung für ein verändertes Verhalten und für ein neues Bewußtsein in M 4, 7, 12, 13, 15. An den Vorlagen M 16, 17, 20 und 21 erarbeiten die Schüler die ökologischen, sozialen und karitativen Werbeziele. Sie erkennen, daß die Grundstruktur im Aufbau der Werbung (s. M 5) erhalten bleibt, daß aber der Fließtext mehr Umfang hat und weniger direkte Appelle enthält. Sie untersuchen die Werbestrategie, die zwischen dem Motiv *Angst* (Not, erkrankt, lautloser Tod, Rote Liste in M 16; Armut, Not, tödliche Krankheit in M 17; Alptraum, belasten, giftig in M 21) und dem Appell an die *soziale Verantwortung* (Erhalt von Lebensräumen, Naturschutz in M 16; Kinderhilfswerk, Hoffnung auf eine menschenwürdige Zukunft, wir können verändern, helfen, eine Zukunft geben in M 17; Nachbarschaftshilfe auf Gegenseitigkeit in M 20; umweltfreundliche Wiederverwertung, Naturschutz in M 21) liegt.
M 18/19: Die Schüler erörtern, ob in M 16, 17 und 21 die Motivation für die Werbeziele günstig ist. Sie überlegen, ob man nicht eine Positivwerbung für diese humanen Ziele anstreben könnte, das hieße: in den Mittelpunkt des Naturschutzes die Schönheit der erhaltenswerten Natur zu stellen - in den Mittelpunkt der karitativen Hilfe die Liebenswürdigkeit und den berechtigten Anspruch der Notleidenden zu stellen. Mit diesen Überlegungen entwickeln die Schüler zu den Ansätzen von M 18/19/20 größere Anzeigen oder Plakate.

Mögliche Lernerfolgskontrollen

- eine Textanalyse der Werbeanzeige M 7 o. ä. (Aufbau, grafische, sprachliche und rhetorische Mittel und ihr Zusammenwirken)
- eine kritische Auseinandersetzung mit einer auf die Zielgruppe Jugend gerichteten Werbung nach der Arbeit an M 8 und M 9 (Konnotationen, Bedürfnisweckung, Leitbilder, Milieu)
- eine Produktion einer Werbeanzeige zu M 15 oder M 18–20.

Varianten/Verzweigungen

- Ausrichtung nur auf Werbeinhalt, Aufbau der Werbung, grafische, grammatische und rhetorische Mittel sowie Ansprache der Zielgruppe in Jg. 7
- Einbeziehen des Kommunikationsmodells, der Werbestrategie, der Nutzung von Konnotationen und der psychologischen Beeinflussung (Milieu, Triebstruktur. . .) eher erst in Jg. 8
- Kombination von Textanalyse und Textproduktion in Form des Projekts mit Gruppenarbeit
- literarische Anschlüsse: I. Aichinger: Das Plakat (Kurzgeschichte); I. Bachmann: Reklame (Gedicht); H. Böll: Zum Tee bei Dr. Borsig (Hörspiel); I. Calvino: Marvocaldo

im Supermarkt (Erzählung); H. M. Enzensberger: jupiter verkauft sich unter den lampen (Gedicht); W. Geifrig: Bravo, Girl! (Hörspiel); M.-L. Kaschnitz: Schiffsweiß (Gedicht); E. Kishon: Auf dem Supermarkt (Satire); S. Lenz: Mein verdrossenes Gedicht (Erzählung).

Literaturhinweise

Beisbart, Ortwin u. a.: Textlinguistik und ihre Didaktik. Donauwörth: Auer 1976

Bödeker, J. D.: Sprache der Anzeigenwerbung. Sprachhorizonte Heft 2 und Lehrerheft. Hannover: Schroedel

Bommer, Marianne: Eine Werbeanzeige als Superzeichen. In: PD 1/1973, 51 ff.

Ganter, Richard: Die Sprüchemacher. Reinbek: Rowohlt 1986 (rororo rotfuchs 246)

Grenz, Dagmar: Der Modeteil von Frauenzeitschriften. In: PD 2/1974, 51 ff.

Jegensdorf, Lothar: No smoking! In: PD 9/1975, 50 ff.

Neske/Heuer: Handlexikon Werbung und Marketing. Frankfurt: Fischer-Handbücher (6069) 1971

Springmann, I.: Werbetexte, Texte zur Werbung. Stuttgart: Reclam 1975 (= RuB 9522)

Koszyk, Kurt/Pruys, Karl Hugo: Handbuch der Massenkommunikation. München: dtv 1981 (TB 4370)

Lehmann, Jakob/Glaser, Hermann: Werbung Warenästhetik Trivialmythen. Bamberg: Buchners 1973

Römer, Ruth: Die Sprache der Anzeigenwerbung. Düsseldorf: Schwann 1968

7. „Wenn ich ein Junge wär . . .“ (Jg. 9/10)

Sachthema: Rollenwechsel - Traumrollen
Textsorte: Lieder, Schlager, Rock; Utopien
Grammatisches Thema: Konditionalgefüge, Konjunktiv II; Expressionen
Materialangebot: s. Materialienband S. 65–76

Sequenzgliederung / Materialübersicht / Intentionen

„Wenn ich . . .“ - Gedankenspiele in Song und Lied - Konjunktiv II

M 1/2: *Rocksong und Karikatur:* Die Schüler sehen Gründe für den Wunsch zum Rollenwechsel in der Beschränkung durch Rollenvorschriften. Sie erarbeiten das konditionale Satzgefüge und unterscheiden reale und irreale Bedingungen. - Induktive Vermittlung des Konjunktivs II: Form und Funktion.

M 3/4: *Schlager und Karikatur:* Die Schüler erkennen Rollenbindungen als Verstehensbarriere zwischen den Geschlechtern. Sie sehen einerseits die Einfühlung als Möglichkeit der Annäherung, andererseits die Probleme der Trennung in der Realität. Sie erarbeiten Unterschiede zwischen Rock- und Popsong.

M 5–7: *Songs/Lieder:* Die Schüler erfassen Unterschiede in der männlichen oder weiblichen Perspektive und in den Rollenbildern. Sie erkennen ironische und expressive Elemente.

Die Hosen anziehen - Realität und Fiktionalität. Ursachen und Konsequenzen des Rollenwechsels - das Unmögliche denken - irreale Konditionalsätze

M 8–10: *Bilder, Hörspielszene, Erzähltext:* Die Schüler analysieren die Rollenfestlegungen und -spielräume. Sie erkennen den Zusammenhang von realen Mißständen und gedanklicher Utopie. Sie unterscheiden die biologische und die soziale Rolle der Geschlechter. Sie schreiben im literarischen Rollenspiel Briefe und wenden Konjunktiv II an. Dabei unterscheiden sie Konjunktiv II in irrealen Konditionalgefügen und in Wunschsätzen.

M 11: *Erzähltext:* Die Schüler erspielen die Szene, erkennen das untypische weibliche Verhalten, rekonstruieren das typisch männliche Verhalten und erspielen die Kontrastszene. - Sie erörtern die Verhaltensstereotypen.

M 12: *Film-Kritik:* Die Schüler entwickeln zur Vorlage Szenenskizzen. Sie erörtern das „weibliche/männliche Gesicht“ und versuchen ggf. einen Rollenwechsel mit Umschminken.

M 13: *Erzähltext:* Die Schüler interpretieren das Spiel mit Wirklichkeit und Fiktion. Sie erörtern den Sinn und Nutzen literarischer Simulation.

„If I was . . .“ – Textübersetzungen zur Anwendung

M 14–16: *Englische Songtexte:* Die Schüler übersetzen aus dem Englischen; sie kontrastieren die ‚if clauses‘ mit deutschen Konditionalgefügen.

M 17/18: *Deutsche Liedtexte:* Die Schüler übersetzen einen dialektgefärbten Text in die deutsche Standardsprache, und sie übersetzen einen deutschen Text ins Englische.

„Wenn ich singe . . .“ – Thesen zum Umgang mit Realität in Rock und Pop

M 19: *Lied:* Die Schüler erfassen die (Selbst-)Kritik im Lied.

M 20: *Lied:* Die Schüler unterscheiden Wirklichkeitsflucht und Kritik an der Wirklichkeit in Rock und Pop.

Didaktischer Kommentar

Der Ausgangspunkt der Unterrichtssequenz soll ein grammatisches Phänomen sein (s. o. S.47): Konjunktiv II. Er ist in seinen Formen und Funktionen einzuführen. Die Unterscheidung von Indikativ und Konjunktiv I wird als bekannt vorausgesetzt. Sie ist in der Regel in vorhergehenden Jahrgangsstufen im Rahmen der Redewiedergabe zur Kennzeichnung der indirekten Rede eingeführt worden.

Die *semantische Funktion des Konjunktivs II* in der Verwendung *bei Gedankenexperimenten* soll im Mittelpunkt stehen. Die *syntaktische Funktion* des Konjunktivs II *im konditionalen Satzgefüge* „Wenn ich ein Junge wär . . .“ soll erarbeitet werden, damit der Zusammenhang zwischen (noch) nicht gegebener Bedingung und der (noch) nicht verwirklichbaren Utopie deutlich wird.

In Texten der Popmusik und in utopischen literarischen Texten ist der fiktionale Spielraum gegeben, Traumwelten und Phantasien auszuspinnen. In diesen Textsorten kommt der Konjunktiv II typisch, natürlich und stark repräsentiert vor.

Andere Funktionen des Konjunktivs wären durch andere Unterrichtssequenzen der Sekundarstufe I in einem Spiralcurriculum zu erarbeiten: z. B. Konjunktiv I (mit Ersatzform II) und Indikativ bei der indirekten Rede Jg. 7; Konjunktiv II als Signal für Nicht-Faktisches nach nicht-faktitiven Verben (Ein Griesgram denkt, er wäre krank.); Konjunktiv II zur Markierung der Distanzierung bei der Redewiedergabe (indirekte Rede) Jg. 8.

„Alles in allem beherrscht der Konjunktiv drei große Domänen, von denen die konditionalen Relationen und die Wünsche die Bereiche sind, in denen wir auf ihn nicht verzichten wollen. Die dritte Domäne des Konjunktivs, der Bericht von dem, was einer sagt oder denkt, scheint den Konjunktiv eher entbehren zu können. Er ist da, wie man hört, auch im Deutschen im Schwinden begriffen.“ (Macheiner, 251 f.)

Um zwei *modale Funktionen* des Konjunktivs II geht es in dieser Sequenz:

Wenn ich länger nachdächte, käme ich auf die Lösung.

Der Konjunktiv II als *Potentialis*: das Ausgesagte könnte Wirklichkeit werden; es ist möglich.

Wenn ich ein Junge wär, dürfte ich auch alleine in die Disko.

Der Konjunktiv II als *Irrealis*: das Gesagte läßt sich nicht verwirklichen, wenn man davon ausgeht, daß hier ein Mädchen spricht. Der Konjunktiv II vermittelt also einen Einblick in den Wirklichkeitsbezug einer Aussage: möglich – nicht wirklich.
Die *aber-Probe* kann die Irrealität anzeigen:
Wenn ich ein Junge wär . . . → aber ich bin ein Mädchen. (Irrealis)
Die *zwar-aber-Probe* kann die Möglichkeit anzeigen:
Wenn ich länger nachdächte . . . → zwar tue ich es nicht, aber ich könnte es. (Potentialis)
Zudem treten oft *Modaladverbiale* hinzu, die den Konjunktiv unterstützen: doch nur, hoffentlich, vermutlich, niemals, auf jeden Fall . . .
Mit ins Spiel könnte noch der Konjunktiv II als *Optativus* kommen:
Wenn ich doch nur ein Junge wär. → Ach, wär ich doch ein Junge!
Hier zeigt die *Umformungsprobe* die Intention: ein Wunsch.

Nun sind noch zwei Formen des Konjunktivs II zu unterscheiden:
die durch Veränderung am Verb selbst bewirkte *synthetische Form* kam → käme, sang → sänge und die mit Hilfe von „würde" gebildete *analytische Form*: Wenn sie kämen, würden sie mitmachen.
Die „würde"-Form ist keineswegs nur „Ersatzform" für den Konjunktiv II (etwa bei Formidentität mit dem Präteritum im Plural: Mit der Zustimmung von allen gingen wir los / würden wir losgehen), vielmehr erfolgt die Wahl zwischen der analytischen und der synthetischen Form aus *stilistischen* Gründen: aus *ökonomischem* Grund die kürzere synthetische Form „wenn sie ein Junge wäre" statt „wenn sie ein Junge sein würde" oder zur *Betonung der Unwirklichkeit* „wenn die Mädchen Jungen wären, gingen sie alleine in die Disko → würden sie allein in die Disko gehen". Der Konditionalsatz zeigt im letzteren Fall ja schon den Irrealis an, so daß die Verwechslung Präteritum/Konjunktiv II in „gingen" nicht abgewendet werden müßte, vielmehr macht hier das „würden sie" die Irrealität nur noch deutlicher. Schließlich wird eine *altertümlich* klingende Konjunktivform durch die „würde"-Form ersetzt: gewönne → würde gewinnen, besönne sich → würde sich besinnen.

Der Konjunktiv II Irrealis der Vergangenheit, der eine nicht mehr erfüllbare Bedingung ausdrückt, wird in dieser Sequenz nicht einbezogen: Wenn ich ihr geholfen hätte, wäre sie nicht gestürzt.

„Wenn alles unverbesserlich gut wäre, bedürfte es gar keines Konjunktivs" (Arno Schmidt, bei R. Schneider, 296). Dies ist der Ansatz, den Konjunktiv II im literarischen Zusammenhang mit Texten der *Rock- und Popmusik* sowie mit *literarischen Utopien* zu behandeln, d. h. mit *Textsorten*, in denen z. B. im Kontrast zu negativen Erfahrungen in der Realität das andere gedacht wird. „Die von vielen Jugendlichen bevorzugte Rock- und Popmusik ist dafür ein Beispiel. Sie kann dienen
- als *Erkennungszeichen* für eine bestimmte Gruppenzugehörigkeit [. . .],
- als *Grenzziehung* gegenüber Erwachsenen, deren Zugriff man sich durch den Kopfhörer entzieht,
- als *Stimulanz* für eigene Träume,
- als *Fluchtburg* in alternativ geglaubte Gegenwelten,

- als *Identitätsstiftung* durch die Entdeckung von Tanz, Körperlichkeit,
- als *Aufforderung zum Handeln*, Mitmachen, Aktiv-sein“ (Baacke, 46).

Man kann sagen, „daß die Medien wichtige Lieferanten für Traumvorstellungen und Traummaterialien sind“ (ders., 48).
Literarische Utopien und Rocktexte bieten gegenüber den emotional entlastenden Poptexten weniger die Fluchtmöglichkeit. Sie denken vielmehr zumeist das andere konsequent, wenn auch hypothetisch zu Ende und zeigen damit entweder deutlich die Notwendigkeit zu Veränderungen auf oder die Unmöglichkeit dazu. In ihnen wird durch heuristisch-konstruktive Verwendung des Konjunktivs II (O. Ludwig, 20) das Gedankenspiel problemorientiert vorwärtsgetrieben.
In der *Textrezeption* sollen die Schüler sich mit beidem auseinandersetzen. Als *Sachthema* zur Kontextuierung des grammatischen Phänomens ist das reale Problem der einschränkenden Rollenbedingungen für das weibliche Geschlecht und die irreale Idee vom *„Geschlechtertausch“* aufgebaut. Das Sachthema ist für die Altersstufe interessant und angemessen, da es einerseits die Auseinandersetzung mit der geschlechtlichen Identität und andererseits über das „soziale Experiment“ (W. Emmerich, in: S. Kirsch u. a., 101) des Rollentausches die Auseinandersetzung mit den Geschlechterrollen ermöglicht. Produktiv daran ist die Möglichkeit, in diesem Rahmen dennoch auf konkrete Änderung der Rollenbedingungen zu sinnen und somit Realutopien zu entwickeln. So bietet es sich an, in Phasen der *Textproduktion* Rollentexte zu schreiben, perspektivische Fortsetzungstexte sowie Paralleltexte zu vorgegebenen Texten unter Veränderung der Textfigur oder der Perspektive. *Mündliche Kommunikation* entwickelt sich bei der Erörterung von rollenspezifischen Handlungen und Reaktionen, im Anschluß an die Rollentexte, in Rollenspielen, bei der Beschreibung von Situationen etc.

Kerntext der geplanten Sequenz soll der Schlager/Rocksong M 1 sein, da er die Funktion des Konjunktivs II sogleich explizit deutlich werden läßt. Als Kerntext soll ja der Text bezeichnet sein, an dem das angezielte grammatische Phänomen im Unterricht eingeführt wird (s. S. 46). Für diesen Text ist somit die *Feinplanung* nach der Methode „induktiv einführen“ (s. S. 11, 148–150) vorzunehmen. In dem Text werden also entsprechende Sätze mit dem grammatischen Phänomen, das behandelt werden soll, beobachtet. Um diesen Text herum ist dann die thematische Sequenz aufgebaut, die sowohl dem inhaltlichen Interesse der Schüler an dem „Geschlechtertausch“ Raum gibt als auch das grammatische Thema mit Aufgaben zur Vertiefung der Erkenntnis über die Funktionen der Texte und sprachlichen Formen fortführt.

Methodenhinweise

„Wenn ich . . .“ - Gedankenspiele in Song und Lied - Konjunktiv II

M 1: Mit M 1 beginnt die Sequenz problemorientiert. Der Text war zunächst ein leichtes Liedchen von Rita Pavone in den 60er Jahren. Nina Hagen hat ihn dann mit aggressivem Vortrag und rhythmischen sowie inhaltlichen Veränderungen zu einem *kritisierenden Rocktext* gemacht. (Die dritte Strophe, in der sich die Sprecherin als Junge in die Schwulenszene begeben würde, wurde in didaktischer Reduktion nicht einbezogen, weil sie die Thematik der Sequenz komplizieren würde. Dem Thema Rollentausch wegen Beschränkung der Selbstverwirklichung würde sonst noch das Thema Veränderung der konventionellen Sexualbeziehungen hinzugefügt.) Der Rocktext macht explizit auf die Verwendung des Konjunktivs II aufmerksam. Die Feinplanung für den Unterricht kann in diesem Fall folgendermaßen aussehen:

1. *Präsentation des Textes* als Medienvortrag (Platte: Nina Hagen Band CBS 32 351) oder in einem „rocktypischen“ Textvortrag, d. h. in aggressivem Ton.
2. Behandlung des Textes als *Kontext des grammatischen Phänomens* im freien Unterrichtsgespräch. Zunächst wird die *inhaltliche Seite* thematisiert. Die Schüler geben Eindrücke wieder, gehen auf die Rollen ein, beobachten ggf. die Typisierung „ein Junge“. Sie beobachten im Unterrichtsgespräch die zwei Figurenrollen: reales weibliches Sprecher-/Sängerinnen-Ich und vorgestelltes Jungen-Ich. Sie stellen fest, daß das Faktische und das Nicht-Faktische konfrontiert werden. Dabei ist die gesamte Entwicklung aller Einbildungen von dem schon im Titel präsentierten Konditionalsatz abhängig. Es wird erschlossen, daß mit dem Konditionalsatz etwas eingeleitet ist, das nicht unbedingt der Fall sein muß, und daß unter dieser Voraussetzung weitere Handlungen folgen, die in Wirklichkeit dem weiblichen Ich nicht zukommen. Sie erörtern Gründe, warum die Sprecherin gern ein Junge sein würde, und sehen die unterschiedlichen Freiheiten als Ansatz für die Phantasien. Sie erkennen die durch das biologische Geschlecht bedingte Unmöglichkeit, die Geschlechterrolle zu wechseln. Sie erörtern, daß dennoch die Rolle für Mädchen neu definiert werden könnte und ihnen nach dem Gleichheitsgrundsatz die gleichen Freiheiten zukommen müßten wie den Jungen. Sie überlegen, ob Rollenbeschränkungen für Mädchen so heute noch existieren. Sie erkennen, daß eine Rocksängerin (z. B. Nina Hagen) ein Beispiel ist, wie sich junge Frauen selbst Freiheiten verschaffen.
3. *Fokussierung:* Mit der Frage „Wie wird im Text sprachlich deutlich gemacht, daß das Mädchen sich etwas Unmögliches denkt?“ werden die sprachlichen Mittel thematisiert. Die Schüler markieren den Konjunktiv II als Signal für die Irrealität.
4. *Beispiel:* Der Satz Z. 1–4 wird als repräsentative Textstelle herausgegriffen und an die Tafel geschrieben. Der Tafeltext wird im Unterrichtsgespräch fortentwickelt (siehe Darstellung Seite 149):

„Wenn ich ein Junge wär,	*dann könnt ich jeden Tag in langen Hosen gehn.“*
Bedingung	Handlung
unerfüllbar	deshalb nicht möglich
Konditionalsatz-Gefüge im Konjunktiv II → Irrealis	

„das wäre wunderschön“ wird als Einschub verstanden, der die Irrealität nur noch verstärkt, da er Wunsch und Unmöglichkeit zugleich anzeigt.

5. *Beobachtung der sprachlichen, grammatischen Darstellungsmittel* = Wechsel auf die formale Ebene: Die Schüler erschließen, daß der Eindruck des Unglaubhaften durch die Form „wär/wäre“ hervorgerufen wird. Es kann die „aber-Probe“ eingeführt werden: Eine denkt, sie wäre . . ., *aber* sie ist nicht . . . Mit der Probe läßt sich überprüfen, ob der Gegensatz zwischen dem Faktischen und dem Nicht-Faktischen stimmig ist.
6. *Isolierung:* Die Schüler klären, daß „wäre“ unter Umlautung vom Präteritum des Verbs „sein“ abgeleitet ist. Durch Vergleich und Ersatzprobe mit „bin“ und „war“ wird die Form von „wäre“ gesichert (ggf. als Wiederholung aus Jg. 7/8).
7. *Systematisierung:* Die Schüler erweitern das Beispiel „wär/e“ an der Tafel um die analogen Stellen in der ersten Strophe.

wäre	abgeleitet aus dem Präteritum	*war*
könnt käm		. . . . . .
Konjunktiv II	←	Präteritum

8. *Benennung (mit dem lat. Fachbegriff):* links unter den Tafeltext wird „Konjunktiv II“ geschrieben.
9. *Definition a) zur Form:* „Konjunktiv II ist eine Verbform, die vom Präteritum eines Verbs abgeleitet ist; z. B. ‚wäre‘ von ‚war‘ (Prät. von ‚sein‘).“ – Übernahme ins Heft.
10. *Definition b) zur Funktion:* „Der Konjunktiv II zeigt an, daß das Ausgesagte nicht wirklich so ist oder sogar unmöglich ist.“ – Übernahme ins Heft.
11. *Rückwendung zum Text und Sicherung:* Die Schüler erklären an der zweiten Strophe die Funktion des Konjunktivs II. Der Refrain Z. 9–13 wurde bisher ausgelassen. Er kann nun im Kontrast mit seinem Indikativ dem Konjunktiv der Strophen gegenübergestellt werden, so daß der Formunterschied noch einmal klar wird (Präsens/Indikativ – Präteritum → Konjunktiv II). Und es kann die Funktion noch einmal im Kontrast gesichert werden: Der Bedingungssatz Z. 9 ist erfüllbar, es handelt sich um reale Bedingungen, somit wird im Indikativ das Verwirklichbare dargestellt, nicht das Unmögliche. – Allerdings sollte man noch auf die ironische Wirkung des Refrains in Relation zu den krassen Forderungen der Strophen eingehen.

Die Arbeit am Refrain kann aber auch zuvor schon im 2. Schritt erfolgen, so daß man über den Kontrast zwischen Realität (Refrain) und Irrealität (Strophen) die Fokussierung auf die sprachliche Form durchführen kann.

12. *Anwendung:* Die Schüler können zur Übung selbst weitere Sätze bilden: Wenn ich ein Junge wär . . . Oder die Schüler schreiben einen Paralleltext „Wenn ich ein Mädchen wär . . .“ aus der männlichen Rollenperspektive.
13. *Kontrolle:* Überprüfung der Textproduktion, die als Hausaufgabe durchgeführt werden kann. Die Mitschüler besprechen, wie die Schüler mit dem Rollenwechsel umgegangen sind, und sie identifizieren – am besten in Partnerarbeit – Beispiele für die Konjunktiv II-Formen.

Bei Schritt 7 fällt den Schülern evtl. auf, daß nicht alle analog stehenden Verben die Form Konjunktiv II haben: Z. 6/18: Die für das Verständnis bedeutsame Rolle der Abweichungen vom formalen Schema eines Textes/Gedichts kann dann als Aspekt des Teilbereichs „Umgang mit Texten“ thematisiert werden: Warum wird vom Konjunktiv-Muster abgewichen? In welchem Aussagezusammenhang geschieht das? Z. 6 „macht“: Mit der Ersatzprobe „macht’, machte, würde machen“ wird eine Erklärung möglich. „macht’“ statt „machte“, der Konjunktiv II ist nicht von der Präteritumform zu unterscheiden; das ist aber nicht schlimm, da der Irrealis aus dem Satzzusammenhang klar ist; „würde machen“ wäre jedoch in einem Rocksong umständlich, stilistisch nicht ökonomisch (s. o.).
Z. 18: „trau“: Das Ich ist von sich überzeugt, es traut sich etwas zu, deshalb Indikativ; dies scheint die Absprungstelle für die gesamte Utopieentwicklung des Songs zu sein. Mit aller Ichstärke traut sich das Mädchen Jungenkräfte zu.
M 2: Die *Grafik* soll eine Gestaltungsmöglichkeit zur Anwendung des grammatischen Phänomens und der Kenntnisse über die Rollenprobleme bieten: Die Schüler schreiben die im Bild angelegte Situation aus der Erwachsenenebene im Irrealis weiter.
M 3/4: Die Schüler entnehmen dem Liedtext die *Bilder*, mit denen der Rollengegensatz vermittelt wird: Tag – Nacht, Jäger – Gejagte, Mauer. Sie stellen im Vergleich mit M 1 die vorsichtigere Art der Sprecherin fest – sichtbar an den Fragen; sichtbar auch an der Tatsache, daß von dem Konditionalsatz ausgehend keine konsequent fortgedachten utopischen Handlungen folgen. Es handelt sich also eher um zurückhaltende *Popmusik* als um kämpferische Rockmusik. Im Refrain wird nur der mit dem Titel und den Zeilen 7/8 angelegte Wunsch wiederholt: für einen Tag Rollenwechsel, damit „du verstehst“ „wie ich fühle“. Es geht also eher um Innerlichkeit als um Rollenveränderung. Dies wird belegt durch das *semantische Feld „Gefühle“*: wünschen (Z. 7, 20), fühlen (10, 14), verstehen (10), Herz (11), es schlägt für etwas (11), Liebe/lieben (22/23). Es bleibt beim Optativus: Z. 7/8, 20/21 „Ich wünschte mir sehr, daß alles ganz anders wär!“ → „Ach, wär doch alles anders!“ Unter dem Mäntelchen der Liebe kann der Mann sich über die Probleme der Frau einfach hinwegsetzen – der Konflikt wird mit dem Gefühl zugedeckt. In einer experimentellen Produktion können die Schüler nun einen Gegentext schreiben, in dem die erwachsene Frau (im Gegensatz zur Mädchen-/Jungen-Ebene in M 1) konsequent das Gedankenspiel durchführt: „Wenn ich ein Mann wär, dann würde ich . . .“
M 4 greift das im M 3 angelegte Rollenbild des Mannes auf: „Jäger“ (Z. 14); die Schüler ergänzen weitere männliche Klischees: Sieger, Steuermann, . . . Die Schüler erarbeiten die

Pointe der Grafik: Die Männer entsprechen nicht durchweg dem Klischee des starken Mannes; die Frau wirft die Frage auf den Mann zurück und behauptet damit, daß der Fragende ja auch kein „Mann“ ist.
M 5–7: Die Schüler setzen sich mit den Rollenbildern des schwachen und starken Mannes (M 6 Strophe I und II) und der starken und schwachen Frau (M 5) auseinander. Sie erarbeiten textimmanent die Mittel der Antithetik und der Klischees, die in beiden Texten bis hin zu Klischees der geschlechtsspezifischen Werbung greifen (M 5: aprilfrisch, M 6: rauchen Pfeife). Als Verfahren der Textanalyse kann die Rekonstruktion der *Struktur von Äquivalenz und Opposition* vermittelt werden. Man beobachtet im Text *gegensätzliche semantische Felder* und hält die einander *ähnlichen Elemente* in jedem Feld fest. Dies läßt sich gut mit einem Koordinatensystem veranschaulichen:

Zu M 6:

↕ *Ähnlichkeit* ↕

„schwach“	„stark“
weinen, verletzlich	rackern, stehen unter Strom,
einsam, dünnes Haar	unersetzlich, furchtbar stark
haben's schwer. . .	können alles, machen alles . . .

– ◄——————————————————► +

← →

Gegensatz

Bei der Auswertung zu M 6 müßten die Stilmittel der Übertreibung und Ironie auffallen. In der A-cappella-Version des Grönemeyer-Songs durch die Kölner Gruppe „Bläck Fööss“ wird die Ironie noch deutlicher herausgestellt. Das traditionelle Rollenbild und das Gegenbild in M 5 sind mit demselben Verfahren zu erarbeiten. Die Songs beider Liedermacher stellen die traditionelle Rolle der Frau oder des Mannes in Frage.
Die Liedersängerin Ina Deter (M 7) phantasiert viele Handlungen einer aktiven Frau, die unter einer erfüllbaren Bedingung stehen: „wenn du so bist wie dein Lachen“ – der Indikativ im Konditionalsatz zeigt die Erfüllbarkeit an. In den Hauptsätzen der vier Strophen wechseln „möchte ich, könnte ich, würd ich, würde ich“; die Schüler erörtern: möglich oder unmöglich? Sie unterscheiden Irrealis und Potentialis. Von der Erfüllbarkeit der Bedingung her ließe sich auf Potentialis schließen; diesmal entsteht der Irrealis an einigen Stellen aus der Unmöglichkeit der vorgestellten Handlungen: aus dir Erdbeerbowle machen, mit dir nach Athen schwimmen; die anderen Handlungen sind möglich, insgesamt kommt jedoch Übertreibung zum Vorschein.

Die Hosen anziehen – Realität und Fiktionalität. Ursachen und Konsequenzen des Rollenwechsels – das Unmögliche denken – irreale Konditionalsätze

M 8–10: Wie entsteht geschlechtsspezifisches Rollenverhalten? An M 8 sehen die Schüler, daß die Prägung bis in die unwillkürliche Gestik geht. Sie probieren selbst typische Sitz- und andere Körperhaltungen in Pantomimen aus.
In M 9 erkennen die Schüler in der fiktiven Alltagsszene den Erziehungskonflikt: die Normorientierung der Mutter und den Ausbruchsversuch der Tochter. Hier geht das Rol-

lenbild für die Mädchen sogar so weit, daß es den Jungen wohl als Vorbild entgegengehalten wird. Auslöser der aktuellen Szene ist: Henny hat in der Klasse verraten, daß Jenny einen Liebesbrief an Juri geschrieben hat. Der Konflikt gipfelt in der symbolischen Handlung, mit der sich Jenny befreit: Sie schneidet sich die Haare ab. – Gruppendruck und Elterndruck wirken als Rollenschranken. – Die Gedankenspiele im Indikativ (Z. 17–25) sowie im Konjunktiv II (Z. 47–58) sind zu vergleichen: Thema sind die naturgegebene Regel und die Normüberwindung.

M 10: Der Ausschnitt aus dem italienischen Bestseller von 1989, dem Erstlingswerk der 19jährigen Sizilianerin Lara Cardella, zeigt Emanzipationsprobleme in einem armen Dorf, das sie mit 17 Jahren verließ. Exemplarisch werden die Unterdrückung der Frau und das Macho-Gebaren des Mannes dargestellt. Die Männerrolle ist so dominant, daß ein Mädchen unbedingt Mann sein will. Hier holt die Wirklichkeit das Gedankenspiel des Geschlechtertausches ein. Ausgangspunkt der vorgelegten Szene: Um der unerträglichen Unterdrückung zu entkommen, die einem zur Frau heranwachsenden Mädchen durch das Frausein droht – ihre Mutter ist dafür nur ein Beispiel –, flüchtet Annetta für zwei Stunden in ein Kloster; sie will Nonne werden. Sie wird jedoch nicht angenommen und kehrt nach Hause zurück, wo sie der Vater mit fürchterlichen Prügeln bestraft. Annettas Mitschülerinnen am Gymnasium, die – anders als sie – aus besseren Verhältnissen in der Stadt stammen, folgen mit ihrem Schminken der typischen Frauenrolle. Sie haben nicht den Zwang, ihre Rolle neu zu denken. Der Endpunkt des nun folgenden Selbstversuchs ist der unaufhebbare biologische Unterschied. Die Schüler stellen alle Vorrechte und Freiheiten der Männer sowie alle rollentypischen Elemente für die Frau aus dem Text zusammen.

In einer *Textproduktion* schreiben die Schüler fiktive Beratungsbriefe an Jenny und Annetta: „Was du tun könntest . . .“ Dabei wenden sie entsprechende sprachliche Formen an. Oder sie schreiben im *literarischen Rollenspiel* in der Rolle Annettas einen Brief an deren Cousine Rosa, in dem sie ihre Probleme und Zukunftsvorstellungen darstellt. Dabei wenden sie die Formen des Konjunktivs II an: „Wenn ich könnte, würde ich . . .“

M 11: Die Schüler spielen die Szene einmal nach der Vorlage und einmal, wie sie sonst typisch verläuft. Sie formulieren den unterschiedlichen Handlungsspielraum aus: Was Männer sich so erlauben – was Frauen nicht dürfen.

M 12: Die Fotos zeigen dieselbe Frau männlich/weiblich. Die Schüler beschreiben den Unterschied. (Sie erproben Details ggf. selbst durch Schminken.) In einer kreativen Textproduktion können die Schüler Szenen zu dem vorgestellten Film schreiben und/oder erspielen, ggf. kontrastiv: Bewerbungsszene männlich/weiblich; Betriebswirt Ulli als Abteilungsleiter mit Mitarbeitern und Sekretärin im Büro männlich/weiblich; Ulli in der Betriebskantine männlich/weiblich; etc. Den Szenen können Ullis Gedankenspiele vorweggehen: Wenn ich ein Mann wäre, könnte ich jetzt . . .“ (Anwendungen von Konjunktiv II).

M 13: Die Schüler erkennen die zunächst friedliche Atmosphäre in der Innenperspektive der Frau Katharina (Z. 3, 17/18), dann den plötzlichen Wechsel: Z. 21. Der fiktionale Text thematisiert das Unglaubliche, den Geschlechtswandel, indem er Filmwirklichkeit und erfahrene Wirklichkeit in Beziehung setzt. Die Schüler erarbeiten, welche Veränderungen die Verwandelte als typisch männlich erlebt, welche Handlungen sie ausführt und welche Sorgen, aber auch neuen Hoffnungen sie hat. Der Wechsel der Personalpronomen ab Z. 58 nimmt die Verwandlung auf.

Die Schüler halten fest, was als typisch weiblich bzw. männlich im Text hingestellt wird, und kommen von den äußerlichen Attributen (Z. 45, 82) über Verhaltensweisen (Z. 52, 56 ff., 109 f., 125 f.) zu neuen Einstellungen/Gefühlen (Z. 46, 48 f., 65, 74 f., 129). Sie erörtern die Funktion literarischer Texte: Fiktionen, alternative Erfahrungen, Modelle, Utopien werden möglich; fiktionale Texte zeigen neue Wirklichkeiten und weisen damit auf die konkrete Wirklichkeit. Die Schüler könnten den Text dann fortsetzen: „Der nächste Tag im Betrieb“ oder „Mit dem Personalausweis zum Amt“.

„If I was . . .“ – Textübersetzungen zur Anwendung

M 14–16: Im Englischen steht im Konditionalsatzgefüge das conditional im Hauptsatz, wenn der If-Satz eine nicht erfüllbare Bedingung ausdrückt: If I knew his address, I would visit him. Das conditional wird gebildet aus *would* (Kurzform *'d*) + Infinitiv (möglich sind auch *could* = könnte und *might* = würde vielleicht).
Im *irrealen If-Satz* steht, anders als im Deutschen (!), das past tense, das nun nicht die reale Vergangenheit anzeigt, sondern der deutschen Konjunktivform entspricht. Das Verb *be* hat allerdings spezielle Konjunktivformen (subjunctive), die im irrealen Bedingungssatz verwendet werden können: *I were, he/she/it were.* In der Umgangssprache werden sie aber mehr und mehr durch *I was, he/she/it was* ersetzt (s. M 14/15).
Die Schüler übersetzen die Texte M 14–16, erarbeiten die Träume oder Utopien; sie prüfen und erklären speziell die Konjunktiv- oder Indikativformen in ihrer Funktion für die Textaussage; sie unterscheiden dabei reale und irreale Bedingungssätze.
M 17/18: Bei der Übersetzung ins Hochdeutsche oder ins Englische wenden die Schüler die grammatischen Kenntnisse an.

„Wenn ich singe . . .“ – Thesen zum Umgang mit Realität in Rock und Pop

M 19/20: Die Schüler erörtern von beiden Texten her und im Rückblick auf alle Songtexte (M 1, 3, 5–7, 14–18) die Funktion von Pop- und Rockmusik. Sie erkennen die Kritik in M 19: die Lieder sind unglaubwürdig, weil sie nur auf die Zuhörer schielen; und sie erkennen die selbstbewußte Darstellung des Eskapismus in M 20: Traum und Aufgehen in Gefühl.
Die Schüler stellen Thesen zur aktuellen Musikszene, der Bedeutung von Traum und Utopie, der Rolle von Texten etc. auf und erörtern sie: z. B. Rockmusik äußert Unbehagen an der Welt der Erwachsenen. – Popmusik bejaht die Gegebenheiten. – Rockmusik bietet die Möglichkeit des Rückzugs in Subkulturen. – Popmusik hilft allen mit Traumbildern. – Liedermacher beeinflussen die Rocktexte. – Poptexte sind ganz künstlich. – Rock ist realistisch, Pop ist verlogen. – Rock ist für ältere Jugendliche, Pop für jüngere. – Beides dient nur dem Geschäft. – Rock und Pop gehören in den Musikunterricht . . .

Mögliche Lernerfolgskontrollen

- Vergleich von Songtexten mit irrealen Konditionalgefügen und Songtexten mit Konditionalsätzen im Indikativ: Erklärung der unterschiedlichen Intentionen und Nachweis der grammatischen Mittel; z. B. aus aktuellen „top"-Schlagerheften
- Untersuchung und Interpretation s. u. Anschlußtexte
- Produktion von Rollenutopien

Varianten/Verzweigungen

- Einschub von Übungs-/Arbeitsblättern zu den Konjunktivformen bei Text 3, 7, 8: Identifizieren, Selektieren, Sortieren der Formen aus gegebenen Sätzen; Formen des Konjunktiv II in Indikativ umformen und umgekehrt; Sätze aus dem Themenbereich Utopien in der Popmusik!
- Geschlechtertausch-Texte von Männern in: E. Anderson (s. u.)
- Selbst Rock-/Poptexte sammeln, die mit dem Irrealis arbeiten
- *Anschlußtexte:* John Lennon: Imagine. BAP: Stell dir vüür. Pete Seeger: If I had a hammer. Cat Stevens: Hard headed woman. Moon shadow. Bob Dylan: Tomorrow is a long time. The Beatles: If I fell. If I needed someone.
  E. Kästner: Der eingeseifte Barbier. Trostlied. Der dreizehnte Monat. J. v. Eichendorff: Mondnacht. Yvan Goll: Ich möchte diese Birke sein. – F. Kafka: Auf der Galerie. Wunsch, Indianer zu werden. B. Brecht: Wenn die Haifische Menschen wären. – K. Valentin: Tingeltangel.

Literaturhinweise

Schlager – Rock – Pop:

Baacke, Dieter: Kommunikationskultur und Jugend. In: Imme de Haen (Hg.): Medienpädagogik & Kommunikationskultur. Frankfurt/M.: Gemeinschaftswerk der Evang. Publizistik 1984, S. 37 ff.

Chotjewitz, Peter O.: „Einsamer nie oder Love me do". In: Kursbuch 3/1971, S. 194 ff.

Das Parlament. Themenausgabe Popmusik. Bonn, 8. 1. 1988

Kaul, Gerd/Schütze, Walther: Laß uns zusammen träumen. In: Kursbuch 3/1971, S. 238 ff.

Klose, Werner: Die Sprache des Schlagers. Sprachhorizonte Heft 9. Hannover: Schroedel

Koch, Helmut H.: Rockmusik im Deutschunterricht. In: Mitteilungen des deutschen Germanistikverb. März 1985, S. 44 ff.

Schoenebeck, Mechthild von: Thesen zu Rock und Pop. In: ebd. S. 58

Frauenliteratur - Geschlechtertausch:

Anderson, Edith (Hg.): Blitz aus heiterm Himmel. Rostock: Hinstorff 1975
Brinker-Gabler, Gisela (Hg.): Deutsche Literatur von Frauen. 2 Bde. München: Beck 1988
Feminin - Maskulin. Friedrich Jahresheft VII / 1989. Velber: Friedrich
Kirsch, Sarah/Morgner, Irmtraud/Wolf, Christa: Geschlechtertausch. Darmstadt: Luchterhand (2) 1982
Schmidt-Bortenschlager, Sigrid: „Ich glaube nicht an die Wirklichkeit, ich glaube nur an Wirklichkeiten." In: DU 3/1986, S. 87 ff.
Zeitgenössische Autorinnen. Themenheft: DU 1/1993

Konjunktiv II:

Lottmann, Klaus: Der eingebildete Kranke und der Konjunktiv. In: PD 71/1985, S. 48 ff.
Ludwig, Otto: Könnten wir uns abfinden mit einer Sprache ohne Flügel? Zum Konjunktiv. In: PD 71/1985, S. 16 ff.
Macheiner, Judith: Das grammatische Varieté. Frankfurt/M.: Eichborn 1991, S. 249 ff.
Schneider, Wolf: Deutsch für Kenner. Hamburg: Gruner + Jahr 1987, Kap. 29

8. „Was soll ich nur werden?“ (Jg. 9/10)

Sachthema: Berufsberatung, Rat geben und holen, Ratgebertexte
Textsorte: Szenische Texte: Hörspiel, Schauspiel, Rollenspiel, Gesprächsmitschnitte
Grammatisches Thema: Sprachhandlungen, Phraseologie, Gesprächsanalyse
Materialangebot: s. Materialienband S. 77–88

Sequenzgliederung / Materialübersicht / Intentionen

„Ich wär halt gern . . .“ – Berufsberatung literarisch-satirisch – Dominanz im Gespräch

M 1/2: *Comic/Hörspielszene:* Die Schüler sammeln eigene Berufswünsche. – Sie entnehmen den satirischen Vorlagen, daß ihre Wahlfreiheit durch den Arbeitsmarkt begrenzt ist. Sie erkennen die Kommunikationsbarriere zwischen Beratern und Jugendlichen und erarbeiten die sprachlich-satirischen Mittel. Sie unterscheiden die fiktionale und die reale Situation und schätzen die Realisierungsmöglichkeit ihrer Wünsche ein.

Schon festgelegt – historisch-soziale Barrieren der freien Berufswahl in asymmetrischen Dialogen

M 3: *Jugendtheater-Szene:* Die Schüler erarbeiten die diffusen Zukunftspläne der Protagonisten und die Begrenzungen durch eine hierarchische Partnerbeziehung. Sie erkennen Formen der Kommunikationsstörung.

M 4: *Dramen-Szene:* Die Schüler erarbeiten den dramentechnischen Zusammenhang von Milieu, Figuren, Handlung und Sprache. Sie erkennen das Herr-Knecht-Verhältnis in der Dienstmädchenrolle sowie die raffinierten Versuche, daraus auszubrechen. Sie erkennen die Fremdbestimmung in der Berufslaufbahn durch die Lebensentwürfe der dominanten Mutter. Sie weisen die Dominanz an der Sprache nach.

M 5: *Hörspielszene:* Die Schüler erspielen die Szenenanrisse und erkennen die dominante Erwartungshaltung der Erwachsenen. Sie erarbeiten die Phraseologie der Erwachsenen und Jugendlichen und ihre Bedeutung für Berufswahlentscheidungen. – Die Schüler vergleichen die fiktionalen Vorlagen mit realen Verhältnissen.

„Wie kann ich Ihnen helfen?“ – Gesprächsinitiativen in symmetrischen Beratungsgesprächen

M 6: *Gesprächsprotokoll:* Die Schüler untersuchen die Sprachhandlungssequenzen Frage-Antwort-Kommentierung. Sie bestimmen verschiedene Arten und Funktionen des Fragens und Kommentierens. Sie wenden Verfahren der Gesprächsanalyse an und erkennen den Weg, wie Ratsuchende selbst zu den wesentlichen Erkenntnissen kommen.

M 7: *Gesprächsbeispiel:* Die Schüler überlegen ein Problemlösungs- und Ablaufmodell für Beratungsgespräche und vergleichen es mit dem Beispiel. Sie erkennen die Jasager-Rolle des Ratsuchenden sowie die Dominanz des Beraters. Sie erschließen die Notwendigkeit zu Gesprächsinitiativen und Öffnungen. Sie variieren das Gespräch.

M 8: *Gesprächsbeispiel:* Die Schüler unterscheiden verschiedene Fragetypen. Sie erkennen die Anpassungstechnik des Beraters.

„Macht euch kundig!" – Die Bedeutung von Informationen in der Berufsberatung

M 9: *Theoretischer Text:* Die Schüler artikulieren ihre Erwartung an eine Berufsberatung und erkennen an der Vorlage sowie an M 7/8 das Fehlen von Informationsphasen im Gespräch. Sie unterscheiden den Wert der Selbsterkenntnis von der Hilfe durch fachmännischen Rat. Sie überarbeiten das Gesprächsverlaufsmuster.

M 10/11: *Stellenanzeige/Erkundungskatalog/Erörterungsthemen:* Die Schüler führen Rollenspiele oder ein kleines Projekt durch. Sie informieren sich über Berufe und Entscheidungskriterien (s. Katalog), sie entwickeln Fragestellungen. Sie übernehmen in Rollenspielen die Rollen von Beratern und Ratsuchenden. Sie spielen Beratungsgespräche. – Sie erörtern grundsätzliche Fragestellungen zu ihrer Schullaufbahn oder Berufsfindung.

Didaktischer Kommentar

Nach dem in dieser Sequenz verfolgten *pragmatischen* Ansatz richtet sich die Untersuchung des sprachlichen Handelns in Gesprächssituationen auf die Art und Struktur der Gesprächsabläufe selbst, auf den Zusammenhang der sprachlichen Äußerungen mit anderen Formen des konkreten Handelns sowie auf die Einbettung des Gesprächs und der Handlung in einen Situationsrahmen. Schließlich wird das Zusammenspiel aller drei Teilaspekte betrachtet: *Situation – Handlung – Rede.*

Im folgenden werden Frageaspekte für diese drei Bereiche aufgelistet, damit eine Vorstellung darüber entsteht, woran man im einzelnen interessiert sein kann. Dabei geht es nicht um vollständige Anwendung, sondern um Schärfung des Blicks der Schüler für Auffälligkeiten und um den schrittweisen Aufbau der Methode (s. Seite 158).
Dies Verfahren läßt sich sowohl bei fiktionalen Texten (Drama, Erzähltext) als auch bei nichtfiktionalen Gesprächssituationen anwenden. So sollen in der Sequenz mit der *Textsorte* „szenische Texte" sowohl fiktionale Beispiele einbezogen werden, und zwar historische wie aktuelle, als auch nichtfiktionale Beispiele aus der Beratungspraxis, in denen das Berufswahlverhalten junger Menschen und die Berufsberatung durch Erwachsene und Institutionen thematisiert sind. Beim Vergleich der historischen Dramenszenen mit aktuellen Vorgängen lassen sich die unterschiedlichen Bedingungen in den Gesprächen beobachten.

Die Untersuchung von Gesprächsszenen hat die *Funktion*, daß die Schüler
- sich die *Probleme der Berufswahl* klarmachen: Steuerung durch den Arbeitsmarkt, die persönlichen Interessen, aktuelle Trends, Interessen der Eltern, Druck von außen, Image eines Berufs, Verdienstmöglichkeit, widersprüchliche Neigungen . . .

1. Situationsanalyse:
Welche Faktoren der Situation bestimmen vor allem die Art und das Zusammenspiel des Handelns und des Redens?
Äußere Einflüsse: Ort, Raum, Zeitpunkt, äußere Umstände, Personen, Personenkonstellation, Rollenverteilung, Atmosphäre, gesellschaftliche Bedingungen und Normen, wirtschaftliche Lage, persönliche Situation, Gefühle, Gegenstände etc.

2. Handlungsanalyse:
Welche konkreten Handlungen wirken vor allem auf die Situation und das Gespräch oder die Rede ein, welche sind eine Folge von ihnen?
Konkrete Handlungen: Art der Handlungen (Aufstehen, Fenster öffnen, Kaffee/Formular reichen . . .), Handlungsträger (Personen, Gruppen . . .), Handlungsziel, Auslöser, Verlauf, Ergebnis, Folgehandlungen, Handlungsspielraum, -alternativen, Art der Steuerung (bewußt, unbewußt; emotional, rational . . .)

3. Rede-/Gesprächsanalyse:
Welche Bedeutung haben Gesprächs- oder Redeteile für die Situation und die konkreten Handlungen?
Sprachliche Handlungen: Verbalsprache, Körpersprache; Inhalts- und Beziehungsaspekt; Themenfolge; Redeorganisation: Initiativen, Sprecherwechsel, Redeanteile, Dominanz; Redesequenz: Eröffnung, Ergänzung, Verknüpfung, Abschluß; Rederichtung:dialogisch, monologisch, innerer Monolog/gedanklich, öffentliche Rede; Sprachhandlungen: Begrüßung, Rat, Aufforderung, Kommentar, Frage, Antwort etc.; Redemittel: rhetorische Mittel, Redewendungen/Phrasen, bildliche Mittel, grammatische Mittel.

- *Bedingungen einer Gesprächssituation* kennenlernen: historisch und aktuell; äußerer Rahmen, Situation des Bewerbers, persönliches Behagen oder Unbehagen, Platz nehmen im Raum, Überschaubarkeit in einem Großbetrieb, Freundlichkeit des Beraters . . .
- sich mit angemessenen *Erwartungen* in ein Beratungsgespräch begeben können: Vorwissen, Informationsaufnahme, Hilfe durch andere, Unentschiedenheit in der Wahl, Entscheidungsfähigkeit, Bekanntheitsgrad mit dem Berater . . .
- sich auf den *eigenen Anteil* an Beratungsgesprächen einstellen: Wichtiges von sich sagen können, Informationen aufnehmen, Wahlkriterien verstehen, Neigungen offenlegen, Verdienstwünsche und andere Bedingungen einbringen, selber entscheiden müssen . . .
- *Gesprächsbeiträge* im einzelnen in ihrer Bedeutung und kommunikativen Funktion *richtig einschätzen*: Aufmunterung als Übergabe des Rederechts verstehen; zuhören können; Vorschläge prüfen; Rat annehmen oder ablehnen; offene Fragen als Raum für weite Ausführungen ansehen; enge Fragen als Aufforderung zu kurzen, informierenden Antworten; Kommentare als Möglichkeit, Zufriedenheit oder Unzufriedenheit auszudrücken . . .
- die *sprachlichen Möglichkeiten* reflektieren, sich im Gespräch darzustellen und seine Ziele zu verwirklichen: Standardsprache / Hochsprache und dennoch authentisch sprechen;

überschaubar und eindeutig in Atemrhythmus und Satzbau; adressatenbezogen in der richtigen Anredeform; informativ und interessiert durch Aussagen oder Fragen, deshalb Floskeln und Phrasen vermeidend; auf Sprecherwechsel und Themenwechsel achtend; sachkundig Informationsfragen stellen können etc.

- Beratungsgespräche *erproben*: analytisch an vorgegebenen Szenen und Fällen, produktiv in Rollenspielen und Texten.

Das *Sachthema* „Berufswahl - Beratung" ist ein klassisches Thema der allgemeinbildenden Schulen in Jg. 9. Es ist für die Altersgruppe von hoher Relevanz, da die Schüler/innen sich entscheiden müssen, ob sie Ende des 10. Schuljahres in einen Ausbildungsberuf abgehen oder ob sie die Schullaufbahn in einer Form der allgemeinbildenden Sekundarstufe II (gymnasialer Zweig) oder in einer Form der berufsbildenden Oberstufe fortführen wollen. Bewerbungen werden bereits ab Mitte des 9. Schuljahrs angegangen. So ist die Einstellung auf *Beratungsgespräche* eine Aufgabe *im Fach Deutsch*, verbunden mit der Lektüre von berufsorientierenden Schriften und der Textproduktion von Lebenslauf und Bewerbungsschreiben sowie der Einstellung auf Aufnahmetests. Die Vorbereitung im Unterricht bewirkt eine deutliche Verbesserung der Zufriedenheit und Klarheit in der Berufsfindung (Stegmann/Stooß, 73). Die fachliche Beratung durch die Arbeitsämter ist dabei allerdings unumgänglich, z. B. die Vermittlung der *Berufsbilder* und ihres Wandels in den *Bereichen*: Gewinnung von Naturprodukten, Mineralien und Rohstoffen - Produktion von Grundgütern und Produktionsgütern - Produktion von Konsumgütern - Bau, Montage und Wartung - einfache Dienstleistungen, sach- oder personenbezogen - Dienstleistungen der Planung, Konstruktion, Verteilung und Verwaltung - Dienstleistungen gehobener Art (Medizin, Kunst, Pflege, Erziehung, Sicherheit etc.). Über Beschäftigungsaussichten, Strukturwandel, regionale/lokale Schwerpunkte, rechtliche Verhältnisse etc. wäre zu informieren. Als Zukunftsorientierungen gehen bereits in die Beratungsgespräche ein die *Wahlkriterien*: Fähigkeiten und Neigungen - Einkommens- und Existenzsicherung - Arbeitsmarktchancen - Statussicherung - Basisqualifizierung und Qualifikationsvielfalt - Variabilität und Mobilität - Aufbau beruflicher Identität. Die Spannung zwischen dem Recht auf freie Berufswahl (GG Art. 12) und der Steuerung des Arbeitsmarktes durch staatliche, gewerkschaftliche und unternehmerische Eingriffe sowie durch beratende Lenkung ist als generelles Wahl- und Entscheidungsproblem der autonomen Individuen in einer freien Gesellschaft zu erkennen.

Die *Reflexion über Sprache* bezieht sich in dieser höheren Jahrgangsstufe nicht mehr auf die engeren grammatischen Phänomene, sondern auf komplexere Formen sprachlichen Verhaltens, z. B. auf Gesprächsverläufe. Auch der Ausschnitt aus der Lebenswirklichkeit ist inzwischen öffentlicher: Umgang mit Sprache in der Öffentlichkeit, in Institutionen, Behörden, Betrieben etc.
Unter dem theoretischen Ansatz der Pragmatik werden sprachliche Äußerungen in ihrem Handlungscharakter gesehen. Dabei wird *sprachliches Handeln als eine Form des sozialen Handelns* verstanden. Erst in einer Kommunikationsanalyse wird genau diese Praxis bedeutsam. Häufig wurde dies so mißverstanden, daß nun den Schülern das „Kommunikationsmodell" zu vermitteln sei. Es geht aber gerade nicht um die Einführung eines neuen

„Systems“; vielmehr können die Faktoren eines komplexen Kommunikationsmodells allenfalls für den planenden Lehrer als Frageansätze für die Untersuchung sprachlicher Handlungen in Kommunikationssituationen dienen. Es geht also nicht um das Systemwissen von Medien, Kanälen, Informator, Rezipient, Kontextbedingungen, Intentionen, Konventionen, etc. oder um eine neue Typologie von Sprechakten mit einer neuen entsprechenden Fachbegrifflichkeit, sondern - zumindest im Bereich der Schule - um genauere Aufmerksamkeit für das konkrete sprachliche Verhalten von Dialogpartnern in Sprechsituationen und den größeren Handlungszusammenhängen, in die die Kommunikation eingebettet ist.
Die Auseinandersetzung mit den sprachlichen Handlungen zielt dann darauf ab, zu verstehen und ggf. zu üben, wie Menschen sich verständigen oder gar in Kooperation agieren können; woran es liegt, daß Kommunikation gelingt oder mißlingt etc. Dann sind neben den Sprachhandlungen selbst die Kontextbedingungen von großer Bedeutung. Bleibt man nur auf der Ebene der Syntax, dann „ist Sprache ein multifunktionales Instrument: je nach Kontextbedingungen kann die Äußerung eines bestimmten Satzes die verschiedensten kommunikativen Funktionen haben. So kann die Äußerung des Satzes ‚du kannst die Fenster schließen‘ z. B. eine Aufforderung, ein Ratschlag, eine Feststellung, eine Erlaubnis oder eine Frage sein“ (Wunderlich 1972, 18).
Für die Analyse und Reflexion von Sprachhandlungen benötigt man keine neue lateinische Fachsprache, sondern man kann mit *alltagssprachlichen Wendungen* die sprachlichen Vorgänge beschreiben. Bei der Kommentierung der Sprachhandlungen nähert man sich in der Einschätzung und Bezeichnung der kommunikativen Funktionen vor dem Hintergrund der eigenen Sprach- und Lebenserfahrungen sowie dem Verständnis der vorgelegten Kommunikationssituation intersubjektiv dem angemessenen alltagssprachlichen Begriff an.
Fragesätze, Aufforderungssätze und Aussagesätze, auch entsprechende komplexe Satzreihen und Satzgefüge, Einzelphrasen, Einzelwörter, elliptische Sätze, Partikeln oder Interjektionen übernehmen in kommunikativen Kontexten (Dialogen, Gesprächen, Reden) alleine oder im Zusammenspiel miteinander die *Funktion von Sprachhandlungen*, z. B. als:

Ablehnung	Bedingung	Entscheidung	Interpretation
Ablenkung	Behauptung	Entschuldigung	Intervention
Abschied	Beleidigung	Erklärung	Kompliment
Angebot	Beschönigung	Erlaubnis	Korrektur
Angriff	Beschuldigung	Ermahnung	Lob
Ankündigung	Beschwerde	Eröffnung	Lösung
Anrede	Bestärkung	Fishing for compliments	Lüge
Antwort	Bestätigung	Forderung	Nachfrage
Anweisung	Bestechung	Frage	Nötigung
Aufforderung	Bestellung	Gefühlsausdruck	Paraphrase
Aufmunterung	Beweis	Gegengruß	Positionsbestimmung
Auftrag	Bezichtigung	Gegenvorschlag	Problematisierung
Aufwertung	Bitte	Gruß	Problemverschiebung
Ausrede	Dank	Herabsetzung	Prognose
Ausruf	Drohung	Hilfe	Protest
Aussage	Einschränkung	Information	Prüfung
Ausweichmanöver	Empfehlung	Initiative	Ratschlag

Rechtfertigung	Thematisierung	Verständigung	Widerspruch
Rückfrage	Themaverschiebung	Verteidigung	Wiederholung
Schlichtung	Unterstellung	Vertröstung	Zumutung
Schmeichelei	Urteil	Verurteilung	Zurücknahme
Selbstkorrektur	Verdächtigung	Verweis	Zurückweisung
Spott	Vermeidung	Vorschlag	Zustimmung
Stellungnahme	Vermittlung	Vorwurf	etc.
Tadel	Vermutung	Warnung	
Themaerweiterung	Versprechen	Werbung	

Die Pragmatik will also durch Beobachtung des *realen Kontextes* und nicht einer idealtypischen sprachlichen Umgebung klären, wie eine sprachliche Äußerung gemeint ist.
In den Sprechsituationen, Gesprächen und Texten treten Sprachhandlungen in typischen Kombinationen auf, von einem Paar (z. B. Frage-Anwort) bis zu größeren *Sprachhandlungssequenzen*, z. B. Interview, Beratung, Bestellung, Vertrag, Verhör etc. Die Sequenzen sind dabei weitgehend gesellschaftlich ausgearbeitete und anerkannte Muster (Wunderlich 1976), z. B.:
„Befragung“: Frage - Antwort - Nachfrage - neue Antwort . . .
„Argumentation“: These - Zweifel - Argument - Gegenargument - Argumentenwürdigung - Schlußfolgerung . . .
„Streitgespräch“: Vorwurf - Rechtfertigung/Gegenvorwurf - Ausweichen - Verstärken des Vorwurfs - Aggression - Beschwichtigung . . .
„Vortrag“: Begrüßung - Vorstellung - Überblick - Eröffnung des Themas . . .
„Beratung“: Begrüßung - Kontaktaufnahme - Eröffnung - Frage - Wunsch - Information - Rückfrage -Empfehlung - Einwurf . . .

Im Vordergrund stehen *authentische* Gesprächssituationen. Dabei ist jedoch zu beachten, daß die Sprecher selbst nicht unbedingt immer authentisch sprechen, sondern sich oftmals fester Formeln aus der *Phraseologie* der deutschen Sprache (vgl. Burger/Buhofer/Sialm; Fleischer) bedienen und so ihre individuelle Intention kaschieren oder sich einfach entlasten, um ein Problem nicht angehen zu müssen. Man kann allerdings auch verwandte Sprachverwendungssituationen *aus der Literatur* (dramatische Szenen, Dialogszenen in Prosatexten o. ä.) einbeziehen. In diesem Fall ist jedoch zu berücksichtigen, daß es neben den Handlungsintentionen der im Text handelnden Figuren eine zweite, ästhetische Ebene der Autorintention gibt, die die Ausrichtung der gesamten Handlung der Figuren, also auch ihrer Sprachhandlungen steuert. Der Vergleich zwischen authentischen und literarischen Sprechsituationen ist dennoch wechselweise ergiebig: Könnte das Sprachhandeln der Textfiguren so auch in der Realität vorkommen? Was ist anders oder ähnlich an den Bedingungen und Konsequenzen sowie an der Art und Funktion der sprachlichen Äußerungen?

Methodenhinweise

„Ich wär halt gern . . .“ - Berufsberatung literarisch-satirisch - Dominanz im Gespräch

M 1/2: Nach einem Vorgespräch zum Sequenztitel wird zunächst eine Problematisierung der Berufswahlmöglichkeiten eröffnet. Die Schüler erkennen in dem *Comic* schon an den Bildsignalen die hierarchische Rollenverteilung zwischen Ratgeber und Ratsuchender. Diese Beobachtung läßt sich an der Sprache bestätigen: Duzen, Abwertung durch -chen, Gesprächsanteile, Länge der Gesprächsbeiträge. Sie erschließen das Beratungsziel: Umpolen auf das, was gerade gebraucht wird. Die Schüler erkennen an den Übertreibungen und Rollenklischees den satirischen Charakter der Szene. Von diesem Impuls her überlegen die Schüler, was sie von einer Beratung erwarten: Beratungsziel - Rollenverteilung - Sprache etc.

Der Textausschnitt M 2 stammt aus einem sogen. *Neuen Hörspiel*, einer Hörspielform, die stark mit akustischen Effekten (Stereo, Reihungen, Collage- und Schnittechnik, „Sprachmaterial“ etc.) arbeitet. Entweder kann man die Vorlage mit den Stimmen: BB 1-5 = fünffache Stimme des Berufsberaters, JM 1-JM 5 = Junger Mann 1-5 und in der Verteilung auf den Stereoaufnahme-Raum Pos. 1-5 = Position 1-5 von links nach rechts entsprechend den Regieanweisungen vortragen lassen oder auf Kassette sprechen und dann vorführen. Oder man setzt die Hörspielfassung (Verlag Klett-Cotta, Stuttgart, Best. Nr. 261 331) ein. Das Hörspiel karikiert in 14 Szenen die Alltagserfahrungen der Menschen in den verschiedenen Stationen eines Menschenlebens; eine davon ist der Besuch beim Berufsberater. Die Schüler beobachten und interpretieren, wie die Ratsuchenden sofort von den Berufsberatern zugedeckt werden mit Floskeln aus der Arbeitspolitik und wie sie kaum ihre Wünsche vortragen können. Diese Wünsche selbst wirken noch kindlich oder unüberlegt oder resignativ. Dann erfolgt die Machtdemonstration der Berufsberater, zunächst verbal mit Blick auf ihre „Karriere“, danach durch Übertönen der Verzweiflungsrufe der Ratsuchenden. Zur Interpretation gehen die Schüler von den Regieanweisungen „in gleichmäßigen Taktschlägen“ und „in grotesker Verzweiflung“ aus. Sie stellen groteske, komische Mittel der Szene zusammen: Leerstelle durch fingierte Zustimmung am Textanfang, anormale Syntax, Wortwiederholungen, Litanei der Berufe, Auflösung der Kommunikation vom „du“ zum „man“, banalisierende Anspielungen, Phrasen aus der resignativen *Phraseologie* des ratsuchenden kleinen Mannes („Was kann man denn heut schon werden?“) sowie aus der autoritären Phraseologie der Machtbesitzenden („Wollen muß man können . . .“ oder „bin doch schließlich was geworden“), Auflösung des Gesprächs ins Schreien. Die Schüler erleben die Gewalt der Berater. Zur abschließenden Deutung ziehen sie den Vorspruch heran: Es fehlt das persönliche Interesse am jungen Menschen; hier wäre zu diskutieren, ob die Eltern besser raten könnten. „Wie die Konversationsmaschine rattert, führen Ernst Jandel und Elfriede Mayröcker vor. Was da bei den Jungen an Wünschen vorhanden ist, kann gegenüber den Verwendungszwecken, denen man sie unterwirft, nicht bestehen. Kein Zwischenruf, keine Wiederholung, kein Schreien kommt gegen die Anforderungen auf dem Arbeitsmarkt an heute“ (F. Hebel, 3). - Aus der Kommunikationsbarriere in diesem satirischen Hörspiel leiten die Schüler Forderungen für eine menschlichere, gleichberechtigte Kommunikation ab.

Schon festgelegt – historisch-soziale Barrieren der freien Berufswahl in asymmetrischen Dialogen

M 3: Auf diese eher realistische Jugendtheater-Szene wenden die Schüler das Verfahren der „Analyse einer Gesprächssituation" an (s. o. S. 158). Die drei Teile der *Methode* können aus Beobachtungen am Text als Untersuchungsperspektiven abgeleitet werden (induktiv), oder sie werden als Analyseinstrument vom Lehrer vorgegeben (deduktiv). Die Schüler versuchen zudem die kommunikative Funktion auffälliger Gesprächsbeiträge zu bestimmen und die Sprachhandlung mit entsprechenden Begriffen zu beschreiben (s. o. S. 160 f.).
Die ärmlichen Umstände und die hierarchische Rollenverteilung bestimmen die Situation. Jimmi nutzt Gabi aus, sie läßt sich ausnutzen. Kommunikationsstörungen werden deutlich, wenn Jimmi nicht auf Gesprächsthemen von Gabi eingeht, wenn er ihre nonverbalen Signale übergeht; Vorwürfe und Gegenvorwürfe fallen auf; Jimmi mißachtet mit konkretem Handeln (Wäsche auf den Boden) Gabi, die gerade sagte, daß sie schon aufgeräumt hat; etc. Aus Unzufriedenheit mit den schlechten Arbeitsbedingungen bei einem Friseur, mit der Arbeit ohne Ausbildungsvertrag sowie mit der negativen Zukunftsperspektive will Gabi weiterlernen (Mittlere Reife); Jimmi hält seinen Einsatz für sie beide dagegen, als käme es nur auf den Mann als verdienendes Familienoberhaupt an. Er versteht Gabis Interesse an einer eigenen Entwicklung nicht und deckt das Problem mit der Wir-Phrase zu. Deutlich wird, daß der Freund nicht Gabis bester Berufsberater sein kann. Die Rollen sind trotz des jugendlichen Alters schon festgelegt.
Die Schüler erkennen die kritische Intention der Szene von 1978, aus der Epoche des neuen, kritischen Jugendtheaters (Rote Grütze, Grips-Theater).
M 4: Die Szene aus Gerhart Hauptmanns „Biberpelz" (1892/93) kann den Schülern die überragende Bedeutung äußerer, d. h. sozioökonomischer Einflüsse auf eine Gesprächssituation verdeutlichen, wenn erneut die o. g. Methode eingesetzt wird. Arme Verhältnisse in der Dienstmädchen-Waschfrau-Ebene; der Vater als Schiffszimmermann kein Erfolgsmensch. Die Mutter nimmt auf harsche, komische Art die Klage der Tochter, daß sie von ihrer Herrschaft ausgebeutet werde, nicht ernst, sie hat die Tochter schließlich mit befristetem Vertrag vermietet (!) und muß die Zeit einhalten; sie hat allerdings auch ihr Ehrgefühl, da sie ein Weglaufen nach dem Weihnachtsgeld nicht akzeptieren mag, schließlich ist sie bei denselben Herrschaften beschäftigt. Das große Berufsziel der raffinierten Tochter ist, Näherin in Berlin zu werden. Die Mutter wirkt stark, das merkt man schon am Sprechanteil und an den Gesprächsinitiativen gegenüber ihrem Mann. Eine konkrete Handlung verdeutlicht das zudem: sie schleppt das Wilddiebgut, einen Rehbock, auf der Schulter nach Hause. Sie durchschaut die faule Leontine, verulkt sie sprachlich und geht mit Ironie und Frechheit über deren Selbstmorddrohung hinweg. Sie wirkt mit ihren häufigen Forderungen und Drohungen sittenstreng und pflichtbewußt, jedoch ist alles Kalkül für ihre Karriereplanung. Sie hat „Großes" mit ihrer Tochter vor und erklärt sich gegenüber ihrem Mann als zuständig für die Tochter. Hier wird durch die Umkehrung des Erwarteten, sie ist der „Herr im Haus", ein komischer Eindruck bewirkt. Ebenso wirkt sie mit ihrer „gebildeten" Selbstdarstellung komisch, d. h. mit den z. T. falschen französischen Brocken, die schon eine eingedeutschte Phraseologie darstellen.

Bei der Berufsentscheidung übernimmt sie die Zukunftsplanung für die Tochter. Gegenüber ihrem Mann ist sie mit ihrer Ironie, ihren Herabsetzungen und ihrem Überschreien „rollenverkehrt“ und frech, wirkt dadurch aber auch existenzsichernd; mit ihren Ablenkungen ist sie jedoch auch geschickt. Die Tochter hat kein wirkliches Ausbildungsziel, sie will nur etwas mehr Geld und gegenüber der groben Arbeit im Haus die „feinere“ Arbeit der Näherin, doch scheint auch das städtische Leben in Berlin zu locken. Insgesamt findet weder echte Berufswahl noch echte Beratung statt, auch wenn die Mutter von „meine Konferenz“ spricht: Sie meint nur ihre Zuständigkeit.
Die Schüler erkennen die historische Lage der unteren Schichten Ende des 19. Jahrhunderts.
M 5: Die Schüler spielen den Text mit verteilten Rollen. Auffällig an den blitzlichtartigen Kurzbeiträgen sind die stereotypen Phrasen der Erwachsenen, mit denen sie eine wirkliche Auseinandersetzung über die Berufsvorstellungen eines Mädchens vermeiden, sowohl im Gespräch über die Tochter als auch im Gespräch mit der Tochter. Auffällig sind ebenfalls abwehrende Sprachhandlungen (Typ: Hör mir bloß auf!). Es werden die traditionellen Argumente für weibliche Kurzbildung vorgetragen. Zum Schluß werden aus der Mädchenperspektive ebenfalls die typischen Frauenberufe als Ziel genannt. Der Text von 1972 stammt noch aus der Epoche des Bildungsaufbruchs mit der Picht-Forderung: katholische Mädchen vom Land aufs Gymnasium! Die Schüler überlegen, ob Mädchen heute Alternativen haben und wie sie sie verwirklichen können. Sie erspielen ggf. eine Alternativszene, in der es zu einem klärenden Gespräch zwischen einem *Mädchen und den Eltern* kommt mit dem Entscheidungsziel: Weiter aufs bzw. auf dem Gymnasium oder ab in einen Ausbildungsberuf? Die Schüler argumentieren aus ihrer eigenen Sicht.

„Wie kann ich Ihnen helfen?“ – Gesprächsinitiativen in symmetrischen Beratungsgesprächen

M 6: Die Schüler untersuchen nun besonders die Rolle und das Sprachverhalten des Beraters. In einem diagnostischen Gespräch geht es um das Problem, ob ein Realschüler die gymnasiale Schullaufbahn fortsetzen sollte. Die Mutter trägt ihre Sorgen und Beobachtungen vor. Der Berater hilft ihr bei der Problementwicklung mit der Wiederholung und Kommentierung von Redebeiträgen der Mutter, damit das Verständnis einer Aussage festgehalten wird, damit ein Akzent in einer Aussage herausgestellt wird und damit die Mutter zur Fortsetzung ermuntert wird. Zum anderen verwendet er Fragen, die Aussagen der Mutter in Frage stellen, so daß sie zu neuen Überlegungen kommt, oder Fragen, mit denen er wichtige Informationen einholt, damit er sich ein Bild von dem Jungen machen kann. Dabei entsteht ein Ergebnis, das überrascht. Zum einen kann er dem Jungen durch einen Test weiterhelfen, zum andern kommt die Mutter zu der Erkenntnis, daß sie selbst etwas für sich tun wird, ihren Spaß an eigener Berufstätigkeit akzeptiert.
M 7: Die Schüler entwickeln für ein Beratungsgespräch eine Rollenverteilung, eine zentrale Fragestellung und Problemlösungsvorschläge. Sie spielen das Gespräch und vergleichen es mit dieser Vorlage. Dabei erkennen sie die Dominanz des Beraters in M 7 und führen sie auf den Fragetypus „Entscheidungsfrage“ zurück, die keinen Antwortspielraum ermöglicht. Dies kann auch ohne Spielansatz direkt im Vergleich mit M 8 geschehen.

M 8: Die Schüler untersuchen die verschiedenen Sprachhandlungen und bestimmen ihre Funktion im Gesprächsablauf: W- oder Ergänzungs-Fragen, Aussagesätze in Frageintonation als Impuls, Aufforderungen, Vorschläge, Vertiefungsfragen, etc.

„Macht euch kundig!" - Die Bedeutung von Informationen in der Berufsberatung

M 9: Die Schüler erörtern die Standardisierung der Beratungsgespräche und überlegen, was sie noch von einer Beratung erwarten, was ihnen hier fehlen würde: Der Ablauf ist eher aus der Perspektive des Beraters gestaltet; es fehlen vor allem Phasen der Information, in denen der Ratsuchende Aufklärung über Berufsbilder, berufliche Anforderungen, Verdienst etc. erhält. Die Schüler bauen diese Teile in den Ablauf ein.
M 10/11: Den Abschluß der Sequenz bilden Gesprächssimulationen: Die Schüler gehen von ihren derzeitigen Berufsvorstellungen aus oder nehmen die Beispiele aus M 11, sie sammeln Informationen zu Berufen und spielen wechselweise Berater und Ratsuchende in Beratungsgesprächen. Dazu müssen Fragestellung, Beratungsziele, Wahl- und Entscheidungskriterien etc. (s. M 10) vorbereitet werden. Dabei erörtern sie die Wertigkeit von Kriterien: Was ist für sie besonders entscheidend? Hoher Verdienst, Zufriedenheit am Arbeitsplatz, Größe des Betriebs, Erfüllung ihres Berufswunsches, Aufstiegsmöglichkeiten etc.?

Mögliche Lernerfolgskontrollen

- Untersuchung von Gesprächsszenen: Sprachhandlungen und ihre Funktionen (in Sprach- und Lesebüchern, z. B. Wort und Sinn Lesebuch Bd. 9, Harry Tobinski: Zimmer 24; Arbeit mit Texten Bd. 9/10, Werner Boder: Berufswahl - oder Texte vom Arbeitsamt)
- Vergleich eines asymmetrischen und eines symmetrischen Dialogs
- Entwicklung von Beratungsdialogen zu einem anderen jugendgemäßen Problem: z. B. Mit 16 Jahren allein mit der Freundin/dem Freund in Urlaub fahren? - Ärger mit einem Lehrer. - Wie komm ich wieder vom Rauchen ab? - Ich find keinen Anschluß in einer Gruppe etc.

Varianten/Verzweigungen

- nur den literarischen oder nur den alltagsorientierten Teil der Sequenz angehen
- Bezug zum Thema Sprachhandlungen in den Sequenzen 1, 5

Literaturhinweise

Gesprächsanalyse:

Aspekte des Komischen. Themenheft DU 1/1984 (darin: F. Hebel)

Burger, Harald/Buhofer, Annelies/Sialm, Ambros: Handbuch der Phraseologie. Berlin: de Gruyter 1982

Fleischer, Wolfgang: Phraseologie der deutschen Gegenwartssprache. Leipzig: Bibliographisches Institut 1982

Gespräche. Themenheft. PD 83/1987

Henne, Helmut/Rehbock, Helmut: Einführung in die Gesprächsanalyse. (Sammlung Göschen). Berlin: de Gruyter 1982

Kallmeyer, Werner/Schütze, Fritz: Konversationsanalyse. In: Studium Linguistik 1/1976, S. 1–28. Kronberg: Scriptor

Mackeldey, Roger: Alltagssprachliche Dialoge. Kommunikative Funktionen und syntaktische Strukturen. Leipzig: Verlag Enzyklopädie 1987

Ramge, Hans: Alltagsgespräche. Frankfurt: Diesterweg o. J. (1978)

Wunderlich, Dieter (Hrsg.): Linguistische Pragmatik. Frankfurt: Athenäum 1972

Wunderlich, Dieter: Studien zur Sprechakttheorie. Frankfurt: Suhrkamp 1976

Berufswahl/Berufsberatung:

Bark, Karin: Ein Vorhaben planen, dargestellt am Beispiel: „Berufsberatung“. In: PD 3/1974, 55 ff.

Brink, Marianne: Berufswahl heute. Freiburg: Herder 1987

Heinemann, Ursula/Heinrich, Brigitte: Reden – Zuhören – Antworten. München: Pfeiffer 1985

Kaiser, Franz-Josef: Entscheidungstraining. Bad Heilbrunn: Klinkhardt 1976

Manstetten, Rudolf: Das Berufsberatungsgespräch. Trier: Spee 1975

Ders.: Pädagogische Beratung. Darmstadt: Winklers 1982

Stegmann, Heinz/Stooß, Friedemann: Berufswahl und Berufsaussichten Jugendlicher. In: Gegenwartskunde SH 1980, S. 71 ff.

Waidner, Günther/Sturm, Johann/Bauer, Kurt-Wilhelm: Methodik der Arbeitsberatung. Stuttgart: W. Kohlhammer 1980

9. „Lesarten" (Jg. 9/10)

Sachthema: Einblicke in die Textproduktion, Textrevision
Textsorte: Lyrische Texte: Manuskripttexte von Schriftstellern
Grammatisches Thema: Formen der semantischen, syntaktischen, stilistischen Textüberarbeitung
Materialangebot: s. Materialienband S. 89–97

Sequenzgliederung / Materialübersicht / Intentionen

„Der König von Thule / Der König in Thule" – Textvarianten, Paralleltexte

M 1: *Ballade:* Die Schüler untersuchen inhaltliche Veränderungen durch Wortaustausch und Satzumbildung; sie überlegen Gründe und erschließen die veränderte Intention der zweiten Fassung.

M 2: *Gedichte:* Die Schüler vergleichen drei Varianten. Sie analysieren Veränderungen der Klänge, Wortwahl, Syntax, Reim- und Strophenbildung. Sie erkennen den Wechsel von erlebnishafter zu symbolischer Lyrik.

„~~Doch~~ Denn heute löst sich . . ." – Textüberarbeitung, Stellenkorrektur

M 3: *Naturgedicht mit Manuskript:* Die Schüler erkennen veränderte Eindrücke und Wirkungen an überarbeiteten Einzelstellen.

M 4: *Politisches Gedicht mit Manuskript:* Die Schüler beobachten an Einzelstellen orthographische Korrekturen sowie die Korrektur von Detailaspekten. Sie stellen Überlegungen zum Autor an.

M 5: *Politisches Gedicht mit korrigiertem Typoskript:* Die Schüler beobachten die Variantenbildung im Gedankengang und erkennen die veränderte Aussage.

„. . . in einem bequemen Wagen" – verzögertes Lesen, Kontextsteuerung, Textproduktion

M 6: *Gedicht mit Lücken:* Die Schüler ergänzen die Lücken aus vorgegebenen Textvarianten und argumentieren mit dem Kontext. Sie reflektieren die Stildefinition „Wahlmöglichkeit".

M 7: *Gedicht in Prosaform:* Die Schüler rekonstruieren das Original mit Hilfe stilistisch-rhetorischer Indikatoren.

M 8: *Gedichte aus Textangeboten:* Die Schüler erstellen Texte durch Auswahl aus Formulierungsvarianten und versuchen „Stimmigkeit" mit Blick auf den Kontext.

Heinrich Heine – Lesarten zu Gedichten, Textentstehung, Arbeit des Autors

M 9: *Liebesgedicht mit „Textapparat" und Manuskript:* Die Schüler lernen einen Textapparat als Forschungsergebnis kennen. Sie vergleichen Lesarten und beobachten die sprachliche Arbeit des Autors. Sie unterscheiden Autor und „lyrisches Ich".

M 10: *Rollengedicht mit Lesarten:* Die Schüler verfolgen die Verarbeitung des Bildmotivs und beobachten die Variation in den appellativen Bezügen.

M 11: *Politisches Gedicht, gedruckt mit handschriftlichen Korrekturen des Autors:* Die Schüler erörtern die Veränderung in der Textaussage durch semantische Korrekturen und erkennen die Reichweite einer einzigen Wortveränderung in einer konkreten historischen Situation.

M 12: *Politisch-weltanschauliches Gedicht in drei Fassungen sowie im Manuskript:* Die Schüler untersuchen die Verarbeitung der Daseinsmetapher von der Lebensfahrt in der Urfassung und späteren Fassungen. Sie verfolgen den Prozeß der sprachlichen Produktion und erkennen die politisch brisantere Wirkung der Druckfassung im Vergleich mit der Urfassung. Dazu beobachten sie die Redesituation und die korrespondierenden sprachlichen Formen.

Didaktischer Kommentar

Vorletzte Fassung

Vor mir liegt
mein Gedicht
Ich habe es gestern
noch einmal gründlich verbessert
und leise
und laut
gelesen

Es ist jetzt
gar nicht mehr
fehlerhaft
und sein Inhalt
stimmt mit der Form
überein
Es ist nur tot

Vielleicht
muß ich es
wieder umschreiben
und dann
endgültig korrigieren
damit ich es
wegwerfen kann.

(Erich Fried: Das Nahe suchen. Gedichte. Quarth. 119. Berlin: Wagenbach 1982)

„Ich glaube nicht, daß sich die Schriftsteller das alles so gedacht haben, was wir beim Interpretieren der Gedichte herausbekommen. Ich glaube nicht, daß sie sich beim Schreiben überhaupt etwas gedacht haben, wir legen doch alles in die Texte hinein! Da könnten wir uns eigentlich die Untersuchung der Texte sparen und nur sagen, was sich jeder von uns beim Lesen denkt."

(Klaus M., Schüler, Jg. 10)

„Wenn ich schreibe, weiß ich nie, wie ich anfangen soll, und wenn ich was verbessern soll, weiß ich nie, was!"

(Heike S., Schülerin, Jg. 10)

Zentral sind in dieser Sequenz *die stilistischen und kontextuellen Funktionen der sprachlichen Mittel* in literarischen Texten.
Bei der Lektüre poetischer Texte haben wir es zumeist mit Autoren zu tun, die – wie vielfältige Belege aus der wissenschaftlichen Literatur, aus Autobiographien, Textapparaten, Manuskripten etc. zeigen – um das Wort und die Gestalt ihrer Texte gerungen haben, die immer wieder einen Text aufgegriffen haben, um ihn zu verändern (zu verbessern oder zu verschlechtern).
Und wir haben es bei den Schülern mit Textrezipienten zu tun, die oftmals nach aller schulischen Analyse und Interpretation nicht mehr glauben können, daß poetische Texte intentional gestaltet sind. Die Schüler sind kaum mehr in der Lage, den Stil eines Textes als das Ergebnis eines Schaffensprozesses zu erleben. Das Mißvergnügen an der übertriebenen Interpretation oder an der autoritären Lehrerinterpretation treibt sie zusätzlich in eine Abwehrhaltung den Leistungen der Dichter gegenüber. Außerdem können viele Schüler leichte Differenzierungen im Sprachgebrauch, Nuancen in der Formulierung oder leichte Veränderungen im Ton nicht mehr wahrnehmen; sie bringen kaum noch die Konzentration auf, Veränderungen am Text auf ihre Wirkungen hin zu verfolgen.
Die Arbeit an klaren Textvarianten, an Kontrasttexten und deutlichen Textkorrekturen gewinnt hier ihre Bedeutung: Durch die Methode des *Textvergleichs* soll also die Funktion und Wirkung des Einsatzes bestimmter sprachlicher Mittel in Gedichten kennengelernt werden.
Diese Sequenz hat die *Arbeit der Autoren* an ihren Texten zum Gegenstand. Das Feilen an einer Aussage oder Form kann vermitteln, daß es einem Autor um einen bestimmten Ausdruck oder eine bestimmte Wirkung geht. Textvarianten, verschiedene Fassungen, Überarbeitungsprozeduren im Manuskript und die Lesarten in Textapparaten beleuchten die Arbeit der Autoren. Autobiographische Aussagen von Autoren über das eigene Werk in Briefen, Tagebüchern oder Gesprächen, Selbstinterpretationen und Kommentare können die Einsichten ergänzen. Die Schüler erhalten auf diese Weise ausgiebig Einblick in Überarbeitungsvorgänge und den intentionalen Schaffensprozeß von Autoren. Bei diesem ‚Blick in die Autorenwerkstatt' sollte nicht versäumt werden, auch den Adressaten dieser ganzen Bemühungen, den Leser, ins Bewußtsein der Schüler zu rücken. Folgende grundlegende Verstehensbedingungen von poetischen Texten sollte der Lehrer zur Sprache bringen:

1. Für literarische, „dichte" Texte, insbesondere für lyrische Texte ist die *Polyvalenz der Sprache* und der Textgestalt typisch: Das bedeutet, daß generell unterschiedliches Verstehen im metaphorischen, poetischen und verschlüsselten Text angelegt ist. So kann der Leser noch zu ganz anderen Verstehensweisen eines Textes oder einer Textstelle gelangen, die ein Autor gar nicht angestrebt hat. Mehrdeutigkeit also ist das Problem der Lektüre poetischer Texte, unabhängig von der Intention der Autoren.
2. Schließlich sind die Beobachtungen der *Rezeptionsästhetik* von Bedeutung: Es gibt verschiedene Lesertypen und Leseinteressen, von daher ergeben sich auch verschiedene Lesarten unter verschiedenen Lesern. Die Konnotationen und Assoziationen des Lesers, seine individuelle Leserbiographie und seine Erfahrungen prägen ein bestimmtes Verstehen. So können verschiedene Leser nur miteinander abklären, wo sie ein gemeinsames Verständnis dem Text gegenüber entwickeln können und von welchen Textsignalen sie dabei gesteuert wurden. Interpretieren ist damit der intersubjektive Versuch, sich das Verständnis von einem Text mitzuteilen.

Für die Arbeit an den Textvarianten der Autoren mag es hilfreich sein, die von Abraham entwickelten Thesen im Hinterkopf zu haben:

1. *die Wahlthese:* „Stil sei das Ergebnis einer Wahl des Autors zwischen sprachlichen Alternativen" (Abraham, 7);
2. *die Abweichungsthese:* stilbildend sei die „kalkulierte und poetisch effektvolle Abweichung" von der sprachlichen Norm;
3. *die Zeichenthese:* nicht die Abweichung von allgemeinen sprachlichen Normen, sondern die Auffälligkeit im konkreten Text macht den Stil aus, „einzelne stilistisch markierte Wörter, Phrasen oder Sätze [gewinnen] ihren Zeichencharakter durch Hervorhebung" (ders., 8).

Letztlich ist es die durch alle Überarbeitungen, d. h. durch stilistische und inhaltliche Entscheidungen erreichte „Stimmigkeit" eines Textes, die sich dem Leser in der Textwirkung erschließt. Es müssen bei der Untersuchung der Textrevisionen alle drei Thesen miteinbezogen werden:

- Aus welchen Varianten wählt ein Autor gerade diese neue Form?
- Was macht den Effekt der neu gewählten Fassung aus?
- Wie paßt die neue Form in den Kontext? Was markiert sie in ihm?

Bevor an die Textvarianten herangegangen wird, sollten die Schüler zunächst einmal die tradierte letzte Fassung (Druckfassung) angemessen erarbeiten. Das kann in einem typischen, stufengemäßen Verfahren angestrebt werden:

1. *Gesamteindruck und These zur Textaussage: Eindrücke und vorläufiges Verständnis formulieren*
   - mir fällt auf, . . .
   - es handelt sich um (eine Ballade);
   - zu erklären, zu untersuchen ist vor allem, . . . (Leerstellen);
   - wichtig ist wohl . . .
   - der Text zeigt, daß / wie . . .

2. *Textanalyse: genaue Beobachtungen am Text darstellen, einzelne Auffälligkeiten und ihre Beziehungen zueinander erklären*
   - Situationen, Handlungen, Personen, Zeitverhältnisse
   - Perspektiven, Blickführung, Aufmerksamkeitslenkung
   - Themen und Probleme
   - Aufbau und auffällige Gliederung des Textes (Rahmung . . .)
   - auffällige Formen (Strophe, Reime, Metrum . . .; besonders die Abweichungen vom Regelmäßigen)
   - Sprache der Textfiguren, des lyrischen Ichs/des Erzählers (altertümlich, sachlich, dialogisch, . . .)
   - Bildkomplexe und einzelne Bilder übersetzen
   - Wiederholungen, Gegensätze, Widersprüche, Paradoxa, Brüche
   - besondere Ausdrücke, Schreibweisen, Namen, Zeichensetzung
   - semantische Felder (dem Sinn nach verwandte Wörter)

- Struktur von Ähnlichkeiten und Gegensätzen
- stilistische Mittel, rhetorische Mittel, Klangmittel
- Gefühle, Motive und Ziele, Pointe, etc.

→ ggf. schon die Funktion von Einzelheiten für den Sinn des Textes erklären

3. *Interpretation: den Sinn des Textes deuten*
   - die Bedeutung des ganzen Textes und seiner Teile erklären
   - zentrale Aussagen oder Stellen hervorheben
   - die Absicht des Autors erschließen
   - die Bedeutung für damals - heute - immer / für mich
   - den Text und seine Wirkung beurteilen

   → wichtige Erklärungen und Behauptungen in 2. und 3. mit Zitaten stützen

Bei der Arbeit an den Textvarianten kommen dann die *operationalen Verfahren, die „Proben"* (s. o. S. 68 ff.) zum Einsatz: besonders die *Klangprobe, Ergänzungsprobe, Streichprobe, Austauschprobe und Umstellprobe.* Mit ihnen läßt sich nachstellen, wie ein Autor zu Veränderungen gelangte.

Methodenhinweise

„Der König von Thule / Der König in Thule" - Textvarianten, Paralleltexte

M 1: Die Ballade von *Johann Wolfgang Goethe* (1749–1832) aus der Sturm-und-Drang-Epoche behandelt den Themenkreis Liebe/Treue/Dauer und Tod im symbolischen Bezug von Buhle/Weib/ihr Tod - Wein/goldner Becher/die übergehenden Augen/Meeresflut - König/sein Tod/die sinkenden Augen. Die Insel Thule, das fernste Reich im Norden, gibt dem ganzen noch eine geheimnisvolle, archaische Note.
Die ältere Fassung A) von 1774 (so z. T. noch im Urfaust) wirkt gegenüber der späteren Version ursprünglicher, da weniger durchgestaltet. Sie ist z. T. eckiger in der Syntax: z. B. V. 2–4, 13–16; ungefüger im Enjambement: V. 2–3, mit dem süddeutsch-mundartlichen Indikativ (hett) = er hatte einen goldenen Becher empfangen von seiner Geliebten; krasser in der Wortwahl: z. B. Todesbett V. 4; volkstümlicher mit dem Binnenreim: V. 6; eindringlicher durch Wiederholung: V. 6 trank draus - V. 8 trank daraus; ungenauer in der Beschreibung des Bewegungsablaufes: V. 21–24 sinken–trinken–stürzen.
Die überarbeitete Fassung B) von 1800 (so in Faust I von Gretchen gesungen) ist verfeinert und ausgearbeitet. In V. 2 ist eine zentrale Änderung vorgenommen: Das Thema „treu bis an das Grab" wird im Text selbst vorgegeben; V. 3–4 der Tod der Geliebten wird durch das Partizip Präsens nahegeholt; V. 5 sein Gefühl steht im Vordergrund, der Becher wird nicht erneut erwähnt; V. 13–20 die vorher durchgehende Situation wird nun in zwei Teile auf die zwei Strophen aufgeteilt; der stehende König wirkt in seinem Abschiedstrunk beim Sterben mächtiger als der in A) sitzende; die Situation ist logischer, wenn der Blick dem fallenden Becher folgen soll. V. 21–22 der Ablauf Fall–Füllen–Sinken ist logischer.

M 2: Bei einem mündlichen Textvortrag (durch einen Schüler oder den Lehrer) von *Conrad Ferdinand Meyers* (1825–1898) Gedicht wird den Schülern inhaltlich der Strahl, die dreifache Schale und das nimmt-gibt/strömt-ruht in Erinnerung bleiben. Für die Analyse entsteht die Frage, wie diese Grundelemente sich entwickelt haben.
Meyers drei Textvarianten könnten zunächst durch Klangprobe auf wesentliche Änderungen hin beobachtet werden: A) wirkt gegenüber B) und C) erzählend. Die zentralen rhythmischen Unterschiede zwischen B) und C) liegen in der ersten und letzten Verszeile. Bei einem prüfenden Sprechen ist in C) klanglich auffällig der Spondeus oder die „schwebende Betonung" auf jambischer Grundlage in V. 1, der klanglich-symbolisch den inhaltlich angesprochenen Vorgang des Aufsteigens wiedergibt. Im Vergleich von A) V. 5, B) V. 1 und C) V. 1 zeigt sich, daß eine Überarbeitung auch wieder zu einer früheren Fassung, wenn auch in verbesserter Form, zurückkehren kann: klanglich löst in C) „aufsteigt der Strahl" das „der Springquell plätschert" aus B) ab, der Ton ist voller, bedeutender. Im Schlußvers tritt erst in C) durch Auslassungen im Metrum Ruhe ein.
Inhaltlich sind die vielen Umgebungselemente der Szenerie aus A) in B) und C) immer weiter reduziert auf das Wesentliche; dies läßt sich durch Auflisten und Zählen der Nomen erkennen. Ebenso ist die Anzahl der Adjektive und Partizipien verringert. Hinsichtlich der Syntax lassen sich verschiedene Änderungen beobachten. Von A) nach B) ist die Menge der Strophen und Sätze reduziert, nach C) hin bleiben zwei syntaktische Einheiten übrig (V. 1–4, Trennung durch ein Semikolon, V. 5–8), die im Kreuzreim-Schema ihre Entsprechung finden. Der *Vorgang der Verdichtung* ist hier überdeutlich.
Der symbolisch wesentliche Vorgang des „Gebens und Nehmens" wird von A) nach B) zudem aus der nominalen Form in die verbale überführt und damit anschaulich gemacht, er wird außerdem von B) nach C) hin umgekehrt: „jede nimmt und gibt zugleich". Diese Polarität findet ihre Entsprechung im Strömen und Ruhen, wobei C) V. 8 noch um die Subjekte „alles" verknappt ist. Neben die symbolisch vermittelte soziale Gesetzlichkeit tritt damit zum Schluß die Symbolik von Dynamik und Statik. Das Gedicht wird zu einem Sinngedicht.

„~~Doch~~ Denn heute löst sich . . ." – Textüberarbeitung, Stellenkorrektur

M 3: Streichen, ergänzen, darüber schreiben – *Friedrich Hebbel* (1813–1863) benutzt in seinem Gedicht *Herbstbild* (siehe Seite 173) die gleichen Überarbeitungsprozeduren, wie die Schüler sie sich aneignen sollen (s. ESAU-Regel, S. 94 f., 98).
Der Reiz, an einer Handschrift zu arbeiten, erhöht die Lust zur Betrachtung der entscheidenden Korrekturen. In Hebbels Naturgedicht lassen sich die Revisionsschichten ablesen: V. 3/4, 5, 7. Die Natur wurde zunächst als aktiv dargestellt: sie pflückt, sammelt, löst – in der überarbeiteten Fassung werden eher die herbstlichen Vorgänge festgehalten; außerdem ist die steifere Form des Vergleichssatzes V. 4 überwunden. Mit der „Feier der Natur" V. 5 ist ein Motiv angewandt, das die natürliche Situation überhöht und einen Wechsel von der Erlebnis- zur Gedankenlyrik bewirkt; die Verknüpfung von V. 6/7 durch „denn" statt „doch", verbunden mit dem reflexiven „löst sich", paßt schließlich stimmiger zu der „Lese" der Natur.

(Fassung A im Druckbild)

	Herbstbild	Korrekturen in der Handschrift:
1	Dieß ist ein Herbsttag, wie ich keinen sah!	
2	Die Luft ist still, als athmete man kaum,	
	raschelnd	H_1
3	Und dennoch fallen [Früchte] fern und nah,	[gestrichen]
	Die schönsten Früchte ab von jedem	H_1
4	[Als würde unsichtbar gepflückt am] Baum.	[gestrichen]
	Feier der	H_1
5	O stört sie nicht, die [sammelnde] Natur!	[gestrichen]
6	Dieß ist die Lese, die sie selber hält,	
	sie	H_1
7	Doch lös't [sich] heute von den Zweigen nur,	[gestrichen]
	(Denn heute löst sich von den Zweigen nur,)	handschriftlich auf einer Rasur in H_2
8	Was vor dem milden Stral der Sonne fällt.	

Oct: 1852.

H_1 = Hebbels eigenhändige Handschrift mit Gedichten der Jahre 1845–1853
H_2 = Quartband der Gedichte von Abschreiberhand; von Hebbel eigenhändig korrigiert und ergänzt.
Lesarten in: Friedrich Hebbel. Sämtliche Werke. Historisch-kritische Ausgabe von Richard Maria Werner. Berlin: B. Behr's Verlag 1903. 7. Band. S. 285

M 4: Mit dem Text von R. Dehmel beginnt die Folge politischer Gedichte. *Richard Dehmel* (1863–1920), Sohn eines Försters, Redakteur, freier Schriftsteller schlägt als Lyriker naturalistische, impressionistische und expressionistische Töne an. In seinen politischen Texten zeigt er sich als antibürgerlicher, volkstümlicher Sozialreformer.
Die Korrekturen V. 6 froh → frei, V. 12 dir → uns sind inhaltlich bedeutsam; die in V. 18, 19, 21 sind nur orthographische Korrekturen (für die die entsprechende Regel herangezogen werden könnte). Die Änderung in V. 19 „alles" → „all das" scheint eine deutlichere deiktische Form zu bringen: Dem Arbeitsmann fehlt die Frucht seiner Arbeit; so wird aus dem Bedauern über die dem Arbeiter fehlende Zeit am Schluß ein Appell oder gar eine Drohung.
M 5: Mit M 5 beginnt eine kurze Sequenz zu Texten von *Bertolt Brecht* (1898–1956). Aus diesem Text geht die didaktische, politische Intention seiner schriftstellerischen Arbeit hervor, die für M 6/7 thematisiert werden kann. Das schwer lesbare Typoskript B) ist in C) abgedruckt. Die Veränderungen zeigen, wie Brecht sowohl den Gedanken an einen Grabstein als auch den Inhalt einer Inschrift reflektiert. Aufschlußreich ist, daß Brecht von „recht haben" zum „Vorschläge machen" übergeht.

„. . . in einem bequemen Wagen“ – verzögertes Lesen, Kontextsteuerung, Textproduktion

M 6: Nach der Methode des „verzögerten Lesens“ (Frommer) erproben die Schüler an einem Lückentext die Auswahl von möglichen Textvarianten aus vorgegebenen Alternativen. Sie begründen ihre Entscheidung in einer argumentativen Interpretation: Vom Inhalt und der Form her wird die Stimmigkeit der gefundenen Lösung erwogen. Die Rezipienten (Schüler) nehmen hier in einer Simulation also die Rolle des Textproduzenten ein. (Lösung im Original: 1 d, 2 b, 3 c, 4 c)
M 7: Die Schüler rekonstruieren aus dem in Prosaform geschriebenen Brecht-Gedicht (von 1944) die Gedichtform; dabei stützen sie ihre Entscheidungen über den Zeilenumbruch mit Beobachtungen zum Rhythmus, Reimschema etc. (Lösung: fünf der jeweils vierzeiligen Strophen mit dem Reimschema abcb beginnen immer mit, „Mein Sohn . . .“, die sechste mit „Sah das braune Hemd dich tragen“).
M 8: Die Schüler erstellen aus kombinierbaren Elementen einen Text. Dabei müssen sie aus Wörtern oder Phrasen eine „Textur“, d. h. einen Zusammenhang bilden. Der syntaktische Ablauf ist vorgegeben, die Arbeit zielt also auf die semantische Verträglichkeit im Kontext.

Heinrich Heine – Lesarten zu Gedichten, Textentstehung, Arbeit des Autors

In der Sequenz zu *Heine* (1797–1856) könnten die Schüler nun selbständiger in Projekt- oder Gruppenarbeit die Arbeit des Autors aus der Handschrift und dem „Textapparat“ rekonstruieren. Sie sollen dazu jeweils die verschiedenen Fassungen einer Strophe nebeneinander schreiben und dann vergleichen; sie sollten sich in der Auswertung und Vorstellung für die Klasse auf ein, zwei markante Änderungen beschränken und diese in ihren Konsequenzen für den Inhalt oder die Form des Gedichtes erklären.

M 9: Das Liebesgedicht in konventioneller Volksliedstrophik entstand bei Heines Nordseereise; lyrisches Ich und authentisches Ich gehen ineinander über. Die Überarbeitung zeigt jedoch, daß das spontan nacherlebende authentische Ich hinter das gestaltende „lyrische Ich“ zurücktritt: nicht mehr das Erlebnis, sondern der poetische Ausdruck tritt nach vorne. Herausgegriffen ist die Arbeit an V. 41–44; die Stufen 1–4 im Apparat zeigen den Prozeß bis zum endgültigen Text. Markant ist dabei z. B. die Aufgabe des Wortes „zärtlich“ aus der früheren Fassung von V. 43. Auffällig ist weiter, wie der Dichter allmählich den metaphorischen Übergang Sterne – Augen der Geliebten herausarbeitet. Die Wiederholungen und Kehrreime im Text vermitteln den Eindruck des Wiegenliedes, vgl. V. 1; die Anzahl der Epitheta zeigt die beglückte Stimmung.
M 10: Mit diesem Dialog zwischen Eva und der Schlange greift Heine das Motiv vom Sündenfall auf. In Strophe I wird mit einer Blickführung der Eva von innen nach außen, von weit nach eng langsam die Anziehungskraft des Erotischen gesteigert. Dem entspricht ein zunehmendes Tempo („zuerst einzelne, syntaktische Einheiten bildende Verse, dann logisches Enjambement in V. 3–4 und 5–6, und schließlich ein durch Weglassen des Kommas nach V. 7 künstlich hergestelltes Enjambement“). In Strophe II argumentiert die Schlange, die „Muhme“ (vgl. Faust I, V. 334 f.), „mit dem antiken ‚carpe diem‘ (V. 12: Koste ihre Süßigkeit), also mit dem Anrecht auf individuelles Glück und sensuellen Lebensgenuß“. In

dieser Strophe liegt „ein unbesonnener Redefluß [vor] (abgedroschene Formeln, der Pleonasmus ‚lebtest deine Lebenszeit' V. 12) als verführerische Ermunterung" (nach: Heinrich Heine: Werke. Hrsg. von Stuart Atkins. München: C. H. Beck 1978. Bd. 2, S. 487f./Heinrich Heine. Düsseldorfer Ausgabe. Hrsg. von Manfred Windfuhr. Bd. I/2, S. 475f. 1983).
Die Überarbeitungen zeigen, wie durch Reduktionen, Umstellungen und Austausch die Einfachheit und Flüssigkeit des Textes über kompliziertere Vorstufen erst gelingt: Z. B. V. 4 aus B) 2–3 (4) Schlangenkopf; V. 12 aus B) 12 (1) Menschenkind; V. 15 aus B) 15 (1), (2), (3), (4), wo zunächst noch eine weiße Taube vorlag, während dann Eva und Taube zusammen ein Bild ausmachen.
M 11: Die Variation in Strophe IV a) Druck → b) Herrscher → c) Dränger ist semantisch aufzuarbeiten: a) noch ein anonymes Phänomen, b) personalisiert, aber zu direkt, c) personalisiert, aber verschlüsselt. Der Freiheitssänger Heine will politisch sein, muß aber die Zensur beachten (vgl. Textschluß).
M 12: Nach Liebes- und politischer Lyrik ein weltanschauliches Gedicht (Endfassung A; älteste Fassung B, mittlere C) zum Abschluß. In der Symbolik der Lebensreise mit dem Schiff als Daseinsmetapher thematisiert Heine zugleich das politische Problem der Exil-Existenz. Als Lernvoraussetzung müssen die Schüler also über die Biographie Heines und sein Pariser Exil orientiert sein!
Bei den Überarbeitungen der Textfassungen bleiben „Metrum, Rhythmus und Reimschema von Anfang an vorgegeben" und erhalten. „Wie erwähnt, bleibt auch das Reimschema, nämlich weiblich und männlich alternierende Paarreime, unangetastet. Trotzdem ändert sich Wesentliches im Übergang von B zu C. Im ersten Entwurf reimen sich alle sechs Reimwörter der männlichen Paarreime auf die Silbe -in, und mehr noch, teilweise sind es sogar dieselben Wörter: ‚darin/Sinn/hin/bin/hin/Sinn' · Daraus ergibt sich ein Singsang-Effekt, der sich noch dadurch verstärkt, daß außer ‚Sinn' alle anderen Reimwörter relativ bedeutungsleere Funktionswörter sind." Hier erfolgt also eine bedeutsame Verbesserung. Auffällig ist z. B. auch die Entwicklung der semantischen Oppositionen: Kahn–Schiff; Freunde–Genossen; heitres Gewässer–fremde Fluten; leichter Sinn–schwerer Sinn. Die Probleme sind erst ab C als Verlust des „Vaterlands" und als unfreiwilliges Exil (an den Seinestrand geworfen) deutlich; die gedankliche Durchdringung nimmt zu. Das „Modell antithetischer Strukturen [wird] zu einer auf allen Ebenen realisierten Kunstform durchentwikkelt: hell–dunkel orientierte Vokalfolgen, rhythmische Bipolarität, lexikalische Opposition, metaphorische Gegenbilder, topographische Umkehrungen fügen sich zu einer Formeinheit zusammen, die nun allerdings mit reiner Formspielerei nichts zu tun hat. Ihr innerer Motor liegt in der thematischen Bipolarität zweier versuchter Existenzformen, beide in der ‚Daseinsmetapher' der Wasserfahrt versinnbildlicht: eine Kahnfahrt mit Freunden in Deutschland, eine Schiffahrt mit Genossen in Frankreich", auf der dennoch die Sehnsucht nach der Heimat erwächst und Schmerz doppelt beklagt wird (nach: Grésillon).
Der Ausschnitt D im Materialteil aus dem Manuskript zeigt Heines Korrekturen der Verse 5–8 im Übergang von C nach A.

Mögliche Lernerfolgskontrollen

- Vergleich zweier Gedichtfassungen (aus der Sequenz, weitere bei H. Schildt, s. u.)

Literaturhinweise

Abraham, Ulf: Täglicher Textmord? In: DU 3/1991, 6 ff.
Bayer, Klaus/Seidel, Brigitte: Verständlichkeit. In: PD 36/1979. 12 ff.
Grésillon, Almuth: Wege und Irrwege. In: LiLi. Zeitschrift für Literaturwissenschaft und Linguistik 68/1987, 84 ff.
Püschel, Ulrich: Sprachpragmatische Stilanalyse. In: DU 3/1991, 21 ff.
Schildt: Hilke: Aus der poetischen Werkstatt. Dortmund: Crüwell ^{2}1972 (Sprachhorizonte H. 8. Hannover: Schroedel)
Stilarbeit. Themenheft Praxis Deutsch 101/1990

10. „Städtebilder“ (Jg. 9/10)

Sachthema: perspektivische Ansichten von Städten und Wohnumgebungen: Berlin
Textsorte: Erzähltexte: Romanausschnitte, Schilderungen
Grammatisches Thema: perspektivischer Stil, rhetorische Mittel, Aufwertung/Abwertung/ Ironie; Modesprache
Materialangebot: s. Materialienband S. 98–111

Sequenzgliederung / Materialübersicht / Intentionen

Licht und Schatten – subjektives Schreiben, Wertungen, Kontrastierung

M 1/2: *Fotos:* Die Schüler assoziieren Bildeindrücke nach der Cluster-Methode. Sie verfassen eine positiv oder negativ gestimmte Schilderung der Bildansichten.

M 3: *Romanausschnitt:* Die Schüler erfassen die beteiligte Sicht des Erzählers anhand von Wertungen, Expressionen und Kontrasten. Sie erarbeiten positive und negative semantische Felder.

M 4: *Bild:* Die Schüler schildern die Bildszene auf- oder abwertend. Sie stellen Bezüge zu M 3 her.

M 5: *Romanausschnitt:* Die Schüler erfassen die Fülle der Wahrnehmungen des Berlinbesuchers. Sie erkennen die auktoriale Erzählhaltung, mit der ein „romantisches“ Stadtbild dargestellt und zugleich gebrochen wird. Sie erarbeiten die stilistischen Mittel, durch die die Fülle der Eindrücke vermittelt wird.

M 6: *Foto:* Die Schüler klären den Übergang zwischen romantischen und sachlich-technischen Vorstellungen.

Die moderne Stadt – Perspektive des Künstlers, Perspektive der Betroffenen – Sprachanalyse

M 7: *Romanausschnitt:* Die Schüler erkennen von der Textwirkung her die Unmittelbarkeit der Stadterfahrung. Sie führen die Wirkung auf die Mittel der Textmontage, der Klangvermittlung und des assoziativen Stils zurück. Sie erleben eine Stadt im Umbau.

M 8: *Grafik:* Die Schüler sehen die Montage von Menschentypen und „verrückten“ Konstruktionselementen. Sie erkennen die unwohnliche Stadt.

M 9: *Katalog sprachlicher Mittel:* Die Schüler führen zu dem Katalog Beispiele aus M 1–8 an. Sie wenden ihn als Suchraster auf weitere Texte an.

M 10: *Erlebnisbericht:* Die Schüler erleben aus der Perspektive des Kindes die Einengung des Lebensraumes in der Stadt. Sie erarbeiten die starken Mittel der Abwertung. Danach erörtern sie Vor- und Nachteile des Lebens in der Stadt oder im ländlichen Raum und nehmen Stellung.

M 11: *Fotografik:* Die Schüler erfassen die expressive Wirkung der Schwarz-Weiß-Fotografie. Sie vergleichen mit eigenen Fotos von Städten.

Grenzen überwinden - politische Erfahrung und Utopie in Erzähltexten - Stilanalyse

M 12: *Romanausschnitt:* Die Schüler nehmen die personale Perspektive eines Kindes auf und erklären die politischen Probleme, die das Kind im Text nicht versteht. Sie erarbeiten den Andeutungsstil. Sie setzen die Verstehensprobleme in Bezug zur Intention des ostdeutschen Schriftstellers.

M 13: *Erzähltext:* Die Schüler erarbeiten den satirisch-utopischen Stil eines Rückblicks auf den Abriß der Mauer in der historischen Perspektive von 1987. Sie vergleichen die literarische Fiktion „2006" mit dem historischen Geschehen von 1989/90 und diskutieren den Modellcharakter von Literatur.

Lifestyle - Sprache in der Stadt, Modesprache, Sprachmoden

M 14: *Prospekt (Bild und Text):* Die Schüler beobachten die Aufwertungen in der Werbesprache. Sie vergleichen mit den Aufwertungen in M 1.
Sie fertigen selbst einen Prospekt für die eigene Stadt an.

M 15/16: *Jargontexte:* Die Schüler übersetzen die Texte in Standardsprache und/oder in den aktuellen Jargon. Sie unterscheiden Sprachmoden und Neologismen. Sie erörtern den Gebrauch von Jargon. Sie sehen Ursachen im städtischen Leben: starke Konsumentenlenkung (Werbesprache) - Notwendigkeit zur Geborgenheit in gesellschaftlichen Nischen (Gruppenjargon).

Didaktischer Kommentar

Im Mittelpunkt stehen *Textsorten* mit sehr subjektivem Sprecherstandpunkt. Die in den Texten angewendeten sprachlichen Mittel sind Formen der Ausgestaltung subjektiver Wahrnehmungsmuster und Imaginationen: nüchterne Beschreibungen und Berichte oder subjektive Schilderungen, satirische oder utopische, werbende oder kritische Darstellung. Die Schüler, die im Unterricht oftmals vorrangig auf die neutralen, „objektiven" Darstellungsformen hingeführt werden, sollen die Erfahrung subjektiven Schreibens einerseits durch Textrezeption und Textanalyse (Ablaufmodell s. S. 170 f.), andererseits durch ergänzende Textproduktion selber machen. Zum einen, um sich selbst als Subjekt stärker wahrzunehmen, und zum andern, um die Mechanismen der wertenden Sprache kritisch durchschauen oder auch historisch einordnen zu können.
Der *grammatische Schwerpunkt* der Sequenz ist die subjektive, perspektivische, ja tendenziöse Sprache. Zentral sind die sprachlichen *Mittel der Aufwertung und Abwertung* sowie der *perspektivischen Darstellung.* Hinzu kommt der historische Aspekt der zeitgebundenen Erlebnis- und Darstellungsweise, zuletzt auch der modischen Sprachformen. Ein der Stufe angemessenes Thema, der *Sprachwandel*, wird damit angelegt.
Üblich ist es, die wertenden sprachlichen Mittel an Texten der Medien, der Werbung und der öffentlichen Rede zu thematisieren und dabei das Phänomen der sprachlichen Manipulation zu verfolgen. Im Zusammenhang des Lesens lassen sie sich jedoch ebenso an den Textsorten, die diese Sequenz heranzieht, beobachten: Im Erzählvorgang nimmt der

Erzähler beim auktorialen wie beim personalen Erzählen gezielt Stellung, vermittelt er sein Stadterleben unter einer erkennbaren Perspektive.
Die sprachlichen Mittel der Aufwertung und Abwertung sind typisch für engagierte Texte: mit emotionalem Engagement in der Schilderung und sozialem Engagement in der Sozialreportage. Sie sind ebenfalls typisch für werbende oder polemisierende Texte. Dabei ist in der Abfolge der Textsorten eine verschärfende Zunahme des Einsatzes der sprachlichen Mittel nachzuvollziehen: Bei Schilderungen geht es vor allem um die Nutzung einer emotionalisierten Sprache, bei der Sozialreportage kommen die Mittel der Kritik hinzu, bei der Werbung und der Polemik zeichnen sich die Texte durch Übertreibung und Einseitigkeit aus.
Die *sprachlichen Mittel* sind besonders im Bereich von *Wortwahl, rhetorischen Mitteln und Formen der Sprecherperspektive* zu beobachten und zu nutzen. Sie werden hier nicht weiter ausgeführt, sondern sind M 9 zu entnehmen. Die Analyse der Texte wird dabei neben der inhaltlichen Seite vor allem die semantischen und stilistischen Funktionen der Sprache angehen (s. S. 13, 20 ff., 35 f.).
Es kann unmittelbar mit der induktiven Einführung in die subjektive, perspektivische Sprache begonnen werden (M 3). Daran würde sich die Beobachtung des Mitteleinsatzes an anderen Texten sowie die Beobachtung verschiedener Textsorten anschließen. Die Ermittlung der sprachlichen Mittel der Auf- und Abwertung erfolgt an Texten, in denen dieses sprachliche Phänomen *typisch und gehäuft* vorkommt. Die Anwendung der sprachlichen Mittel kann in einer *Textproduktion* geschehen, die sich an den vorgelegten Texten orientiert und für die entsprechende Schreibhinweise aus der Textrezeption abzuleiten sind (s. u.). Die Checkliste zu den sprachlichen Mitteln (M 9) kann sowohl bei der Textuntersuchung als auch bei der Textproduktion sowie der Textüberarbeitung verwendet werden. Ggf. sind bei der Klärung der sprachlichen Mittel grammatische Kenntnisse im Exkurs zu wiederholen, z. B. Superlativ von Adjektiven.

Das *Sachthema „Berlin"* ist für die Text- und Sprachanalyse gut geeignet, da die Stadt in der Literatur immer wieder Gegenstand wurde. Die für die Sequenz ausgewählten Texte reichen von realistisch-liebevollen Erzähltexten zum alten Berlin (M 3) über humorvoll-kritische Begegnungen mit der wachsenden Großstadt (M 5), expressive Texte mit dem pulsierenden Rhythmus der modernen Stadt (M 7), sozialkritische Reportagen über Westberlin (M 10), systemkritische Texte aus DDR-Zeiten (M 12) bis zu utopischen Texten aus der Zeit vor dem Abbruch der Mauer (M 13). Bei einer Stadt mit Hauptstadtanspruch und -flair ist zudem ein Blick auf die werbende Sprache der Selbstdarstellung (M 14) und auf die städtischen Modesprachen angebracht (M 15/16).

Methodenhinweise

Licht und Schatten - subjektives Schreiben, Wertungen, Kontrastierung

M 1/2: Mit den Bildern erfolgt eine Einführung in das Grundthema der Sequenz: perspektivische Sicht. Die optischen Mittel der Bilder zeigen, daß auch in der Fotosprache Auf- und Abwertung möglich sind. Arbeitsmöglichkeiten:

a) Die Schüler kontrastieren die Bilder (Stadtzentrum, Häusermeer, Verkehr, Energie . . . / Stadtrand, Natur, frische Luft, Satellitenstadt, Freizeitaktivitäten . . .). Dazu können sie jedes Bild als Kern eines Clusters (zur Methode s. S. 184) nehmen und in Randkommentaren Eindrücke sammeln, aus denen sie dann einen Kommentar, eine Beschreibung oder eine Schilderung entwickeln.
b) Sie stellen jedes der Bilder für sich positiv oder negativ dar, da die Bilder beides nahelegen: Schreibe „Berlin bei Nacht" positiv/negativ! (Lichterglanz, pulsierendes Leben, Zentrum etc. / Straßenschluchten, lärmender Verkehr, Häusermassen etc.) Oder: „Am Stadtrand Berlin-Spandau" positiv/negativ! (Naturnähe, modernes Wohnen, Freizeitsee / Isolation in der Satellitenstadt, Hochhausbunker, gestörte Naturidylle durch die Erholungsuchenden, Auffressen der Landschaft . . .).
c) Die Schüler bringen Fotos von ihrem Wohnort mit und schreiben Texte „Mein Heimatort - positiv/negativ".

M 3/4: Der Text von *Wilhelm Raabe* (1831–1910) stammt aus dem Roman „Die Chronik der Sperlingsgasse" (1854–56). Die Schüler erkennen im Text die starken Wertungen des Ich-Erzählers, eines alternden Gelehrten (Johannes Wachholder), der im naiven Chronikstil Erinnerungen und gegenwärtige Empfindungen in sein Tagebuch schreibt. „Ich liebe . . ." – hierunter lassen sich alle wörtlich positiven Textelemente sammeln; „enge, krumme, dunkle Gassen" – hierunter lassen sich alle scheinbar negativen Elemente fassen, die aber durch den liebevollen Bezug des Erzählers zu seiner Sperlingsgasse positiv gewendet werden! Es erfolgt eine Aufwertung dessen, was ein außenstehender Betrachter als „mieses altes Viertel" bezeichnen könnte. Der Erzähler ist sich dessen bewußt, indem er die „Antinomien" (Z. 73) dieses Lebens erkennt.
So erfahren die Schüler die Bedeutung der Darstellungsperspektive. Sie können die Sicht eines Außenstehenden probeweise mit einer Beschreibung des historischen Fotos (M 4) einnehmen.
M 5/6: Der Textausschnitt von *Lion Feuchtwanger* (1884–1958) stammt aus dem Roman „Erfolg. Drei Jahre Geschichte einer Provinz", der zu Beginn der 20er Jahre spielt und mit „Die Geschwister Oppenheimer" sowie „Exil" den Romanzyklus „Der Wartesaal" (1930–40), ein „Rechenschaftsbericht" über die faschistische Entwicklung, bildet. Im Vergleich mit M 3 erkennen die Schüler die urbane Entwicklung. Sie sammeln faktische Elemente der modernen Stadt (Schnellbahn, Warenhäuser, Kinos . . .). Der auktoriale Erzähler stellt die Wahrnehmungen des aus München kommenden Besuchers der Hauptstadt Berlin zusammen: vgl. die vielen „er sah, bemerkte, nahm wahr, schmeckte . . .". Die Überfülle der Eindrücke spiegelt sich sprachlich in den vielen Aufzählungen (z. B. Z. 4 f., 11–13) und in den Zahl- und Mengenbegriffen (zahllose, endlos, Millionen, tausend . . .). Der Bewunderung

für das wimmelnde Leben (abschließende Schlüsselstelle Z. 46–51) wird dann jedoch in Abwertungen die negative Seite der modernen Stadt gegenübergestellt: Anonymität und Zweckhaftigkeit des Lebens (beginnend mit Z. 52).
Die Schüler erarbeiten die Elemente des Kontrastes: sowohl die entgegengesetzten Wahrnehmungen als auch die expliziten Wertungen; sie stellen typische Adjektive zusammen. Hier könnten bereits Übersichten über die eingesetzten Mittel in Vorbereitung auf M 9 erstellt werden. Das romantische Bild von Berlin im Kopf des Besuchers und das Essen lassen jedoch die negative Wendung überwinden; in humorvoller Weise führt der Erzähler ihn, den Genießer und Träumer, aus der negativen Perspektive zurück. Zugleich wird deutlich, daß der Münchner noch nicht der Großstadtmensch ist.
Die Schüler beschreiben Bild M 6 und vergleichen Bild und Text: Die Schrägaufsicht des Bildes unterläuft etwas die Wahrnehmungen eines Passanten; so wirken die Eindrücke des Besuchers im Text unmittelbarer und intensiver.

Die moderne Stadt – Perspektive des Künstlers, Perspektive der Betroffenen – Sprachanalyse

M 7/8: Der Text von *Alfred Döblin* (1878–1957) stammt aus dem expressionistischen Roman „Berlin Alexanderplatz. Die Geschichte vom Franz Biberkopf" (1929). Nach einem Gefängnisaufenthalt versucht der Arbeiter Biberkopf in Berlin als Straßenhändler wieder Fuß zu fassen. Im futuristischen Stil, in der dynamischen Darstellung wird die Dynamik der modernen Großstadt erfaßt. Mit den Mitteln der Simultaneität, der Klangmalerei, der Auflösung der Syntax, der assoziativen Reihung, der wechselnden personalen Perspektiven verschiedener Personen und Gruppen, der Personifizierung von Dingen und der Verdinglichung von Personen, der Montage von Erzählpassagen, Schilderungen, Zitaten, Gedanken, Reklamefetzen und Stellen inneren Monologs wird das wirre und vitale Panoptikum „Großstadt" erstellt.
Die Schüler erkennen in der winterlichen Bausituation am Alexanderplatz eine Grundsituation für die Vermittlung vielfältiger Eindrücke. Sie untersuchen die semantischen Felder der Sinneswahrnehmungen und der Tätigkeiten, analysieren die bildhaften und direkten Kommentierungen und halten den desolaten Endeindruck fest: „zerschlagen, geschmissen, da liegst du". Der gewaltige Ausbau der Stadt steht im Widerspruch zur Situation der kleinen Leute. Deutlich wird, daß der Text nicht naturalistische Wiedergabe von Milieu, sondern künstlerische Gestaltung der dissonanten Eindrücke betreibt.
Im Anschluß daran setzen die Schüler die Stilmittel des Textes zu denen des Bildes von George Grosz (1921) in Beziehung.
M 9: Zur Nachbereitung und Systematisierung des Behandelten wird eine Liste der bisher gefundenen sprachlichen Mittel erstellt. Die Schüler suchen Beispiele aus den bisherigen fremden und eigenen Texten.
M 10/11: Der Text stammt aus der Sozialreportage/autobiographischen Darstellung „Christiane F. Wir Kinder vom Bahnhof Zoo" (1978). Die Schüler untersuchen den Inhalt: Lebenssituation der Kinder in der Hochhauswelt, Gegensatz von Land – Stadt, Vorurteile, Verbote und Auswege etc. Sie sammeln die Formen der negativen Wertung: Nomen (Kacke), Gradwörter (bißchen), Adjektive (kaputt), Negationen (nicht, nur), Verben (verbieten, bestraft), Metaphern (Schilderparks), etc. Sie erschließen, daß der Text aus der

eigenen Betroffenheit der Ich-Erzählerin heraus eine deutliche Kritik an den Zuständen übt. – Sie stellen am Bild die Mittel der sozialkritischen „Fotografik“ zusammen.

Grenzen überwinden – politische Erfahrung und Utopie in Erzähltexten – Stilanalyse

M 12: Der ehem. DDR-Autor *Rolf Schneider* (*1932 in Chemnitz) wurde 1979 nach seinem Protest gegen die Ausbürgerung Biermanns aus dem Schriftstellerverband der DDR ausgeschlossen. Der Text stammt aus dem Roman „Das Glück“ (1976), in dem er sich mit den Verhältnissen in der DDR und Ostberlin auseinandersetzt. Zugleich zeigt der Textausschnitt aber auch seinen kritischen Blick auf die goldene Fassade Westberlins, „das Andere“. Diese zwei Perspektiven werden mit dem Ortswechsel ab Z. 56 deutlich. Es läßt sich der Unterschied im Arrangement der Umgebung und Personen wahrnehmen. Die Grenzpendler wie Hannas Vater, der im Osten lebt, im Westen bei Siemens arbeitet, bekamen vor dem Bau der Mauer beide Welten mit. Aus der Perspektive der Tochter wird der Kontrast von „Hier und Drüben“ vermittelt, nicht politisch, sondern im Blick auf die Menschen, ihr Verhalten, ihre Ausstattung und zuletzt ihren Disput. Für Hanna „begann [es] immer sehr geheimnisvoll“. Doch dann ist sie nicht mehr fasziniert (s. Z. 58 f., 69–73, 83 f., 116). Über allem wirkt der Wachtturm an der Grenze bedrohlich, die Trennung ist überdeutlich (111, 117, 121 f., 126 f.). Die Schüler verfolgen die Perspektive des Kindes.

M 13: Der Text von *Hans Magnus Enzensberger* (*1929) stammt aus dem Buch „Ach Europa. Wahrnehmungen aus sieben Ländern. Mit einem Epilog aus dem Jahr 2006“ (1987), in dem ein Reporter in sieben literarischen Reportagen den Zustand Europas erforscht, eines „Europa der Wünsche“. Ausgangspunkt des Textes ist der 1987 noch utopische Zustand, daß die Zweiteilung und der Sonderstatus der Stadt überwunden sind. Der Ich-Erzähler ist Timothy Taylor, ein amerikanischer Reporter. In satirischer Form wird von einem Ökologen-Kongreß zum Thema Artenschutz berichtet. In visionärer Weise wird von der (zurückliegenden) Beseitigung der Mauer geredet, die dann ab 1989 tatsächlich erfolgte, auch wenn die DDR im Text noch existent erscheint und die beiden deutschen Staaten als Kleinstaaten in Europa wirken, in denen sich die Ossis und Wessis nicht ausstehen können. „Berlin machte keine Schlagzeilen mehr.“ Selbst das Thema Erhalt der Biotope in den ehemaligen Grenzzonen des Todesstreifens ist tatsächlich politisches Thema geworden. Die Realität hat die Satire eingeholt. In der Zeit der Textentstehung hatte diese Satire die utopische Funktion, die Mauer wegzudenken und damit den tatsächlichen Abbau zu ermöglichen. Die Schüler lernen hier die Modellfunktion literarischer Texte an einem konkreten aktuellen Beispiel kennen. Um den satirisch-utopischen Charakter nachvollziehen zu können, müssen sie sich in die historische Lage vor der Wiedervereinigung versetzen. Ausgangspunkt kann der Schluß mit dem „gesamtdeutschen Liebespaar“ und der Ironie vom „Berliner Riesenknöterich“ sein, der natürlich alle Mauern überwuchert. Der Kontrast zwischen der historischen Bedeutung der Mauer und dem Streit zwischen Denkmalspflegern und Naturschützern über die Mauer mit dem Appell an die Amerikaner ist die Grundlage der Satire. Als satirische Mittel wären dann die respektlosen Bemerkungen über die „Staatsgrenze“, über die Experten, die Denkmals- und Landschaftspflege sowie das „Zentrum einer Metropole“ zu untersuchen.

M 14: Der Bedeutungslosigkeit Berlins in M 13 wird die Selbstdarstellung der „Weltstadt" gegenübergestellt. Die Schüler können die für die Werbung typischen Mittel der Selbstaufwertung ermitteln: emotionale Wörter (Fröhlichkeit, Lässigkeit, Toleranz), Lehn-/Fremdwörter (Accessoires, Façon, Exotik), Komposita (todchic, extravagant, Modecreation), Modewörter (locker, schnuckelig, lässig, wahnsinnig schick), assoziative Reihungen (z. B. Textanfang), semantisches Feld „lässig", verdeckte Erotik (oben ohne, ganz ohne, neue Sächelchen auf der Haut, Hauch von Exotik) etc.
Die Schüler entwerfen selbst einen Prospekt für die eigene Stadt und wenden dabei die Mittel der Aufwertung (s. auch M 9) an.
M 15/16: Mit M 14 wurde der sprachliche Aspekt eröffnet, daß es im modernen städtischen Leben einen eigenen, neuen Sprachstil gibt. Er ist stark von Fremdwörtern und Stilmitteln der Werbe-, Jugend- und Mediensprache durchsetzt. Die Schüler entnehmen M 15 die Sprachkritik. Sie sammeln selbst weitere Beispiele und versuchen die Modebegriffe in Standardsprache auszudrücken, dabei unterscheiden sie willkürliche (*car wash* statt Waschstraße) und bereits zur Konvention gewordene Wendungen (Fotostudio).
M 16 ist ein fiktiver Text, der eine „Stilisierung von Jugendsprache" (Schlobinski, 21) ist, allerdings typische Mittel der Jugendsprache zeigt, wenn auch in satirischer Übertreibung. Die Schüler übersetzen M 16 in einen „normalen" Text, der nicht diese Häufung aus dem Jargon zeigt, aber individuellen Stil erlaubt. Damit ist die Stilfrage zur Diskussion gestellt: Wie normiert, wie manipuliert und wie individuell kann ein Text sein? Die Schüler schreiben weitere Texte (s. u.) z. T. auch in „ihrer Sprache", die wechselnden Sprachmoden unterliegt.

Mögliche Lernerfolgskontrollen

- in Testform: Überprüfung der Kenntnisse von den sprachlichen Mitteln an einem Text mit subjektiver, wertender Sprache
- Produktion einer Schilderung unter Verwendung entsprechender subjektiver Mittel oder einer Werbung unter Verwendung der aufwertenden Mittel oder einer kritischen Darstellung unter Verwendung der abwertenden Mittel
- Produktion eines Kontrasttextes (Gegentext) zu einem vorgelegten Text: z. B. Antiwerbung für einen Ort, kritischer Reiseführer im Gegensatz zu einem vorgelegten Urlaubsführer etc.

Varianten/Verzweigungen

Einsatz der *„produktiven Textrezeption"*: Über die Lektüre und Analyse werden Merkmale und Kriterien der zu schreibenden Textsorten erfaßt, und im Anschluß an Lektüre wird mit eigenen Texten reagiert:

1. Freie Texte, die nach der Cluster-Methode (G. Rico) entstehen

Schreibhinweis: Beim freien Verfassen von Texten hat sich die Cluster-Technik bewährt. Man schreibt das zentrale Wort eines Themas als einen Kern für weitere Ideen auf ein leeres Blatt und rahmt ihn mit einem Kreis ein. Nun läßt man – ähnlich wie bei einem *brain-storming*, bei dem viele miteinander Einfälle produzieren – diesmal alleine Assoziationen zu dem vorhandenen Kern in sich aufsteigen und gruppiert sie in Kreisen um den ersten Kern; die neuen Kerne sind dann wieder Ausgangspunkte für weitere Assoziationen. So entsteht allmählich eine Traube, ein Schwarm (engl. *cluster*) von Gedanken oder auch ein Spinnennetz, wenn man die zusammengehörigen Kerne miteinander verbindet. Auf der Basis dieser Materialsammlung verfaßt man dann seinen Text. Dabei kann man weglassen oder ergänzen, was sinnvoll erscheint. Es entstehen Texte in der Art von Schilderungen, „moderner Assoziationslyrik" oder problemorientierten argumentativen Essays.

Viele Begriffe und Themen eignen sich als Cluster-Kerne: Hochhäuser – Freizeit in der Stadt – Jugendliche in der Stadt – Leben auf dem Lande – Die Kleinstadt – Die Clique auf dem Parkhausdeck – Disco-Szene – Tempolimit „Zone 30" – Laternengarage nur für Anlieger – Verbot für weitere Spielhallen – Vorrang für Radfahrer – Mehr Grün in die Stadt . . .

2. Schilderungen

Schreibhinweis: Die Schüler schreiben Texte, die aus ihrem subjektiven Erleben abgeleitet sind und zugleich aus ihrer Perspektive Eindrücke möglichst genau wiedergeben und verarbeiten. Die Texte werden im Präsens verfaßt. Sie sollen möglichst anschaulich sein, so daß die Leser sich gut einfühlen können. Es werden die verschiedenen Sinne als Empfangsorgane für Eindrücke einbezogen. Außer den äußeren Wahrnehmungen werden die inneren, d. h. Gedanken und Gefühle, im Text verarbeitet.

Themen z. B.: Mein Schulweg – In meiner Straße – Mein liebster Platz – Im Park – An der Müllkippe – An der Ausfallstraße – Am Bahnhof – Flohmärkte (aus der Sicht der Besucher / aus der Sicht der Anlieger) . . .

3. Sozialreportagen

Schreibhinweis: Bei der Sozialreportage wird aus der Sicht des Verfassers von einem wichtigen sozialen Problem im Zusammenleben der Menschen und der menschlichen Umwelt berichtet. Die Betroffenheit und die Ziele des Verfassers sind zu erkennen. Die kritische Sicht geht oft bis zur Parteilichkeit, mit der sich der Verfasser für die Interessen der Benachteiligten, Minderheiten, Geschädigten oder Unterdrückten einsetzt oder die Eigennützigkeit und Unmenschlichkeit der Mächtigen entlarvt oder die faktischen Mißstände aufdeckt.
Es entstehen Texte, die kritisch darstellen und problematisieren. Dabei sind beschreibende, schildernde, erklärende und urteilende Sätze in den Schülertexten zu unterscheiden. Die Texte können wie Reportagen oder Beschreibungen im Präsens oder wie Berichte im Präteritum geschrieben sein. Die Gliederung kann von einem zeitlichen Ablauf, von verschiedenen Teilthemen, von einer räumlichen Folge oder von Personenwechsel bestimmt sein.
Außer den eigenen Beobachtungen und Eindrücken sollten auch dokumentarisch über Interviews Äußerungen und Urteile der in den dargestellten Bereichen lebenden und anzutreffenden Menschen eingehen; Fotos könnten die Sozialreportage anreichern. Dies Schreiben ist eher projektartig anzulegen.

Themen z. B. Shopping Center - Vor dem Kino - Zwischen den Hochhäusern - Am Altenheim - In der Fußgängerzone - Eine laute Straße - Im Freizeitpark - Die Mopedclique - Mit dem Walkman in der Bahn - Kinder/Ausländer in der Stadt - Unser Wohnviertel . . .

Literaturhinweise

Zu Berlin in der Literatur:

Forderer, Christof: Die Großstadt im Roman. Wiesbaden: Deutscher Universitäts-Verlag 1992

Glass, Derek/Rösler, Dietmar/White, John J. (Hg.): Berlin. Literary Images of a City. Berlin 1989

Literarische Topographie: Berlin. In: Themenheft DU 5/1992

Scherpe, Klaus R. (Hg.): Die Unwirklichkeit der Städte. Reinbek: Rowohlt (rde 471) 1988

Siebenhaar, Klaus (Hg.): Das poetische Berlin. Wiesbaden: Deutscher Universitäts-Verlag 1992

Speier, H.-M.: Berlin! Berlin! Eine Großstadt im Gedicht. Stuttgart: Reclam (RUB 8400)

Zum Thema „Stadt":

Andritzky, Michael u. a. (Hrsg.): Labyrinth Stadt. Köln: DuMont 1976

Conrads, Ulrich: Umwelt Stadt. Reinbek: Rowohlt 1974

Filmer, W.: Auf der Suche nach städtischem Glück. In: Siefarth, G.: Forscher proben die Zukunft. Würzburg: Arena 1974, S. 76

Friedrichs, Jürgen: Stadtanalyse. Reinbek: Rowohlt 1977

Ich und die Stadt. Mensch und Großstadt in der Kunst des 20. Jh.s. Katalog Berlin 1987

Zur subjektiven Sprache; zur semantischen Analyse etc.:

Bachem, Rolf: Einführung in die Analyse politischer Texte. München: Oldenbourg 1979, Kap. 3.4

Eigenwald, Rolf: Textanalytik. München: BSV 1974

Hannapel, Hans/Melenk, Hartmut: Wie meinen Sie das? Düsseldorf: Pro Schule 1976

Hayakawa, Samuel I.: Sprache im Denken und Handeln. Darmstadt: Darmstädter Blätter (4) 1971, bes. Kap. 4, 6, 8

Henne, Helmut: Jugend und ihre Sprache. Berlin: de Gruyter 1986

Ide, H.: Sozialisation und Manipulation durch Sprache. Projekt Deutschunterricht 2. Stuttgart: Metzler 1972

Klute, Wilfried: Text und Tendenz. Informationen und Übungen für defensives Lesen. Hannover: Schroedel/Konkordia 1974

Mayer, R.: „Sich etwas reinziehen" - sprachlicher Ausdruck unserer Zeit. In: Der Sprachdienst 6/1991, 174 ff.

Neuland, Eva: Jugendsprache im gesellschaftlichen Wandel. In: DU 4/1986, 52 ff.

Schlobinski, Peter u. a.: Sprachgebrauch und soziale Gruppe: Kommunikation unter Jugendlichen. In: DU 3/1993, S. 20ff.

Wunderlich, Dieter: Arbeitsbuch Semantik. Königstein: Athenäum 1980, bes. Kap. 4, 5

Zum Schreiben (subjektive Texte, Schilderung, Sozialreportage etc.):

Baurmann, Jürgen: Ein besonderer platz für mich - beschreiben „mit gefühl". In: PD 61/1983, S. 23 f.

Beschreiben: Orte, Wege, Räume. PD 61/1983

Haas, Gerhard: Handlungs- und produktionsorientierter Literaturunterricht in der Sekundarstufe I. Hannover: Schroedel (3) 1987

Ivo, Hubert: Die persönliche Meinung ist den allgemeinen Erkenntnissen untergeordnet. In: DD 3/1971, S. 36 ff.

Kasper, Josef: Belichtung und Wahrheit. Bildreportage von der Gartenlaube bis zum Stern. Frankfurt: Campus 1979

Ostermann, F.: Möglichkeiten und Grenzen schildernden Gestaltens. In: Ders.: Kreative Prozesse im „Aufsatzunterricht". Paderborn: Schöningh (2) 1977, S. 181 ff.

Rico, Gabriele L.: Garantiert schreiben lernen. Sprachliche Kreativität methodisch entwickeln. Reinbek: Rowohlt 1984

Sanner, Rolf: Schreiben als Wiedergabe des Bewußtseinsstroms. In: PD 26/1977, S. 59 ff.

Quellenangaben

S. 10 © 1993 PIB Copenhagen
S. 12 © Peter Gaymann, Fackelträger-Verlag, Hannover
S. 13 © Bütow/W. Baaske Cartoons
S. 27 © Vladimir Renćin
S. 31/37 © Wilhelm Nüchter

UNTERRICHTSIDEEN

Unterrichtsideen -
ein innovatives Angebot für die Unterrichtsvorbereitung:

- **unorthodoxe Ideen**
- **originelle methodische Konzepte**
- **leichte Realisierbarkeit**
- **vielfältige Einsatzmöglichkeiten**

Günther Einecke
Unterrichtsideen
Integrierter Grammatikunterricht
Textproduktion und Grammatik
5.-10. Schuljahr
Paket mit Lehrerband und Materialienband
ISBN 3-12-922654-0

Diese Unterrichtsideen zeigen, wie man Grammatik verknüpft mit altersgemäßen Sachthemen und stufengemäßen Aufsatzformen.
Ob bei der Phantasieerzählung in Klasse 5 oder der Problemerörterung in Klasse 10 - immer werden grammatische Phänomene im geeigneten Kontext behandelt.
So wird Grammatik nie isoliert vermittelt, sondern immer lernfeldübergreifend.

Günther Einecke
Unterrichtsideen - Textanalyse und Grammatik
Vorschläge für den integrierten Grammatikunterricht
5.-10. Schuljahr
Paket mit Lehrerband und Materialienband
ISBN 3-12-922672-9

In den zehn Sequenzen dieses Bandes wird anschaulich vorgeführt, wie sich Grammatikbehandlung und die Analyse unterschiedlichster Textsorten im Unterricht bruchlos miteinander verbinden lassen. Die Themenstellungen der einzelnen Sequenzen orientieren sich an den Lehrplänen der Klassen 5-10. Geschickt ausgewählte und sorgfältig aufeinander abgestimmte Text- und Bildmaterialien garantieren für einen abwechslungsreichen, spannenden Unterricht.

Unterrichtsideen - Europa entdecken -
Geschichten unserer Nachbarn
19 Unterrichtsvorschläge für die Klassen 8-10
Paket mit Lehrerband und Leseheft
ISBN 3-12-922661-3

Dieser Band bietet zu 19 Texten europäischer Autoren Interpretationen an und stellt Einsatzmöglichkeiten im Unterricht vor.
Das Spektrum der ausgewählten Texte ist vielfältig und spannend; es spiegelt die Vielfalt der europäischen Länder und ihrer Probleme. Alle Texte tragen dazu bei, Vorurteile abzubauen, Klischees zu korrigieren, Informationen und Kenntnisse über die Nachbarn zu vermitteln.

Rainer Werner
Unterrichtsideen - Lyrik in der Sekundarstufe II
20 handlungs- und produktionsorientierte Vorschläge
Paket mit Lehrerband und Materialienband
ISBN 3-12-922681-8

Antwortgedichte verfassen - Gedichte zu Ende schreiben - einem Gedicht die richtige Biographie zuordnen - Gedichte rekonstruieren - Lücken im Gedicht füllen - Gedichte nach ihrer Entstehungszeit ordnen: alle Verfahrensweisen, die vorgestellt werden, wollen den Schüler aktiv in den Unterricht einbeziehen. Die Texte, die behandelt werden, reichen von Hölderlin bis Handke, von Eichendorff bis Enzensberger, von Klopstock bis Rainer Kunze. Hinweise und Vorschläge zur Weiterführung im Unterricht schließen sich an jedes Gedicht an.

Interpretationshilfen

Kurt Binneberg
Interpretationshilfen „Deutsche Lyrik von der Aufklärung bis zur Klassik"
ISBN 3-12-922601-X

Peter Christian Giese
Interpretationshilfen „Lyrik des Expressionismus"
ISBN 3-12-922602-8

Eberhard Hermes
Interpretationshilfen „Der Antigone-Stoff"
Sophokles - Anouilh - Brecht - Hochhuth
ISBN 3-12-922603-6

Wolfgang Pasche
Interpretationshilfen „Exilromane"
Klaus Mann, Mephisto / Irmgard Keun, Nach Mitternacht / Anna Seghers, Das siebte Kreuz"
ISBN 3-12-922604-4

Rainer Könecke
Interpretationshilfen „Deutsche Kurzgeschichten 1945 - 1968"
12 Texte und Interpretationen
Sekundarstufe II
ISBN 3-12-922606-0

– bringen Grundlageninformationen zu schulrelevanten Texten und Themen

– stellen die besprochenen Einzelwerke in einen größeren thematischen Zusammenhang

– bieten sorgfältige Textinterpretationen unter inhaltlichen und formalen Gesichtspunkten

– zeichnen sich durch klare Sprache und übersichtliche Darstellung aus

– ermöglichen eine langfristige Unterrichtsvorbereitung

– schaffen Überblicke und stellen Zusammenhänge her